# 刑法规范的阐释与改造

郑延谱 著

中国人民公安大学出版社
·北 京·

**图书在版编目（CIP）数据**

刑法规范的阐释与改造/郑延谱著．—北京：中国人民公安大学出版社，2015.3

ISBN 978-7-5653-2175-7

Ⅰ.①刑… Ⅱ.①郑… Ⅲ.①刑法—研究—中国 Ⅳ.①D924.04

中国版本图书馆 CIP 数据核字（2015）第 058289 号

**刑法规范的阐释与改造**

郑延谱　著

出版发行：中国人民公安大学出版社
地　　址：北京市西城区木樨地南里
邮政编码：100038
经　　销：新华书店
印　　刷：北京泰锐印刷有限责任公司

版　　次：2015 年 3 月第 1 版
印　　次：2015 年 3 月第 1 次
印　　张：9.875
开　　本：880 毫米×1230 毫米　1/32
字　　数：266 千字

书　　号：ISBN 978-7-5653-2175-7
定　　价：34.00 元

网　　址：www.cppsup.com.cn　www.porclub.com.cn
电子邮箱：zbs@cppsup.com　zbs@cppsu.edu.cn

营销中心电话：010-83903254
读者服务部电话（门市）：010-83903257
警官读者俱乐部电话（网购、邮购）：010-83903253
法律图书分社电话：010-83905745

# 德育英才
# 法行天下

Virtue Ethics, Legal Spirits

北京师范大学刑事法律科学研究院
建院 10 周年志庆
(2005-2015)

# 目　录

# 前　言

过去30多年来，我国正经历一场伟大的社会变革，其规模之大、范围之广、程度之深、频率之快都亘古未有，加上我国幅员辽阔、人口众多，又有着几千年的农业文明，这使得我国所面临的问题的复杂性为世界所罕见。伟大的变革呼唤伟大的理论，复杂社会问题的解决亟须科学理论的指导。而对于法学研究而言，当前是一个百花齐放、百家争鸣、朝气蓬勃的时代。在这个伟大的时代里，古今中外的各种学术流派与思潮得到介述与传播，激荡出耀眼的思想火花，闪烁着人类智慧的光芒，有力地推动我国法学研究的发展和法治的进步。与此同时，这又是一个充满迷茫、困惑与不安的年代，面对大异其趣甚至针锋相对的不同观点、学说与理论体系，应该如何进行协调、取舍呢？在经济高速发展与社会快速转型的社会生活中，应该如何根据法学理论来构建适合我国特殊国情的法律制度？如何运用有限而苍白的法律条文来应对无限而鲜活的新现象、新问题与新矛盾？这些是每一个法学研究者都不得不面对的问题。因此，从这个意义上看，对于许多刑法问题的探讨，也开始具有特殊的中国语境。对于我国的刑法学研究而言，需要站在时代的转折点上，博采古今中外各家理论之所长，并充分考虑我国各种复杂而重大的社会矛盾，建立起适合我国现实国情并具有适度超前性的刑法理论。

当然，研究活动的主要语境还是在中国的刑事法律环境和现实需要中，这也是我们进行刑法理论研究的最终落脚点，因而需要简单概览我国当前关于刑法研究的基本情况。可以说，自 1979 年刑法颁布与实施以来，刑法学就在各部门法学中脱颖而出，成为众多部门法学研究中的显学，傲视群雄。30 多年来，伴随着中国改革的深化与社会的转型，中国的刑事立法与司法亦发生了翻天覆地的变化。其间，国家不但出台了数十部单行刑法、附属刑法，而且在 1997 年对刑法进行了重大修改，并在此之后颁布了 8 个刑法修正案（第九个刑法修正案草案已经公布征求意见，即将出台），有力地保障了我国经济与社会不断发展进步，为国民提供了不断完善的刑事法条件。与此相适应，刑法学研究也取得了辉煌的成就。在这一发展过程中，学者们立足于我国实际，放眼世界，初步构建了具有中国特色的基本刑法制度，推动这些制度不断朝着精细化的方向发展，并更加注重对法益的保护。在此基础上，学者们吸收借鉴其他国家和地区的经验，不断对这些制度进行细化与改造，使得刑法条文与相关司法解释越来越科学和完善。例如，关于死刑制度的改进，很多学者主张参照联合国有关公约的规定，采用更为科学和更为严格的死刑适用标准。① 更值得一提的是，学者们始终站在刑法哲学和刑事政策的高度，提出了一系列富含哲理并有创造性的刑法理念和思想，如谦抑、人权保障、社会防卫、形式理性等刑法理念，刑事一体化和“严而不厉”的刑法思想以及宽严相济的刑事政策等，并且通过不断的研究使得上述刑法理念和思想与时俱进，真正做到关注社会普世价值。正是这样，不同时期的刑法学人，从以苏联刑法学的研究成果为参照，全面建立包括犯罪构成在内的我国基本刑法制度，并对具体刑法规范和条文进行存在论意义上的剖析，到从“刑法之上”的哲学高度对刑法本身的性质、功能以及刑法条文存在的根据和内在价值进行理性探讨，再到广泛学习借鉴德日等大陆法系国家的刑法理论，对我国刑法制度及刑法理论进行阐释和改造，形成了许多针锋相对又各具合理性的学术观点，使得刑法学在我国部门法学中始终保持着充分的朝气与活力。

就借鉴其他国家或者地区刑法理论研究较为先进的成果方面而言，德国、日本等大陆法系国家在刑法制度方面

① 参见赵秉志著：《死刑改革之路》，中国人民大学出版社 2014 年版，第 28 页。

具有鲜明的特色，接近于我国的成文法传统；而在这些国家或者地区的各个时期中，刑法学者也形成了比较独特的研究风格，擅长理论分析和框架建构的特点也接近于我国的学术思维。大陆法系学者对刑法的研究，无不是欲通过建立一套逻辑上自洽的理论体系，使之贯穿于整个刑法始终，达到适用时的简便且准确合理。应当说，这种学术探索与努力不仅必要，还是刑法学研究之品质所在。但与自然科学相比，人文社会科学注重价值判断，具有特定的民族性与时代性，难以有放之四海而皆准的永恒不变的理论学说。这就决定了对于人文社会科学的研究，往往是越深入就显得越片面，而有时虽然片面，阐述的哲理却非常深刻，即所谓“深刻的片面”与“片面的深刻”。就刑法学来说，众所周知，西方先后产生了刑事古典学派、刑事人类学派和刑事社会学派，每一个学派都从某个角度对犯罪与刑罚进行了深入的研究，得出了许多精辟而发人深省的结论，对刑事立法与司法产生了深远的影响。例如，刑事古典学派一般主张以自由意志的外部现实行为及其后果为着眼点来确定犯罪行为，认为刑事责任的基础在于表现在外部的行为及其实害，即犯罪论上的客观主义；而刑事人类学派与刑事社会学派认为刑事责任的基础是犯罪人的反社会性，提出应受处罚的不是行为而是行为人，即犯罪论上的主观主义。研究西方刑法史可以发现，各学派刑法理论的产生、发展乃至衰落，都与特定的历史条件和社会环境相关，具有深刻的时代背景。产生于特定时代的上述理论，反过来又在指导这些时代社会实践的过程中，为其合理性作了最好的诠释。而现在的所谓综合理论，也正是站在新的时代里，在充分吸收这些理论的基础上所实现的折中与调和，如犯罪的二元论、刑罚目的的二元论等。这也就决定了针对不同社会的不同侧面，综合理论必然具有不同的侧重点，并随着时代的变化而变化。显然，凭借一二百年的不懈研究和耕耘，德日刑法学者构建起了庞大、精致而体系化的刑法学理论，对许多问题都进行了深入而细致的探讨，并形成了较为成熟和相当有特色的学术流派，能够为我国刑法问题的研究分析和理论进步提供相应的参考和借鉴。当然，德日等国刑法理论在我国的植入与成长，仍处于初步的探索阶段。如何在我国已有刑法研究成果的基础上，合理地吸收借鉴包括德、日、英、美在内的其他国家的优秀刑法理论，建立起符合我国社会具体情况且强大而有生命力的刑法理论，乃是我国刑法学者所要解决的重大课题。

例如，尽管目前我国尚未形成严格意义上的学派之争，但近年来有学者开始主张刑法客观主义，认为向主观主义倾斜的刑法及其理论不利于发挥刑法的行为规制机能、法益保护机能以及保障公民自由的机能，刑法主观主义与科技理性相结合有导致社会陷入灾难的可能，而刑法客观主义与现代法治观念是契合的。不可否认，刑法客观主义将外在的、可以实在把握的行为与结果作为处罚的依据，抽象地在犯罪与刑罚之间建立起相对固定的对应关系，具有操作层面的便利性和人权保障的可预期性，在刑法上遭遇抵制的风险最小，这也是为何现代刑法将行为主义、客观主义作为其本位的根源所在。对于长期缺乏法治传统、司法现状差强人意的我国来说，在现阶段提倡客观主义更具有其现实意义。但应当看到，刑事责任根本所要解决的仍是“人”的问题，随着我国社会的发展、人的素质的逐步提高，也需要充分重视主观主义所提倡的“人”的因素，这也是近年来有学者主张吸收借鉴国外“人格责任论”的原因。而作为1997年刑法颁布实施后第一次对刑法总则加以修订的刑法修正案（八），其也增加了相当数量的体现主观主义、行为人主义的条文，如审判时已满75周岁的老人判处死刑的例外规定，以及对未成年人、怀孕妇女和老年人宣告缓刑的从宽规定等。因此，我们认为，对于发展中的我国刑法而言，应当充分吸收两种理论体系的精华，努力做到李斯特所说的在科学上的不妥协与在立法上妥协的统一。

又如，关于刑法机能的定位问题。众所周知，刑法具有权利保障与秩序维护两大机能，一般情况下，刑法的权利保障与秩序维护是相统一的，借由刑法对犯罪人权利的合理剥夺，通常也就能够有效地实现对社会秩序的维护。但两者有时也可能处于紧张的对立状态，在许多情况下，为了维护社会的秩序就需要对犯罪人的权利加以过度剥夺；反之，为了充分实现犯罪人权利的保障，则必须付出高昂的社会成本。因此，就需要对两者何为刑法的首要机能作出选择。我国历来的观点是极度强调刑法的秩序维护机能。但自20世纪90年代初开始，随着一大批中青年刑法学者走上学术舞台，人们开始对刑法机能的定位进行审视性思考，进而提出了刑法必须以权利保障为首要机能的观点，一些学者更是提出了“民权刑法”的概念。此时，李斯特的名言“刑法是犯罪人的大宪章”的观点被一再引用并奉为至理名言。我们认为，将刑法的首要机能定位为权利保障，将其奉为圭臬并一再宣扬，在我国历经10年“文化大革命”，民众饱受政府权力滥用之苦的时代背景下，是必要的、积极的。但在经济已经高速发展，法治体系逐渐健全，犯罪形式日趋复杂，局部地区暴力性、公害性犯罪极为严重的今天，再将刑法定位为权利法，却不无误导之嫌。本质上，刑法最根本的机能在于维护稳定的社会秩序，刑法的基本定位应是秩序维护法，这一点从国外近年来更加注重通过刑法打击犯罪、维护社会稳定的刑事政策发展趋向可以说明。以“自由的圣土”美国为例，自从20世纪六七十年代风行一时的犯罪人矫正模式失败后，美国便有大量学者主张应当让犯罪人回归痛苦的惩罚，以实现社会正义。“9·11”之后，美国更是通过“爱国者法”表明严厉打击犯罪、维护社会秩序的决心。英国政府近年来亦主张刑事司法制度应当在有利于被害人和证人的方面寻求新的平衡，强调被害人在刑事司法中的核心地位。与此相关的一个问题是，对于层出不穷的犯罪行为，究竟应当走法网严密的路线还是保持刑罚严厉的态势？我国对此曾于20世纪末展开讨论，储槐植教授基于刑法的局限性，提出在国家治理中不应过于倚重刑法，更不可走上重刑苛罚之道，而应通过严密刑事法网对犯罪进行追究，即“严而不厉”，这确是至理名言。但如今很多学者在讨论这一问题时，却片面地强调“不厉”而忽视了“严”的前提。我们认为，在腐败犯罪、黑社会性质犯罪、经济犯罪等涉及国家公权力，有组织、高智商的犯罪侦破率还较低，犯罪黑数居高不下的情况下，对小部分最终进入司法程序受到处罚的犯罪人仍强调从宽处罚，国家刑罚的适用就可能失去必要的力度，刑法的威信将大打折扣。刑法在我国当代社会的终极目标，乃是赋予国民合理的安全感。因此，现阶段仍应将刑法的秩序维护机能放在首位，对暴力性、公害性尤其是极端主义等严重危害社会秩序的犯罪和贪污贿赂等腐败犯罪严密刑事法网，加大打击力度。我国近年来出台的一系列刑法修正案充分反映了这一现实需求。

再如，关于我国死刑制度改革问题。受西方国家废除死刑的影响，20世纪90年代，我国也开始展开对死刑的研究与讨论。在此过程中，有学者从死刑的野蛮性、非经济性以及无效性等方面出发，指出我国应当向西方国家学习，“一夜间”废止死刑。大多数学者尽管主张保留死刑，但对具体的死刑制度改革也提出了不同的路径选择。事实上，死刑从来就不仅仅是一个单纯的法律问题，而更是一个情感问题、文化问题乃至政治问题的综合体。缺乏对中国历史、文化和现实的了解，就无法洞见我国死刑问题的实质。正如日本学者正田满三郎所言：“死刑作为理念是应当废除的。然而抽象地论述死刑是保留还是废除，没有多大意义。关键在于重视历史的社会的现实，根据该社会的现状、文化水平的高下等决定之。”① 由于我国“乱世用重典”的统治传统、“杀人者死”等源远流长的法律文化观念以及严重刑事犯罪率居高不下的客观现实等原因，短期内死刑在我国是难以也不应当被废止的。至于我国死刑罪名过多、适用条件缺乏明确性、程序不够完善等问题，则需要一个渐进的改革过程加以完善。而学习借鉴至今仍保留死刑的美国的经验，我们可以发现，美国正是通过从死刑罪名、适用对象和适用条件等方面步步为营地限制死刑，在人们逐步适应一个没有死刑的社会时，才通过一个偶然的立法事件或者判例如瓜熟蒂落般终止死刑。这就提示我们，在我国只有通过司法逐步减少死刑适用的罪

① 马克昌著：《比较法原理——外国刑法学总论》，武汉大学出版社2002年版，第844页。

名和数量，进而推动立法的修改，才能最终一步步地削减死刑。近年来，最高人民法院收回死刑复核权、刑法修正案（八）和即将出台的刑法修正案（九）都充分验证了这一论断。

综上所述，由于成文法所固有的局限性，加之社会的高速发展与转型，法律规定与现实问题之间的矛盾在我国显得尤为突出。但“法律不是嘲笑的对象”，刑法学者的任务与使命，就是根据社会发展情况对刑法规范进行合理化的阐释和改造。通过研究刑法规范背后的精神和法理，尽可能在不改变刑法条文的情况下进行扩张解释，使之适用于司法实践，待条件成熟时，再推动立法上的修改。而对于我国这样一个法治传统不是很浓厚、人口众多、经济高速发展和社会持续转型的大国而言，刑法理论的研究活动，不但要在现有理论成果的基础上，充分吸收借鉴其他国家尤其是具有强大理论支撑的大陆法系国家的优秀研究成果，还要充分考虑我国的司法现状和社会背景，进行必要的社会学研究甚至数据的统计，以科学而有生命力的刑法理论促进刑事法制度的完善和进步。基于此考虑，笔者近年来对我国刑法研究中出现的若干问题进行了思考，涉及刑法理念的革新、基本原则的重述以及犯罪论与刑罚论等领域，在此以一个立体的面目呈现出来，就教于各位同人。在漫漫的刑事法治路途上，吾辈将努力上下而求索。

# 第一章　刑法理念的革新

## 一、刑法的当代任务与使命

诚如所有法律一样，刑法具有与生俱来不可克服的局限性。不仅如此，由于刑法以剥夺犯罪人的生命、自由、财产等重大权利为基本内容，因此，刑法还具有其他法律所未曾有的极大的负面效应。“刑为盛世所不能废，而亦盛世所不尚。”① 数千年来，对刑法局限性的这种警醒和告诫从来就不绝于耳。然而，现代社会的高速发展，又越来越倚重法律、法治的护航；刑法作为整个法律体系中最后的“保障法”，更是责任重大。既有的物质文明需要刑法的合理保护，新生的社会关系要求刑法及时介入……刑法，虽局限重重，却又任重道远、使命重大。面对如此的境况，如何看待刑法的局限性，如何恰当地处理社会各阶层、各领域对刑法的不同诉求，如何平衡、协调刑法局限性与刑法使命之间的落差，诸如此类的问题已使刑法来到了一个十字路口——刑法将何去何从？这一哈姆雷特式的问题前所未有地横亘在刑法的面前……

### （一）刑法的局限性：一个不得不面对的事实

刑法具有极大的局限性，这是法治国家不得不直面的一个事

① 《四库全书·政法类·法令之属按语》。

实。刑法的局限性，既有其作为成文法的先天不足，又有其使用特别的严厉手段——刑罚相随而来的阴影。

1. 成文法固有的局限性不可避免

我国是实行成文法的国家之一，相应地，刑法的渊源也主要表现为成文的刑法典。而成文法具有与生俱来、不可克服的局限性，这在刑法中同样体现明显。成文法固有的局限性首先表现为国家立法机关必须在有限的法律文本中，制定出适用于所有法律事件的一般性规则，因而成文法一旦制定，就必然是抽象的、概括的。然而，与之相对的是，现实中的法律关系、法律事实却都是鲜活的、具体的、复杂的。“法有限，情无穷”，从来就是成文法无可回避的“软肋”。成文的刑法同样面临这样的问题。我国刑法共有452条，包括修正案共设置435个罪名。具体来说，每一个条文都有其特定的含义，每一个罪名都有其具体的犯罪构成。但是，这些抽象而成的法条，却往往难以涵盖现实中形形色色的犯罪。更常见的情形是，实践中的行为总是介于罪与非罪、此罪与彼罪的模糊状态之间；或者还有一些情形，虽然法律有明确规定，但是，如果机械地适用法条，却使案件的处理结果明显有悖于人们基于常识、常理、常情得出的结论。[①] 此时，刑法刚性、概括、抽象性规定的局限性就在具体而鲜活的社会生活面前暴露无遗。

此外，成文法另一个重要的特征在于，成文法总是一种“事前法”，即立法者总是在具体的法律关系发生之前，根据理性设计，对各种法律行为可能导致的法律后果作出一种应然的拟定。而法律一旦被制定出来，为维护其基本的尊严，必然不得不在相当长的时期内保持稳定、连续。但是，在现代社会，生产力飞速发展，各种新的社会关系不断涌现，在很多情况下，基于立法之初人们认识水平的有限，立法者根本不可能预见新的社会关系、新的法律领

① 例如，对于很多数额犯的情况，刑法规定了具体的法定刑，但是，基于案件的特殊情况，对达到犯罪数额的犯罪人加诸刑罚却又明显不公。

域的形成。这样，成文法一旦被制定出来，就不能不面临着滞后性的问题。对此，20 世纪西方自由法学（Jurisprudence of Free Law）甚至认为，成文法规范只不过是人们之间存在的社会关系即社会秩序的体现，由于成文法永远赶不上社会关系的发展，因而法律通常是一制定出来就过时了。①

这一问题在刑法中表现得尤为明显。受罪刑法定“铁则”的限制，刑法的施展空间只能是既定的刑法条文框定的范围。然而，社会情势的急遽变化，新型的具有极大危害性之行为的不断出现，又使人们急切地盼望刑法的及时干预。② 另外，基于刑法涉及的利益重大，当代世界各国又无不对刑法的修改设定了极高层次的主体和极为严格的程序，③ 这样，在变化、发展的社会形势面前，刑法时常望洋兴叹，显示出滞后性的局限。

2. 刑罚目的片面性的必然存在

在刑法的视域中，刑罚目的是一个长久以来争执不休的问题，但总结起来，无论何种观点，无非都是从以下三个方面来对这一问题加以探讨的，不同的只是对哪一方面的强调及三者之间关系的排列组合：第一，认为刑罚足以遏制犯罪的发生，即刑罚的目的在于一般预防；第二，认为刑罚是惩罚犯罪的必需，即刑罚具有报应的目的；第三，认为刑罚足以改造犯罪人，即刑罚的目的乃个别预防。三个方面固然穷尽了刑罚可能有的功用及国家设立刑法、使用刑罚的正当性根据，但是，仔细思考，三个方面却又无不存在片面性。

---

① 参见张文显著：《二十世纪西方法哲学思潮研究》，法律出版社 1996 年版，第 131～134 页。

② 例如，近年来，由于数码技术的普及，对他人进行偷拍后在网络上传播进而侵犯他人隐私权、名誉权的行为屡屡出现且危害性极大，但我国刑法对这类行为却并无相应的立法规定。

③ 例如，我国《立法法》就规定，刑事法律只能由全国人大及其常务委员会修改。

人为什么不犯罪？本能的联想自然是人们害怕实施犯罪后受到刑罚的处罚，但这种看法是极为表象的。实际上，人们犯罪后往往可能根本不会受到刑法的处罚，甚至根本不会引起任何的社会关注（大量犯罪黑数的存在证明了这一点）。因此，在很多情况下，人们不犯罪并不是因为害怕刑法的处罚，而仅仅是一种趋众的心理——“大家都这样做（不犯罪），我也这样做吧（不犯罪）”。不犯罪，就像早晨刷牙、傍晚散步一般，成了一种生存习惯。而当社会中的多数人都有这样的习惯后，一个人如果依照正常的社会规则生活，不选择犯罪的非常规手段，其可能获得的预期社会收益（包括经济效益、社会评价等）也可能是最大的。[①] 因此，对于许多人来说，之所以不走上犯罪的道路或不选择犯罪的方式实现自己的目的，最深层的原因在于人普遍具有的一种在长期社会生活中形成的趋众心理以及由于不犯罪所可能预期的社会收益最大化，至于犯罪后可能遭受的刑罚处罚，在很多情况下，并不是最重要的因素。由此可以认为，对大多数人来说，在通常状况下，刑罚的一般预防的必要性实在有限。[②]

当然，不可否认的是，除大多数根本不会考虑犯罪的一般民众外，社会中还是有很多人最终走上了犯罪之路。但是，对于这些人中的很多人来说，刑罚的一般预防同样苍白无力。意大利刑法学大师菲利早就指出，刑罚的威吓对两类人是没有效果的：一是激情

---

① 犯罪虽然也可能具有一定的收益，但极大的风险成本抵消了这种收益。关于犯罪与惩罚的经济分析，可参见［英］皮特·纽曼主编：《新帕尔格雷夫法经济学大辞典》（第2卷），付子堂等译，法律出版社2003年版，第1~5页。

② 正是基于此，以高铭暄教授为代表的很多学者坚持认为，刑罚的一般预防目的，只是“警告、威慑社会上的不稳定分子”，对“广大人民群众来说”，是“教育和鼓舞”其“积极地同犯罪作斗争”［参见高铭暄主编：《新编中国刑法学》（上册），中国人民大学出版社1998年版，第312页］，亦即对大多数人来说，并不需要刑罚对犯罪的威慑、预防。

犯。这些人“意图犯罪”，并“受激情支配或是受动摇其道德观念的心理飓风所左右”，“绝不是刑罚威吓所能控制得了的”。[①] 二是蓄谋犯。这些人出于各种原因，处心积虑地伺机犯罪。但他们在犯罪之前，几乎都对刑罚存有侥幸之心，认为犯罪之后能“安然地逍遥法外”；而即使惩罚真正落实，在很多情况下，这些人也根本无所谓。因为对他们来说，犯罪本身就是铤而走险、孤注一掷，犯罪后是否会受到刑罚处罚、遭受刑罚处罚可能带来的痛苦后果，犯罪人早已有足够的心理准备，甚至可以说是置之度外了。对他们而言，刑罚的预防犯罪目的同样很难实现。[②] 除以上两种人外，刑罚的一般预防目的仅仅可能对那些有犯罪之心、蠢蠢欲动却又犹豫不决的“不稳定分子”产生一些作用，而这部分人的比例是十分小的，刑罚一般预防目的的片面性也就极为明显。

除一般预防外，刑法的存在还有另外一个重要的根据，即犯罪发生后，必须依靠刑法对犯罪人施加处罚，进而实现刑罚的报应性目的，但这同样有其局限性所在。一个犯罪发生后，已经给社会、个人造成了极大的损失和痛苦，此时再去剥夺另外一个人的生命、自由、财产，除了徒增新的痛苦与伤害之外，又于事何补？从某种意义上说，被害人之所以苦苦要求将凶手“绳之以法”，难道不正是出于一种“自己已经倒霉，必也使他人不得好过”的心理吗？

① ［意］恩里科·菲利著：《实证派犯罪学》，郭建安译，中国人民公安大学出版社2004年版，第156页。

② 对此，菲利举过一个经典的例子。他说，19世纪伪造货币者，必须聚精会神地逐字模仿纸币上的文字，其中包含威吓性的一段话：“法律处罚伪造……”伪造者刻下这段话时，足以证明其对刑罚的威吓是多么视若无睹。参见［意］恩里科·菲利著：《实证派犯罪学》，郭建安译，中国人民公安大学出版社2004年版，第157页。

这种心理难道能说是健康的吗?[①] 而国家启动刑事诉讼程序，以刑罚的手段惩罚犯罪人，表面上看来似乎是惩恶扬善，但从根本上说，在很多情况下仅仅是简单地宣泄了被害人的复仇欲，至于犯罪背后掩盖的深层的矛盾与根源，往往也就被罪犯的呻吟声掩盖了。因此，刑罚的报应性目的，也是极为片面的。

就第三个方面而言，必须通过刑罚的施加改造矫正犯罪人，这是近代以来刑事实证学派大力鼓吹的核心观点。他们认为，犯罪人是具有一定人身危险性的特殊的人，必须通过刑罚或保安处分等措施加以改造，否则，犯罪人一旦复归社会，必然重新作恶，为害社会。但这种观点同样有其片面性。虽然我们都对犯罪深恶痛绝，但不可否认的事实是，犯罪人在实施犯罪之前和我们一样，只不过是一个最普通的人而已。因此，试图通过刑罚的改造消除犯罪人的“人身危险性”，在很多情况下只不过是臆测的堂吉诃德面前的风车而已。实际上，除极少数惯犯、恶习犯之外，大多数人的犯罪恰如人登山赋诗、临渊羡鱼一般，同样是由环境、社会甚至个人心境等多方面因素造就的，一旦这些条件消失，已经犯罪的人再次实施犯罪的可能性就极小了。而国家以改造之名，对这些犯罪人加以拘押，投诸囹圄，其必要性究竟何在，实在大可质疑。退一步来说，对那些确实具有根深蒂固犯罪恶性的犯罪人的改造，刑法在多大程度上能很好地完成?如果刑罚真的对犯罪恶习具有药到病除的作用，那为什么刑满释放人员的再犯率居高不下一直都是令世界各国焦头烂额的问题呢?

3. 刑罚的负面效应难以克服

刑法以刑罚为基本的调整手段，而刑罚的本质在于其以剥夺犯罪人重大权利为内容并因此给犯罪人造成极大的痛苦。正因为刑罚

---

① 我国台湾地区学者黄荣坚明确地提出，刑罚的心态，就是“一个人直接以另外一个人的痛苦为乐的心态”。参见黄荣坚著:《刑罚的极限》，台湾元照出版社 1998 年版，“序言”第 2 页。

具有这一本质，因此，刑罚的施加从来都是伴随着极大的负面效应的。刑罚的负面效应，宛如巨大的鬼魅，数千年来一直与刑法的整个运作过程如影相随，无法摆脱。对此，可以从国家、社会、犯罪人及其亲属几个方面加以具体阐述。

首先，对国家来说，刑罚的负面效应在于，刑罚一旦施加，必然需要国家耗费大量的司法资源。为了惩治犯罪，国家必须设置专门的司法机关、司法人员，而更重要的是，一旦将犯罪人投入监狱，国家还必须进一步投入更大的资金用于犯罪人的改造。刑罚的施加必然以巨大的经济耗费为前提，这种经济成本固然是主权国家实现统治、管理的必要代价，却也未尝不是刑罚在经济方面负面效应的一个体现。

其次，对社会而言，刑罚最大的负面效应在于，刑罚一旦设立，就可能在极大程度上钳制社会主体的活力。社会学家迪尔凯姆早就谈到过，犯罪是一个社会正常的现象。[①] 实际上，犯罪不仅是一种正常的社会现象，更是一个社会活力的表现，犯罪有规律的发生，常常在很大程度上正是社会关系需要调整的前兆。[②] 对此，迪尔凯姆同样指出，“改革与犯罪是相依为命，不可分离的”。“犯罪不仅使社会产生改革的需要，而且在某些情况下还能直接为这些改革做准备。”[③] 而如果简单地对犯罪施加刑罚，就可能使人们对于犯罪与非犯罪的灰色地带失去探索的勇气，最终，社会关系也有可能在应该获得突破和改进的地方得不到及时的更新、变革。

再次，对犯罪人来说，刑罚的负面效应就更明显了。犯罪人

---

① ［法］E. 迪尔凯姆著：《社会学方法的准则》，狄玉明译，商务印书馆 1995 年版，第 74 页。

② 例如，在我国市场经济完全确立之前，以长途运输的形式构成投机倒把罪的情况非常常见，而这恰恰说明整个社会已经对物资流动极为需要，僵死的经济管理模式难以适应社会发展的需要。

③ 陈兴良著：《刑法的人性基础》，中国方正出版社 1999 年版，第 309 页。

旦受到刑罚处罚，可能就被终身打上耻辱的烙印，不仅肉体上会受到极大的摧残，更重要的是，犯罪人的精神、心理将被烙下更深的甚至永远无法弥合的伤痕。在很多情况下，一个正常生活的人只因一次偶然的犯罪，就使人生轨道完全发生偏离和改变，甚至一蹶不振，终生陷入痛苦、自责、自卑的境地。这一情况在青少年身上更是明显，美国犯罪学家莱默顿（E. M. Lermert）和贝克（H. S. Becher）曾提出过著名的“标签理论”，这一理论认为，一个人变成罪犯，最初是因为他们的父母、学校教师、警察机关、司法机关以及犯罪矫治机构在处理违法行为时，给其贴上了坏的标签的结果。而贴标签是违法犯罪的催化剂，一个人如果在初次实施违法犯罪活动后被贴上标签，可能就处处受到影响，最终成为职业犯。[①] 由此可见，刑罚“大棒”的后面，将是多少灵魂痛苦的呻吟！

最后，对犯罪人的家属来说，刑罚的负面效应同样不言而喻。犯罪人不仅是实施犯罪之人，更是一个家庭中的父母、子女。如果国家对犯罪人实施刑罚，将其剥夺生命或投之囹圄，姑且不论犯罪人家庭、亲属将为此承受的经济损失，仅就感情创伤来说，多少家庭就将由此父母子女天各一方，日日垂泪；多少黄发垂髫从此就永无天伦之乐，春日秋夜形影相吊！

刑法虽然具有巨大的负面效应，但刑罚却从来都是国家管理者最为青睐的工具。这是因为，与军事手段等国家其他统治手段相比，刑罚使用极为便利，并且相对成本较低，因而对任何国家而言，刑罚都是和平状况下实现国家专政的最为重要的手段。

但是，刑罚虽然相对成本较低，然而每次使用都会留下负面效果，这些负面效果又会累积起来，构成社会和谐、国家统治的潜在消极因素，最终侵蚀甚至削弱国家统治力。由此看来，刑罚的负面效应，更为可怕的方面在于其隐蔽性和潜在的累积效应。

---

① 储槐植、许章润等著：《犯罪学》，法律出版社 1997 年版，第 39 页。

### （二）刑法的使命：现代社会的呼唤和要求

刑法的使命是什么？回答这一问题首先必须解决刑法基本机能的定位、刑罚方法使用的根本思路等前提性问题，而对于这些问题，虽然我国刑法学界以往关注很多并均形成了有影响力的学说，但是，在犯罪情势急遽变化、社会发展日新月异的今天，都有必要重新对其作反思性的探讨。相应地，对刑法的使命，现代社会亦有自身的呼唤和要求。

1. 定位：权利保障还是秩序维护

刑法具有权利保障①与秩序维护两大机能是不争的事实。不仅如此，在一般情况下，刑法的权利保障还是与秩序维护相统一的。借由刑法对犯罪人权利的合理剥夺，通常也就能够有效地实现对社会秩序的维护。但是，这种常态并不能掩盖在很多情况下，刑法的权利保障与秩序维护也可能处于紧张的对立状态的事实。不可否认的是，基于维护社会秩序的需要，在相当多的情况下需要对犯罪人的权利加以过度剥夺；反之，为充分实现犯罪人权利的保障，则须

① 对于刑法的权利保障，通常的观点认为包括对被告人权利的保障与对社会中一般公民权利的保障两个方面，台湾学者常将其称为“双重保证”，即一方面是保证犯罪人（包括犯罪嫌疑人、被告人、罪犯）在进入诉讼程序后，不会受超出法律规定之外的强制、处罚，不受有违人道、藐视人性尊严的刑罚；另一方面是保障一般公民在未犯罪的情况下，不会受到国家公权力的干涉、侵犯或处罚。对此，可参见陈兴良著：《本体刑法学》，商务印书馆2001年版，第40~44页；及林山田著：《刑法通论》（增订9版），台湾大学法学院图书部2006年版，第51页。但笔者认为，刑法中的人权保障重点应当是前者，即保障犯罪人的权利，因为犯罪人的权利保障毕竟是刑法中最直接的问题。

付出高昂的社会成本。[①] 因此，在犯罪人权利之保障与社会秩序之维护两者中，究竟将刑法的首要机能定位为权利保障还是秩序维护，就不仅是一个形而上的抽象问题，而且还是涉及活生生的人的具体利益，牵涉刑法整个制度设计的根本性问题。面对这样的两难选择，刑法将何去何从？

我国历来的观点是极度强调刑法的秩序维护机能。传统观点认为，“刑法是阶级专政的工具”，其最重要的任务就是“打击敌人，惩罚犯罪，保护人民”。[②] 但是，20 世纪 90 年代初，随着一大批中青年刑法学者走上学术舞台，人们开始对刑法机能的定位进行审视性思考，进而提出了刑法必须以权利保障为首要机能的观点，[③] 一些学者更是提出了“民权刑法”[④] 的概念。此时，李斯特的名言“刑法是犯罪人的大宪章”的观点被一再引用并被奉为至理名言。

刑法能不能定位为权利保障法？对这一问题的回答直接关系到刑法的终极使命，有必要反复地思考和争论。笔者认为，将刑法定位为权利法，认为刑法的首要机能是权利保障，在我国历经十年“文化大革命”，民众饱受政府权力滥用之苦的时代背景下，是必要的、积极的。但是，在经济已经高速发展，法治体系逐渐健全，犯罪形式日趋复杂，局部地区暴力性犯罪、公害性犯罪极为严重的

---

① 例如，在爆炸案中，警察抓住了准备实施爆炸的嫌疑人，但不知炸弹放置于何处，假如疑犯保持沉默，炸弹随时有可能爆炸，危及众多人的生命安全。但如果对嫌疑人施以刑讯，则嫌疑人将供述炸弹所在，可拯救很多无辜者的生命。此时，是保障犯罪人的人权，还是施以刑讯拯救社会中无辜者的生命，就成为一个尖锐的问题。

② 王作富主编：《中国刑法适用》，中国人民公安大学出版社 1987 年版，第 8~10 页。

③ 有代表性的观点可参见陈兴良：《从政治刑法到市民刑法——二元社会建构中的刑法修改》，载陈兴良主编：《刑事法评论》（第 1 卷），中国政法大学出版社 1997 年版，第 45~50 页。

④ 参见许道敏著：《民权刑法论》，中国法制出版社 2003 年版。

今天，再将刑法定位为权利法，却不无误导之嫌。本质上，刑法最根本的机能在于维护稳定的社会秩序，在秩序维护与权利保障之间，刑法的首要机能应是秩序维护，刑法的基本定位应是秩序维护法。

刑法之所以必须定位为秩序维护法，首先是由刑法的法律属性决定的。虽然公法与私法的划分在某些领域趋于模糊，但毫无疑问，刑法是典型的公法。既然是公法，那么刑法主要调整的就应当是国家公权力的问题，而不是公民权利的问题。实际上，刑法的制定，最主要的原因就是需要为国家刑罚权的行使提供一套明确、统一的准则。既然如此，如果将刑法的基本机能定位为权利保障，那么又如何体现出刑法规范、调整国家公权力的公法特征呢？更进一步地讲，相信所有人都不会否认，刑法是所有法律体系中的最后一道栅栏。相应地，国家的刑罚也就是和平时期国家实现政治统治、维护社会秩序最后的同时也是强制性最强的武器。如果这一武器都不能强有力地支撑整个社会秩序的井然进行，那社会秩序强硬的倚仗又从何寻找呢？换言之，笔者不是否认犯罪人的人权不应得到充分保障，而是认为，这一任务的实现必须以社会秩序的有力维护为前提。

此外，从国外刑事政策的发展方向来看，也并非如我们所想象的一般，将犯罪嫌疑人、被告人、罪犯的权利置于至高无上的地位，相反，国外近年来刑事政策的发展趋向，已经很清楚地显示出目前世界各国高度重视通过刑法打击犯罪，维护稳定的社会秩序。以“自由的圣土”美国为例，美国自从20世纪六七十年代风行一时的犯罪人矫正模式失败后，即有大量学者主张应当让犯罪人回归痛苦的惩罚，以“实现正义”。[①] 而2001年9月11日美国遭受举世震惊的恐怖主义袭击后，刑事政策更是发生了极为明显的变化。

① Andrew Von Hirsch: Doing Justice - The Choice of Punishment, Northeastern University Press, 1976, p. 143.

一个最典型的表现是，2001 年 10 月 26 日，美国总统布什总统签署生效“爱国者法”。[①] 该法律明显体现出为满足打击恐怖主义、维护社会秩序的需要，允许国家权力更多、更广泛地侵入公民私生活领域的特点。2003 年 9 月 10 日，布什再度要求扩大“爱国者法”的执法范围，提出政府应得到更多获取文件和证据的权利而无须通过法院批准、扩展死刑的使用，以及使保释变得更加困难。总之，“爱国者法”最典型地体现出美国目前将刑法定位为社会秩序维护法的思想。[②] 此外，2002 年，英国政府也公布了名为《所有人的正义》（Justice for All）的白皮书，强调增进对被害人权利的保护，主张刑事司法制度应当向有利于被害人和证人的方向寻求新的平衡，被害人应当处于刑事司法制度保护的核心地位。[③] 这些刑事政策方面的变化，都说明国外并不是一味地强调刑法的人权保障机能，而是更加倾向于将刑法定位为维护社会秩序的强有力的工具。

2. 方法：法网严密还是刑罚严厉

刑法以刑罚为其基本武器，那么，刑法应当在刑罚方法的使用上贯彻怎样的思路？国家究竟应当尽可能宽泛地设置犯罪但是对犯罪处罚体现出宽和色彩，还是应当在犯罪圈收缩的情况下尽可能重地加大刑罚处罚力度？概括地说，即究竟应当走法网严密的路线还

① 该法的正式名称为《通过为拦截和阻止恐怖主义犯罪提供适当手段来团结和加强美利坚合众国法》（Uniting and Strengthening America by Providing Appropriate Tools Required to Intercept and Obstruct Terrorism Act），因其首字母缩写为“USA PATRIOT”，故又被称为“爱国者法”或“反间谍法”。该法的副标题为：法案旨在阻吓和惩罚世界各地的恐怖主义行为，并加强法律执行中的调查手段。

② 刘卫东：《〈爱国者法〉及其对美国公民权利的影响》，载《美国研究》2006 年第 1 期。

③ 陈光中主编：《刑事诉讼法》，北京大学出版社、高等教育出版社 2005 年版，第 32 页。

是保持刑罚严厉的态势?

对这一问题，我国刑法学界很早就展开过讨论。在 1996 年修订刑法前夕，储槐植教授对这一问题进行了深入探讨，他将这一问题精炼地概括为刑法“严”与“厉”的关系问题，并认为应当在刑法修订过程中处理好“严”和“厉”的关系。他认为，“严”指刑事法网严密，刑事责任严格；“厉”则主要指刑罚苛厉，刑罚过重。“从严与厉的关系角度看，刑法不外乎有四种模式：一是不厉不严，二是厉而不严，三是又严又厉，四是严而不厉。”修订之前的刑法“在法条中体现出来的政策思想的主要倾向在于‘厉而不严’”。1997 年刑法修订时，应当将立法思路调整为“严而不厉”。[①] 储教授这一观点的提出，得到了很多学者的重视和讨论，随后，刑法“严而不厉”的观点受到了广泛的认同并产生了深远的影响。时间过去十多年后，重温储教授的观点，对我们仍具有极大的启发性。基于刑罚资源的有限、刑罚适用后可能产生的负面效应，概言之即整体上刑法的局限性，国家在治理中不应过于倚重刑法，更不可走上重刑苛罚之道，这确是至理之言。

但是，在呼吁刑法“严而不厉”的同时应该看到，储教授提出的“严而不厉”是包括两个方面的，即“严”和“不厉”。“严”，即必须做到法网严密，具有严重社会危害性的行为应该几乎全部网罗在刑法打击范围之内。在某些情况下，甚至还有必要降低刑法的门槛，扩大刑法的处罚范围，将一些介于违法与犯罪之间的行为也纳入刑法范畴进行制裁。在此前提下，才是“不厉”，才是刑罚的轻缓化。遗憾的是，目前很多学者在讨论这一问题时，却忽视了“严”的前提，片面地强调“不厉”，仅仅呼吁刑罚的宽

① 储槐植：《严而不厉：为刑法修订设计政策思想》，载《北京大学学报（哲学社会科学版）》1989 年第 6 期。

容、刑罚的轻缓化。[1] 其结果不仅在理论上易让人走入误区，也对实践产生了一些消极影响。不仅如此，储教授提出“严而不厉”的初衷，只是针对立法修改提出的一种立法建议，而立法与司法是存在区别的。立法在很大程度上解决的是一种理想的应然状态，而司法才是真正面对活生生的社会现实作出的一种具体裁断。那么，储教授提出的“严而不厉”的这种立法思路能完全应用于司法实践吗？反观我们目前所处的社会状况可知，当前刑事司法的一个重要问题在于，有些犯罪特别是腐败犯罪、黑社会性质犯罪、经济犯罪等涉及国家公权力或有组织、高智商的犯罪，在我国侦破率还极低，犯罪黑数居高不下。[2] 而这就意味着，目前对于这些犯罪，犯罪人被抓获并进入刑事司法程序最终受到刑罚处罚的概率是极低的。在这样的背景下，如果对这极小部分最终受到处罚的犯罪人还强调“不厉”，从宽处罚，那么国家刑罚的适用就将可能失去必要的力度，刑法的威信将大打折扣。

因此，笔者认为，一个社会的刑罚严厉程度是和犯罪最终受到处罚的概率成反比的。正因为犯罪很少被处罚，因而一旦被发现并被处罚，就必然也必须是相对严厉的。在我国目前腐败犯罪、涉黑犯罪、经济犯罪侦破率没有大幅度提高之前，侈谈刑罚宽缓是极为片面的。

---

① 理论界的著作参见黄华生：《论刑罚轻缓化》，中国政法大学 2004 年博士学位论文；实务界的观点参见王明、康瑛：《刑罚轻缓化的正当根据及其实现》，载《人民司法》2003 年第 4 期。

② 据公安部门的理论研究显示，我国这几年的犯罪黑数占实际发案数的 80%左右，甚至更高一些。其中，按案件等级分类，重大和特大案件约占实际发案数量的 80%以上；一般案件比例较低，约占实际发生数量的 15%。按案件性质分类，杀人案件占实际发案数量的 95%以上；爆炸、抢劫、投毒、强奸、诈骗案件占实际发案数量的 60%～80%；盗窃案件占实际发生数量的 10%。参见王勇哲：《谈谈我国的犯罪黑数问题》，载《山东公安专科学校学报》2001 年第 1 期。

3. 目标：赋予公民合理的安全感

刑法的基本定位应是有力地惩罚犯罪，刑法的调整方法不能片面讲究宽缓，在作出这些论断后，进一步需要反思的问题是：刑法究竟应当实现什么样的目标？这是探讨刑法使命中最后的，也是根本性的问题。

笔者认为，在现代社会，刑法的终极目标就是赋予公民合理的安全感，这可以从国家权力与公民权利两个方面加以论证。从国家权力的角度来看，毫无疑问，刑罚权是国家权力重要的组成部分。但国家为什么拥有刑罚权，国家拥有刑罚权的根据何在呢？对此，贝卡里亚的回答极具启发性。贝氏认为：在最初的自然状态中，“人类的繁衍尽管本身规模不大”，但自然资源更加有限，于是，人们为了争夺，彼此形成一个个联盟，并持续地陷入战争状态。“离群索居的人们被连续的战争状态弄得筋疲力尽，也无力享受那种由于朝不保夕而变得空有其名的自由，法律就是把这些人联合成社会的条件。人们牺牲一部分自由是为了平安无扰地享受剩下的那份自由。为了切身利益而牺牲的这一份份自由总合起来，就形成了一个国家的君权。”① 由此可见，在贝氏看来，国家刑罚权本质上来自于公民的让渡，而公民之所以让渡自己的权利，并将其汇聚而成包括刑罚权在内的国家权力，最重要的原因就在于这样可以“平安无扰地享受剩下的那份自由”。而从国家的角度来说，既然已经接受了公民权利的让渡，就必须完成其最初的承诺，使公民获得充分的安全感，可以平静地享受国家权力之外的剩余的自由。因而，按照英国哲学家伯纳德·鲍桑葵的观点，国家的一切行动就是行使公共意志。而“惩罚的真正性质和目的，来源于国家旨在维

① 参见［意］贝卡里亚著：《论犯罪与刑罚》，黄风译，中国大百科全书出版社 1993 年版，第 8 页。

护有助于实现最完美的生活的权利制度这个目的”。①

另外，从公民权利的角度来说，公民之所以能够在社会中大胆地行使自己的权利，诚实地履行合理的义务，正是因为其相信，法律已为自己的行为设置了重重屏障和保护，只要依法行为，则每一次法律关系的背后，必然都有一种可预期的结果性利益。这样，公民在生活中便获得了充分的安全感。而犯罪的危害，正在于其以极其粗暴的方式打破这种合理的预期，使守法公民无法获得预期的利益，因而，公民必然对犯罪深恶痛绝。而在整个法律体系中，直接以犯罪为调整对象的刑法便必须在大多数合理境况下（除去战争、重大自然灾害等特殊情况）赋予公民信心：自己实施适法行为，不会被外在的飞来横罪打破；自己实施适法行为后的利益，是有充分保障的。

从心理学的角度来看，群居的人类内心深处必然是渴望井然良好的秩序的，人类天然地对良好的秩序产生依赖，甚至不管这种秩序是否来自良法的维护。因此，正常的秩序为国家权力的行使和公民权利的实现提供了外在交汇点。国家权力以人民权利的让渡为存在根据，又通过强力运行维持良好的社会秩序，良好的社会秩序则为公民权利的顺利实现提供外在条件，使公民在良好的社会秩序中切实感受到国家权力赋予的安全感。

因此，无论是从国家权力还是从公民权利的角度来说，犯罪后刑法恢复式地报应、惩罚犯罪人都不是最重要的，重要的是借由良好秩序的建立，国家权力赋予公民能够切实感受到的，充分的、必然的安全。

### （三）应然的抉择：有限刑法的有所作为

一如前述，刑法虽具有其自身不可克服的局限性，但是，特殊

① 参见［英］鲍桑葵著：《关于国家的哲学理论》，汪淑钧译，商务印书馆1995年版，第228~229页。

的法律地位又要求其承担起注定的重大使命。面对这样的两难境地，刑法应如何抉择？对这一问题，需要从两个方面进行回答。

1. 刑法只是社会治理方式的一种

如果正视刑法的局限性，我们就会十分清楚地看到，在国家治理方式中，刑法仅仅只是其中一种，并且远不是最重要的一种。刑法与其他国家治理方式相比，就其深入人心的程度来说，刑法不如道德教育；就其广泛性、普遍性而言，刑法不如舆论宣传；从效率高、成本低的角度来看，刑法亦不如行政管理；而就算论强制性强、手段严厉，刑法也不如军事控制。但是，刑法只是社会治理方式中的一种，并不意味着刑法可以在社会治理中处于缺位状态。实际上，刑法的治理也有其不可比拟的优点。例如，运用刑法打击犯罪，相对于通过政治体制改革、经济管理模式调整以减少、预防犯罪而言，成本更低、风险更小，在一定时期内甚至效果更为明显。此外，刑法是和平时期国家暴力最集中的体现，因而它可以相对高频度地适用，而不是如军事控制一般，只能在某些非常状态下使用。

正因为刑法既有其不能克服的弱点，又有其不可替代的功能，因而在国家治理中，既应重视刑法的作用，但又不可对刑法过于倚重。这是协调刑法局限性与刑法使命之间关系必要的前提性认识。

2. 刑法的有所为和有所不为

在此前提下，刑法为实现其赋予公民合理安全感的目标，必须做到对不同领域的社会关系有选择、有区别地调整干涉，即刑法既应有所作为，又要有所不为。

具体来说，在涉及国家政治管理、社会公共安全的领域中，刑法应保持积极的姿态，广泛而强硬地加以干预。对政治领域中涉及国家权力的危害国家安全犯罪、腐败犯罪、渎职犯罪，社会生活领域中涉及公共安全的破坏经济秩序犯罪、危害社会管理秩序犯罪等，刑法都必须及时介入，并对越轨者予以严厉的打击。因为，这些领域都是公民进行社会活动不可或缺的公共领域，也是公民私人利益最容易直接、广泛地受到侵犯的领域，还是公民最需要的切实安全感所缺乏的领域。

而与之相对的是，对于发生在公民私生活领域的犯罪，刑法则应充分显示自身的局限性，尽可能收缩其触须，而代之以道德教育、舆论谴责等其他调整方式。例如，公民私生活中涉及的性犯罪，发生在邻里、家庭内部的婚姻、继承纠纷以及轻微的人身伤害犯罪，虽然这些违法犯罪行为也可能具有一定的社会危害性，但是基于其发生领域的特殊性，犯罪所造成的伤害很容易被犯罪人与被害人双方原有的亲情、友情日渐弥合，而刑法瞬间性地强力干预，只会使犯罪人与被害人双方的距离进一步疏远，被破坏的社会关系进一步恶化，可谓以百害换一利。由此，对这些领域的犯罪，刑法应采取消极的态度，尽可能谨慎地介入，即使必须处以刑罚，也应当尽可能考虑从宽处罚。

3. 结论

借助前文的探讨，可以得出如下一些具有结论性的观点：首先，必须正视刑法的局限性，刑法的局限性在很大程度上是天然的、与生俱来的、不可克服的。其次，刑法应当注重对社会秩序的维护，刑法的使命在于赋予公民合理的安全感。最后，就刑法的局限性与刑法使命的协调而言，刑法的干涉应当具有选择性。在公共生活领域，刑法应当保持积极的姿态和强硬的力度；而对于发生在公民私生活领域的犯罪，刑法应当谨慎地介入，并充分考虑从宽处罚。

### （四）余论：对当前若干刑事政策动向的省思

在建设社会主义和谐社会的大背景下，目前我国刑事司法正从指导思想到具体实践都进行着一系列重大的调整和改革，备受理论界关注而又在实践中引起了一定争论、产生了重大影响的，主要包括宽严相济刑事司法政策的提出、贯彻，恢复性司法的引入、实践，在贪贿犯罪中对高官频频适用死刑等。如何看待这些刑事政策方面的最新动向呢？笔者以为，对这些问题，有必要从刑法局限性及使命的视角作一番思考。

首先应当明确的是，既然刑法必须给予民众合理的安全感，那就必然要在打击犯罪的时候保持相当的力度。而我国目前刑事政策的走向，似乎过于强调刑罚轻缓化的一面，在一定程度上已经引起了民众的担忧和难以理解。① 因此，我国当前刑事政策的指针不应过于偏向轻缓的一面，还是应当以刑法使命为怀，有重点、有力度地打击犯罪，承担起捍卫社会秩序、赋予民众安全感的职责。

在此前提下，对党中央提出的宽严相济的刑事司法政策，就不能作出片面的理解。诸如“目前出台的宽严相济的刑事政策，其重点是强调从宽的一面”② 之类的观点，虽然极为流行，但片面性实在明显。实际上，宽严相济应当包括密不可分的两个方面，即“宽”和“严”，两者相辅相成、缺一不可。具体来说，诚如最高人民检察院在《关于在检察工作中贯彻宽严相济刑事司法政策的若干意见》中指出的，“宽严相济”应当解释为：该严则严、当宽则宽、宽严互补、宽严有度，对严重犯罪依法从严打击，对轻微犯罪依法从宽处理，而绝不应当在“宽严相济”的口号下片面呼吁从宽，有意无意地漠视“严”的重要性。同时，虽然宽严相济意味着“该严则严、当宽则宽、宽严互补、宽严有度”，但是，究竟具体以什么样的标准确定从宽、从严，显然不能由司法者任意解释，而是必须研究出一定的参考标准。在笔者看来，宽严相济的判断标准可从一个侧面确定为：对发生在公共领域，严重危及公民安

---

① 例如，2007 年 7 月，郑州市人民检察院出台了《关于贯彻宽严相济刑事司法政策的若干规定》，规定中明确了对一些轻微刑事案件的处理标准，认为很多轻微刑事案件可不捕不诉。而在新浪网随后进行的调查中，有逾 80%的人认为，这一规定“不合理，处罚太宽松了”，载新浪网，http：//survey. news. sina. com. cn/voteresult. php？ pid = 17655。

② 吴宗宪：《解读宽严相济的刑事政策》，载《中国人民公安大学学报（社会科学版）》2007 年第 1 期。

全感的犯罪，应从严处罚；而对于发生在私人领域，存在家庭、婚姻方面的原因，并不危及社会中其他公民安全的犯罪，则可从宽处罚。

除宽严相济刑事司法政策外，恢复性司法也是近年来理论界极为关注的热点问题。所谓恢复性司法，又称修复性司法，是指“一个特定侵害的相关各方聚集在一起处理和解决该侵害现时所致后果及其对未来影响的过程”。[①] 恢复性司法的核心思想是“恢复”，即改传统的“惩罚”、“矫正”为“修复”、“恢复”，改传统的“国家—犯罪人”刑事司法模式为“犯罪人—受害人”模式。恢复性司法与以往实践相比，更为重视被害人的权利。在整个刑事司法过程中，恢复性司法要求给予被害人更大的参与机会，在某些情况下，如果犯罪人履行了对被害人损害的赔偿，即不一定再以国家惩罚犯罪的形式终结刑事司法。[②] 从某种程度上说，恢复性司法在某种意义上排斥了国家权力在犯罪中的参与。恢复性司法一经介绍引进即引起了学界极大的关注，并且主张在中国刑事司法中尝试恢复性司法的呼声一阵高于一阵。而笔者认为，恢复性司法固然有其可取之处，但是，同样根据前文得出的结论，恢复性司法应当有严格的适用范围，只能针对不涉及公共安全以及由公民之间纠纷引起的犯罪。而且，从刑法维护社会秩序的基本机能出发，恢复性司法有很大的局限性，不能大范围地铺开适用。

在贪贿犯罪中适用死刑也是一直以来备受争议的一个问题，尤其是在中央对腐败重拳出击、“老虎苍蝇一起打”的今天，这一问题变得更为敏感。基于腐败犯罪的严重危害及彰显国家惩治贪贿犯罪决心的需要，我国在刑事司法中已经对一批具有相当高级别的贪

① Marshall, T., Restorative Justice an Overview, http: //www. homeoffice. gov. uk /rds/pdfs/occ-resjus. pdf.

② 陈晓明：《论修复性司法》，载《法学研究》2006 年第 1 期。

贿罪犯适用了死刑。[①] 但是，由此也引起了很大的争论。许多学者对此持批评态度，认为对贪贿犯罪适用死刑，不符合我国签署的《联合国公民权利和政治权利公约》规定的死刑适用标准，不符合罪刑相适应原则，不符合生命高于财产的价值准则，会给国际司法协助造成困难等。[②] 但是，对于贪贿犯罪中死刑的适用，笔者根据本书的论述所得出的结论是，坚定地主张在我国目前的条件下，不宜立即停止对贪贿犯罪适用死刑。原因固然是多方面的，但最重要的一点是，贪贿犯罪是涉及国家公权力的犯罪，这样的犯罪会让一部分民众产生对国家机关的不信任感。在这样的背景下，刑法应担负起自身的使命，使用严厉的刑罚，重塑公民在政治生活中的安全感，巩固民众对国家机关、公共权力的信任。

## 二、"风险社会"的刑法选择

自德国社会学家贝克首次系统提出"风险社会"的概念以来，风险刑法理论已无可争议地成为了近年来全球备受关注的刑法理论问题之一，并由此深刻地影响了各国刑事立法与刑事司法的价值选择。贝克认为，自20世纪后半叶以来，人类社会已进入了集各种自然风险与人文风险于一体的社会生态之中。区别于前工业社会中社会风险主要来自于地震、干旱、洪水等自然灾害，或者邪教巫术、土匪强盗等传统的人为祸患，现代社会中的风险更多地来自于因科学与技术不受限制地推进而导致的基本上无法用以往经验来消

① 到目前为止，我国已对四名副部级以上的高官适用死刑并立即执行，分别是江西省原副省长胡长清、全国人大常委会原副委员长成克杰、安徽省原副省长王怀忠、国家药监局原局长郑筱萸。

② 参见赵秉志主编：《中国废除死刑之路探索》，中国人民公安大学出版社2004年版。

除的“人造风险”。[①] 从电子病毒、核辐射到交通事故，从转基因食品、环境污染到犯罪率攀升等，无一不对人类社会的安全形成威胁。在其名著《风险社会》一书中，贝克更是断言，全球性风险已经开始出现，使人类日益生活在文明的火山口上，面临着越来越多的威胁其生存的由社会所制造的风险。[②]

我国刑法学者在引进和研究风险社会理论时，进一步就其特质进行了概括与总结。具有代表性的观点认为，现代风险主要表现为以下特征：一是风险人为化，人类的决策与行为成为风险的主要来源，人为风险超过自然风险成为风险结构中的主导内容。二是风险兼具积极与消极意义，不仅会带来不确定性与危险，也具有开辟更多选择自由的效果。三是风险影响后果的延展性，不仅在空间上超越地理与文化边界的限制呈现全球化态势，在时间上也具有持续性，有可能影响后代。四是风险影响途径不确定、不稳定，在人类认识能力之外。五是风险的构建本性，既是受概率和后果严重程度影响的一种客观存在，也是社会构建的产物，与文化感知及定义密切相关。它不仅通过技术应用被生产出来，而且在赋予意义的过程中由对潜在损害、危险或威胁的技术敏感所制造。[③]

刑法作为社会调控的保障手段，其最终性特征决定了其在面临各种不可测的人为风险时，必须有所反应、有所作为。基于犯罪“不是以导致什么样的具体损害作为实施制裁的前提条件，而是以没有促使安全状态的形成或者这类犯罪的步伐来表述的，它不是一

① ［德］乌尔里希·贝克等著：《自反性现代化—现代社会秩序中的政治、传统与美学》，赵文书译，商务印书馆2001年版，第119页。

② 参见［德］乌尔里希·贝克著：《风险社会》，何博闻译，译林出版社2004年版，第278页。

③ 参见劳东燕：《公共政策与风险社会的刑法》，载《中国社会科学》2007年第3期。

个具体的损害，而是一种慌乱不安”的认识，[①] 风险刑法理论应运而生，即“以抵御社会风险为己任，以追求人类安全为目标，对于危害社会安全的行为即使没有出现法益侵害的结果，也主张动用刑罚处罚”。[②] 其支持者认为，风险刑法弥补了传统刑法的不足，补正了其所无法调整的法益类型，如在环境污染和放射源污染等场合，风险刑法即可实现对未来法益的保护，而传统刑法则仅局限于现实法益；可以有效地暗合刑法的一般预防功能的发挥，通过立法将可能引发实害危险的行为规定为犯罪并明确其法律后果，以明确国家的法律信念，促成公众对于犯罪的道德厌恶，培育公众的法律信仰；[③] 人类对于风险的反应是要求更多的安全，而保障安全的任务最终又落到了刑法的身上，“如果刑法是一个社会感受的表述，那么风险社会中的刑法就会成为安全的中继站”，[④] 风险刑法正在成为治疗人类安全焦虑症的良药。

然而，诚如风险刑法的支持者所言，在面对因现代风险而可能引发的种种安全危机的情势下，刑法如果固守传统而无动于衷、毫无作为，其作为社会防卫的最后手段功能则可能发挥受限甚至丧失殆尽。但不可否认的是，风险刑法为化解各种人为的现代风险而极大扩张甚至突破传统的罪刑法定主义、责任主义等法治刑法的底线的规范模式，则直接挑战甚至颠覆了传统刑法的存在根基。坚持或者革新，固守抑或妥协，在风险社会的体系语境下，刑法应当何去何从，就完全有理由成为学界与实务界着力研究的重大理论命题。

---

① ［德］乌尔斯·金德霍伊泽尔：《安全刑法：风险社会的刑法危险》，刘国良编译，载《马克思主义与现实》2005 年第 3 期。

② 刘艳红：《“风险刑法”理论不能动摇刑法谦抑主义》，载《法商研究》2011 第 4 期。

③ 王拓：《风险刑法：风险社会下传统刑法的必要补充》，载《检察日报》2010 年 4 月 26 日。

④ ［德］乌尔斯·金德霍伊泽尔：《安全刑法：风险社会的刑法危险》，刘国良编译，载《马克思主义与现实》2005 年第 3 期。

## （一）风险社会中传统刑法面临之困境

1. 法益保护的局限性

法益是刑法所保护的生活利益，“既包括个人利益，也包括建立在保护个人利益基础之上因而可以还原为个人法益的国家利益与社会利益”。[①] 在当今法益保护普遍成为刑法基本诉求的情势下，保护国家利益、社会利益与个人利益，已成为各国刑法的共同目标。法益的存在不仅为刑罚的设置提供了立法上的必要性，而且也为司法上惩处侵害行为提供了合理性。然而，并非所有的利益均可成为法益，“只有法所保护的利益才是法益”，至于什么样的利益能上升为法益，则取决于立法者的选择。[②] 传统刑法以法益保护为原则，犯罪构成大多以实害犯或者具体的危险犯为模式，对于绝大多数犯罪而言，刑法只在侵害行为已造成实害结果或者引起公众的强烈不安感时，才开始发动刑罚权，其强调的是法益的具体化与现实化，关注的是已经预设的具有特定内容的可预性法益。而在风险社会中，不但超个人的法益以一种对立的姿态被提出来，基于对无法根据经验预测并防控的风险的不安与恐惧，面向未来的个人利益及为了个人生存与发展的各种集合性利益始无前例地被置于重要地位。对抽象化与精神化法益的关注，成为风险社会中刑法的重要内容，而传统刑法因其固有的客观化特征，无法对未来可能遭受威胁或者损害的法益类型进行预估并加以保护。

2. 归责理路的单一性

在行为主体具备完全的刑事责任能力、主观罪过以及期待可能性的情况下，对其进行刑事归责的理由端赖于危害行为与危害结果之间的责任关系的认定。在传统刑法中，只要行为与结果之间具有

① 黎宏著：《刑法学》，法律出版社 2012 年版，第 5 页。

② 参见张明楷著：《法益初论》，中国政法大学出版社 2000 年版，第 167 页。

因果关系，就可以进行归责。对因果关系是否存在的判断，条件说、原因说、相当因果说都曾各领风骚，及至客观归责说出现，虽然归因与归责被作为两个相互依赖又相对独立的判断范畴，但对行为人进行归责仍需以危害结果能够归因于危害行为为前提。这种精致的刑法学概念的构建，无疑有助于学科体系的完善与司法实务的准确及合理。然而，风险社会中诸多因素不确定性的加剧，使得一因多果的简单行为模式逐渐减少，多因一果或者多因多果则越来越多地成为引发风险或者实害的重要表现形式。基于传统刑法所构建的归因判断规则，是否足以担当起风险社会中行为归责依据的重任，确实值得商榷，此其一。其二，风险社会中刑法预防功能的增加，使得很大一部分犯罪不再以因果关系的存在作为判断基础，而是将风险通过某些特定行为予以标示并据此发动刑罚权的模式设定，使得因果流程不再具有任何刑法学上的评判意义。风险行为而非因果关系的存在成为归责的基础，只要查明行为自身的客观存在，即可据此进行归责。要实现实害犯与具体危险犯、抽象危险犯在归责理路上的衡平与协调，现有的各种归责体系显然都必须进行巨大的探索与努力。

可归责性的确定是明确归责主体的基本前提，解决的是归责的可能性问题。在风险社会的语境下，即使具有了科学、严谨的归责路径，对归责对象的确定仍是传统刑法所必须直面的问题：基于只能由实施犯罪行为的个人承担刑事责任的罪责自负原则，其立足点在于对单独个体的非难。我国刑法中对单位犯罪的承认与追究，也只局限于行政犯的部分犯罪。然而，在风险社会中，单独个体对风险的制造概率和风险后果的影响程度远不如作为个体集合的各种组织，如何解决风险社会中客观存在的、应予归责的团体责任，是传统刑法在归责体系中面临的又一困境。

3. 结果本位的狭隘性

以规制实害为核心而构建起来的传统刑法体系，在风险可能随时出现的风险社会中，显露出规制力不足、辐射面有限等种种问题。以环境犯罪为例，随着人类工业化程度的提高，对环境的过度开发与对经济增长的过度依赖已成为环境恶化的主要原因，导致污染事故发生频率渐高，且危害程度也日益加剧。严厉惩治环境犯罪已成为社会共识。我国刑法在关于环境犯罪的立法规定中，多以“情节严重”、“后果严重”等作为犯罪的构成要素，导致刑法只能在危害结果发生或者至少危害行为已表现出严重的危险倾向的情况下，才能介入进而阻断危害结果的进一步蔓延。然而，科技的迅猛发展及因此而带来的各种人为风险的加剧，使得以结果为核心的传统刑法的事后法特征愈发显得不合时宜，因为“在风险社会中，当行为具有高度侵害法益的风险时，刑法如果不介入，这种风险一旦实现对共同体的安全破坏将是灾难性的，为了能在风险社会中确保共同体生活的安全，刑法必须对一些特定的情况施加一些并非依照罪责的反应”。[①] 就社会防卫的角度而言，在风险社会中，传统刑法所秉持的结果责任论应当有所转变。

### （二）风险刑法之现实隐忧

风险刑法是在体认风险社会之风险，反思传统刑法在现有情势下不足的前提下，因势构建起来的以预防论为前提的刑法体系。风险刑法改变了传统刑法的后卫性，转而将刑法置于风险防范的前沿，与此同时，刑法的功能也从传统的以报应为主转变为以风险的预防为主。我国当前正处于社会转型的关键时期，客观上为刑法规制各种严重的社会问题提供了许多新课题，在这种社会背景下，风险刑法理论的引入、推广及至普遍适用，难免会产生诸多冲突与矛盾。

1. 风险刑法与罪刑法定原则相违背

罪刑法定原则被认为是现代刑法的铁则。作为启蒙思想家保障人权、反对封建专制刑法的重要准则，罪刑法定原则在不断的发展

① 赵书鸿：《风险社会的刑法保护》，载《人民检察》2008 年第 1 期。

过程中，其基本内涵逐渐囊括了合理性与明确性要求。其中的明确性，是指对犯罪及其相应法律后果（包括刑罚）的规定必须明确。孟德斯鸠曾指出："法律的用语，对每一个人要能够唤起同样的观念。"① 贝卡里亚更进一步论述说："尤其糟糕的是：法律是用一种人民所不了解的语言写成的，这就使人民处于对少数法律解释者的依赖地位，而无从掌握自己的自由，或处置自己的命运。这种语言把一部庄重的公共典籍简直变成了一本家用私书。"② "法无明文规定不为罪，法无明文规定不处罚"，行为是否构成犯罪、构成何种犯罪以及是否应当受到处罚、受到何种处罚，均须以法律的明文规定为依据。罪刑法定所要求的合理性，则是指犯罪圈的划定与刑罚量的实施必须具有合理性，轻微危害行为应作无罪化处理，刑罚量的供给必须适应现阶段一般人的价值观念。③

然而，风险刑法着力于使刑法规范成为控制行为导向的价值取向，导致刑法本身转变为以具体的行为形态界定不法内容的规则体系。换言之，刑法必须以其抽象化的特定行为模式的客观构成要件要素，来标示其处罚范围。但是，风险本身所具有的不确定性，决定了风险刑法设定的构成要件不可能明确。而丧失了构成要件的明确性，也就意味着风险刑法不可能明确划定犯罪圈，刑事处罚的边界模糊。进一步引发的问题就是，在行为的刑罚裁量上，也就不可能明确。

风险刑法在罪刑法定的合理性要求方面存在的问题则表现为，由于风险本身的不可测性，即使刑法规定的类型化行为已经发生，其引发风险的可能性以及风险所造成危害的程度，都具有相当的随

① ［法］孟德斯鸠著：《论法的精神》，张雁深译，商务印书馆 1982 年版，第 297 页。

② ［意］贝卡里亚著：《论犯罪与刑罚》，黄风译，中国大百科全书出版社 1993 年版，第 15 页。

③ 陈忠林著：《刑法总论》，中国人民大学出版社 2003 年版，第 35 页。

机性。无论是核辐射、转基因生物等高科技可能引发的危害，还是环境污染可能造成的损害，往往都超出了当代人们的认识能力与认识范围，甚至需要在几代人之后，潜伏的危险才能逐渐显现。危害后果的滞后性与风险刑法中类型化行为的预先设定之间无疑存在冲突：在无法预估后果是否有危害的情况下拟制行为的非法性，在无法预估危害后果的严重程度的情况下预先设置法定刑，貌似在一定程度上符合了形式上的罪刑法定，然而，如果基于罪刑法定的实质侧面予以考量，其所要求的刑法法规的明确性、禁止处罚不当罚的行为以及禁止不均衡的刑罚，在风险刑法的语境下，无论是应受处罚的类型化行为、法定刑的明确，还是行为的可罚性及处罚的适当性方面，都值得质疑。对于刑事司法而言，也难以保证刑罚适用的公正性。

对于长期以来饱受刑法"工具主义论"质疑的我国刑法而言，保护公民的自由而非消除社会公众对于所处环境的不安感，才是不断努力的方向。而保证刑法的安定性，使社会公众对自己行为的性质及后果能够作出可预性判断，也就成为我国刑事法治建设的重要内容。风险刑法在作为犯罪认定重要内容的类型化行为的设定以及与之相适应的法定刑设置方面的种种障碍，是其难以通过作为刑法基本原则的罪刑法定的检验的根本原因。①

2. 风险刑法与刑法谦抑的价值取向相违背

谦抑，即是指缩减或者压缩。刑法的谦抑性，是指刑法作为一种国家公权力在实现社会治理时，其暴力性的内敛与退让。"刑法的谦抑性"一词首先由日本主观主义刑法学者宫本英修博士在其《刑法纲要》一书中提出，体现出其慎刑思想。目前，理论界关于刑法谦抑性的表述各有不同，如日本学者平野龙一就认为："即使刑法侵害或威胁了他人的生活利益，也不是必须直接动用刑法。可

---

① 参见陈晓明：《风险刑法的构造及内在危险》，载《检察日报》2009年11月2日。

能的话，采取其他社会统制手段才是理想的。可以说，只有在其他社会统制手段不充分时，或者其他社会统制手段（私刑）过于强烈、有代之以刑罚的必要性时，才可以动用刑法。”①

刑罚犹如双刃剑，用之不当，则国家与个人两受其害。刑法以损害法益的方式保护法益，其暴力性决定了刑法是实现社会治理的最直接手段，但也是最后手段，仅依靠暴力直接维持的秩序难以实现长期的存在与持续扩展。同时，刑罚动用的昂贵成本也决定了刑法只能在穷尽其他社会治理手段后才能发挥作用，“立法者应当力求以最小的支出——少用甚至不用刑罚（而用其他刑罚替代措施），以便获取最大的社会效益——有效地预防和控制犯罪”。② 刑法的补充性、不完整性与宽容性决定了刑事立法谦抑的必要与必须，以刑罚之恶应对犯罪之恶，应当被限制在社会能够容忍的范围之内。

风险刑法以防范风险的发生为目的，为追求社会安全而忽视具体法益的损害，仅仅是以一般危险性和预防必要性作为划定可罚性的界限，以行为对义务的违反取代传统刑法中的法益侵害，并将之作为处罚的依据。这种以行为而非结果为主导的风险刑法，使得“社会成员用自己的一部分权利与自由来换取安全的社会生活”，③ 并“最终在刑事立法中蕴涵了容忍将‘如果有危险就有刑罚’原则化、扩大化的危险”。④ 如此，不但降低了入罪门槛，也可能使罪责范围过度扩张，刑罚的触角无限扩伸至任何依国家治理需要的角落，并无限逼占民事法、行政法等非刑事法的领域空间，刑法有

---

① ［日］平野龙一著：《刑法总论》，有斐阁 1972 年版，第 47 页。

② 陈兴良著：《刑罚的价值构造》，中国人民大学出版社 2006 年版，第 292 页。

③ ［日］关哲夫：《现代社会中法益论的课题》，王充译，载赵秉志主编：《刑法论丛》，法律出版社 2007 年第 2 期，第 339 页。

④ 同上。

进一步演化为警察法的危险。

3. 风险刑法与刑法的人权保障功能相违背

人权，是指人的各项基本权利。随着人类文明的发展，人权已成为当今各国和国际社会在处理政治、经济、法律等各项事务时需要优先予以考虑的问题。人权的进步需要各方面的保障，尤其是法治保障。刑法作为法律体系中的底线法，其保护利益的广泛性、重要性以及对不法行为制裁的强制性与严厉性等特点，都使得刑法成为人权保障体系中最为重要的内容之一。刑法不仅是自由人的大宪章，也是犯罪人的大宪章，这也是对刑法人权保障功能的最好诠释。平等而广泛地保护个人权利不受侵害，尤其是不受来自于国家公权力的不当侵害，是我国实现刑事法治的基本前提。

风险刑法将刑罚的目的从消极的一般预防转变为积极的一般预防，试图通过大量采用刑事干涉普遍化和刑事处罚提前化的做法，创制和形成新的规范意识，使社会公众相信并忠诚于法律，从而达到理想中的安全效果。然而，规范意识作为一种内心确信，更多地应当归属于道德范畴。而严格区分道德与法律，由法律调整人们的外在行为，由道德调整内心意愿，则是近代法的基本原则。混淆道德与法律的界限，就意味着用最具严厉性的刑法去规范人们的内心，使个人权利完全受制于公权力而毫无保障可言。由此可见，对于风险刑法而言，作为个体的人是被作为特定的危险源加以管控与预防的，个人作为道德主体的权利被完全忽视，用以保障公民安全的刑法规范，因过度干预公民的个人自由而可能成为制造新的、更深层次不安全的源头，甚至引起更大的社会动荡。

### （三）博弈与妥协：以传统刑法为主导的开放刑法体系的形成

自 1979 年刑法施行以来，历经三十多年的修正与完善，现有刑法体系已臻完整，其内部结构合理、逻辑严谨、内容翔实、规则严密，基本能够满足社会防治的需要。即使在因日新月异的高科技重大发展而使得社会呈现出全新的特性与趋向的当下，这种经过长期探索与努力建立起来的刑事法律体系正日益受到风险的侵蚀与困扰；即使“它们动摇了现代刑法制度应对风险所依托的理念与原则，致使大量的违法犯罪行为从规则和标准组成的强大法网中脱逃，严重影响和威胁着人类的生存和生活”，[①] 但基于风险社会所构建的、旨在防范与控制现代风险的风险刑法理论，因有违现代刑事法治的基本精神与价值追求，因此绝对不应成为取代传统刑法的理由。应当说，两种立法分别以不同的出发点，各自诠释了对有悖于社会正常规范的脱轨行为进行控制的理念与思路，因而各有千秋，但基于立法不可避免的局限性，也各有缺漏。在风险社会语境下，放弃任何一方的做法都稍嫌偏激，因而，比较恰当的做法是，“将‘风险刑法’理论主张者的若干思考、结论纳入我国传统刑法的理论框架中，取其精华、去其糟粕，并以传统刑法理论的基本价值观念限制其不当功能的发挥”。[②]

1. 坚持以传统刑法为主导的刑事立法观

刑事立法是一个国家法治文明的标志与象征，其正当性与科学性直接关系到国家的法治建设与社会治理。罪刑法定原则的确立，个人责任原则、刑法谦抑原则、刑罚的报应性以及严格的立法程序限制等，在为刑法的正当性提供法理依据的同时，也为预防与限制国家刑事立法权的恣意设置了界限。在现代社会中，刑法被越来越多地赋予了各种社会期盼，管制社会、控制风险、保障人权等都被纳入刑法的规范职能。然而，就刑法的本源功能而言，作为管理者的一种工具，刑法更多地还是发挥着管制功能。报应被认为是刑法的应有之义，时至今日，罪责依然被作为法定刑设定的重要依据。

人类文明的发展与个人本位主义的日渐风盛，使得权利被视作刑法正当性的原点，并由此形成了传统刑法报应功能与预防功能并

---

① 陈晓明：《风险社会之刑法应对》，载《法学研究》2009 第 6 期。

② 于志刚：《“风险刑法”不可行》，载《法商研究》2011 年第 4 期。

重的局面。风险社会的来临及日显紧张的社会态势，使得民众把对安全的期盼以及国家把对秩序的担忧最终寄希望于作为社会防卫底线的刑法上。问题在于，不管是开放构成要件要求还是创设新罪、加重刑罚，如果违背了以罪责为核心的刑事立法的正当性，就有可能导致彻底的刑法工具化，使刑法学在经历了漫长而艰辛的探索与努力后，再一次陷入重蹈覆辙的危险。

刑法作为最后法、保障法的特点，决定了其不应当被作为反危险的第一道防线。控制风险是行政管理与公共管理的当然内容，在法律体系中，它首先属于侵权法规制的范畴，其次属于行政管理法规制的范畴。自古以来，人类文明的任何一次进步都伴随着风险，电力的发现、核技术的推广、克隆技术的使用等，无一不是制造更多风险的源头，也正是基于此，传统刑法在规定了结果犯的基础上，也对可能导致重大法益威胁的类型化行为作出了规定，包括抽象危险犯、具体危险犯，也包括一部分行为犯。由此可以认定的是，传统刑法并非一成不变的封闭体系，而是随着社会发展逐步完善的开放式体系，完全能够在坚持其基本理念的同时，因应因社会进步而导致的风险挑战。

2. 兼采多元化的刑事立法模式

刑法机制的科学构建与良好运行，在根本上要求刑法体系的协调发展，即在完善刑事法典的基础上，注重特别刑法的制定。就我国目前的刑事立法体系而言，除了刑法典之外，特别刑法主要包括单行刑法与附属刑法。单行刑法以独立于刑法典的方式，规定了独立的罪刑规范，以补充、修正刑法典。附属刑法则是指拥有刑事立法权的国家立法机关，在制定经济、行政等非刑事法律时，附带制定的相应罪刑规范。

从世界范围来看，各国在完善刑法典的同时，无不重视单行刑法的制定与完善。以日本为例，其于 2001 年颁布的《关于规制基因克隆技术的法律》、2002 年颁布的《关于处罚为了对公众等胁迫目的的犯罪行为提供资金等的法律》以及 2003 年颁布的《关于对心神丧失等状态下实施他害行为的人进行医疗及观察等的法律》等，都有效地弥补了刑法典在上述特定领域的规制缺陷。我国全国人大常委会曾于1998年12月19日通过《关于惩治骗购外汇、逃汇和非法买卖外汇犯罪的决定》，作为对刑法典的补充，“相对于刑法典而言，由于单行刑事法律涉及面较窄，立法程序较简单，因而采用单行刑事法律来修改或补充刑法，形式简便、灵活，且行之有效，有利于保持刑事法律的统一和完整”。[①] 遗憾的是，自此以后，立法再未采用过单行刑法模式，致使其无法发挥应对犯罪的优势作用。

事实上，“将特别立法部分纳入法典本身的任何努力均会引发棘手的难题，即微观法律制度可能与法典本身的立场不相吻合。此外，特别立法篇幅巨大，将其纳入法典将使法典膨胀而成为难以掌控的鸿篇巨制。因此，可行的办法是放弃编纂新法典的设想，而让法典继续保留其尊严，并援引其中有用的部分”。[②] 因此，采用单行刑法的立法模式，可以对某些领域内具有共同特征的犯罪作出罪刑系列化的规定。风险刑法立足于风险社会，旨在对社会特定领域可能发生的高风险进行预防与控制，具有归类化调控的特征，符合单行刑法基于特定需要，对特定领域、特定犯罪、特定对象进行罪刑规范设定的立法要求。

附属刑法是目前我国刑事法律体系中广泛存在的一种特别立法形式。因依附于非刑事的行政立法、经济立法等而存在，附属刑法具有较强的灵活性，能够根据犯罪情势的需要而及时作出调整。在风险社会中，基于科技、交通等的发展，新型犯罪将日益增多，传统犯罪也可能呈现出新的特点，刑法典因受可预性等特点的限制，

① 赵秉志主编：《刑法修改研究综述》，中国人民公安大学出版社1990年版，第44页。

② ［美］约翰·亨利·梅利曼著：《大陆法系》（第2版），顾培东、禄正平译，法律出版社2004年版，第161页。

不可能及时回应不断变化的犯罪需要，而采用修正案的刑法修正方式，则可能导致法典体系的结构失衡与内容膨胀。事实上，我国自1997年刑法颁布以来，基于各种客观犯罪情势需要而颁布施行的八个修正案虽然对回应社会公众吁求、控制犯罪等起到了较好的作用，但其对刑法稳定性与权威性的破坏也有目共睹。

3. 适当扩大刑事归责范围

对于人类而言，无论是否愿意承认与接受，风险都正在以各种不同的样态逼近。只要科技在进步，文明在发展，风险的存在样态就会愈加多样化，转化为实害的概率就会升高。在无损于传统刑法基本理念与精神的情况下，适当扩大刑事归责的范围，有限度地实现刑法的积极预防功能，以契合风险社会中风险管理与控制的要求，是风险社会语境下传统刑法在与风险刑法理论的博弈中，在立法内容与个别原则上的妥协与退让，也是破除风险刑法理论可能沦为警察刑法的较优选择。

适当扩大刑事归责范围，就必须解决对危险决策者的责任认定与追究问题。在风险社会中，导致实害结果出现的风险往往是由貌似微小而且不具有明显危害性的行为合力的结果导致的。这些具有多元性的事故催生要素，不仅包括能够为传统刑法所识别到的直接原因行为，也包括中性的风险引发的可能要素。从社会历史和社会政治层面上看，生态危机、核危机、化学和基因技术所造成的危机，主要潜藏于管理上的失误和失败以及由此而造成的管理系统的坍塌和崩解之中，主要潜藏于有关科学技术和法律法规之思维理性与逻辑理念的坍塌和崩解之中，主要潜藏于针对危及社会的每一个人之风险和灾难而形成的政治安全保障机制的坍塌和崩解之中。①从实体行为到政策法规，从行政管理到法律归责，风险演变为实害

---

① ［德］乌尔里希·贝克、威廉姆斯：《从工业社会到风险社会》，路国林译，载薛晓源、周战超主编：《全球化与风险社会》，社会科学文献出版社2005年版，第83页。

是整体性的制度失灵。“有组织的不负责任”不仅违背了公平分配风险的基本原理，也导致相关人员制度性地逃脱应有的惩罚而制造更多的风险。因而，适度延长因果关系的链条，拓展因果关系的范围，以创设新的罪刑规范的形式，追究可能导致中性风险的直接决策者的刑事责任，就可以使“转嫁风险”的行为得到应有的规制，避免不必要的风险的产生。

风险社会的到来决定了具有安全诉求的个人和社会团体都应当承担相应的责任。理由在于，虽然近代以来，伴随着对团体责任的深刻反思，罪责自负原则被认为是法治的题中之意，其核心在于“只能就自身实施的行为对行为人进行非难：一是责任的根据只能是行为人自身的行为；二是承担责任的主体是个人；三是行为人对他人不法行为的事后容忍不足以成为追究刑事责任的根据”。① 较之古代的团体责任，以个人责任为中心的罪责自负原则无疑具有历史的进步性。然而，面对风险社会中多因一果或者多因多果的风险演化流程，根据经验的因果关系法则来判断行为人责任的传统罪责自负原则略显被动。关注在风险引发过程中可能存在的诸如监督过失等团体责任，基于对风险的积极预防的考虑，追究单位负责人、管理人员、实际控制人、投资人以及对安全生产负有管理、维护职责的相关人员的责任，是对社会安全的尊重，也是刑法的职责所在。

值得一提的是，扩大刑事归责范围，就意味着将原本归于行政法、经济法规制的诸多可能引发风险的行为提升为刑法的规制对象，立法者将对更多的原本不具有刑事可责性的行为，通过具有形式合理性的立法方式，加重了对其的惩处力度，为行为人本身贴上

---

① 劳东燕：《公共政策与风险社会的刑法》，载《中国社会科学》2007年第3期。

了犯罪的标签。然而，由于风险刑法理论至今尚受到颇多质疑，[①]加之在我国传统观念中，犯罪是已经给社会或者他人造成严重危害或者有可能造成严重危害的行为，过度扩大归责范围，有违立法的初衷。

---

① 例如，以德国的哈斯·默尔教授为首的法兰克福学派就认为，刑法应当仅限于核心刑法领域，仅针对个人进行保护的核心刑法才是刑法规范的合理范围；反之，通常被视为“风险刑法”中风险犯典型类型的经济犯、交通犯、环境犯等（多以抽象危险犯的方式立法）应以干预法（干涉法）的立法方式解决，而非使用刑法（Vgl. Hassemer，Kennzeichnen und Krisen des Modern Strafrechts，ZRP，1992，S. 383.）。转引自郝艳兵：《风险刑法：以危险犯为中心的展开》，中国人民大学2011年博士学位论文，第116~117页。

# 第二章 刑法原则的重述

## 一、从罪刑均衡到罪责刑相适应

罪刑关系是整个刑法中最为重要的关系，“立足于罪刑关系这一基本原理，可以正确地剖析历史上莫衷一是的诸种刑法理论”。[①]探讨刑法中罪刑关系的演进及变化形态，可以清晰地看出刑法关注重点的转换。这对于深入地理解刑法，最大限度地实现刑法保障人权和防卫社会的双重目的，具有重要意义。

近代以来，西方刑法学说素有客观主义与主观主义之争，前者以自由意志的外部现实行为及其后果为着眼点来确定犯罪行为，认为刑事责任的基础在于表现在外部的行为及其实害，因此也被称为行为主义；后者认为刑事责任的基础是犯罪人的反社会性，提出应受处罚的不是行为而是行为人，因此又被称为行为人主义。行为主义有利于限制国家刑罚权的滥用，从而保障人权，有效地实现社会公平和正义，但由于该理论过于重视客观行为而仅站在事后的角度进行消极的惩罚，无视行为人的人身危险性，因而难以提出有效的犯罪对策。行为人主义有利于从根本上寻找犯罪的原因，积极有效地阻止犯罪的发生，但由于过于重视行为人的人身危险性而忽视对

① 参见陈兴良、邱兴隆：《罪刑关系论》，载《中国社会科学》1987年第4期。

犯罪的定型，导致刑罚权易于被滥用，有侵犯人权之嫌。近几十年来，两派理论互相取长补短，互为改进，在许多问题上进行了折中，形成了所谓的综合理论（Die Vereinigungstheorien）。[①]

我国目前尚未形成严格意义上的学派之争，但刑法学的研究必然涉及相关的理论。近年来，有学者开始主张刑法客观主义，认为向主观主义倾斜的刑法及其理论不利于发挥刑法的行为规制机能、法益保护机能以及保障公民自由的机能，[②] 刑法主观主义与科技理性相结合有导致社会陷入灾难的一面，而刑法客观主义与现代法治观念是契合的。[③] 由于持论者在刑法学界地位显赫，应者颇多，该学说在当今中国刑法学界已占据主导地位。我们认为，对于发展中的我国刑法而言，应当充分吸收两种理论体系的精华，努力做到李斯特所说的在科学上的不妥协与立法上妥协的统一。[④] 因此，有必要就罪刑关系的发展历程进行梳理以证明现代刑法必然是重视"人"的刑法，并对在我国刑法中进一步植入"人"的因素提出构想。

### （一）罪刑均衡的滥觞与流变

罪刑均衡的确立，是人类对犯罪问题认识深入的重要体现。罪刑均衡确立并成为刑法基本原则，标志着刑法关注的重点从人的身份、地位转向行为。然而，在刑法理论进一步的发展中，罪刑均衡又出现了折中和修正。

---

① 参见陈兴良著：《刑法的启蒙》，法律出版社 1998 年版，第 260 页。

② 参见张明楷著：《刑法的基本立场》，中国法制出版社 2002 年版，第 64~65 页。

③ 参见周光权著：《法治视野中的刑法客观主义》，清华大学出版社 2002 年版，第 160 页。

④ 参见赵秉志主编：《外国刑法原理（大陆法系）》，中国人民大学出版社 2000 年版，第 13 页。

1. 罪刑均衡的立法源流

人类最早对犯罪的惩罚所关注的重点与其说是行为，不如说是犯罪所针对的对象和实施犯罪的行为人。在中西方的早期法典中，无不体现出这种倾向。

在中国，早在西周时期，就有"刑不上大夫，礼不下庶人"之说。《周礼》中的"以八辟丽邦法"反映了身份对于刑罚的影响。[①]《礼记·王制》规定："凡听五刑之讼，必原父子之亲、立君臣之义以权之。"集中国封建法律之大成的《唐律》通过"十恶"、"八议"等制度，充分体现出身份对科刑的影响。元代甚至规定："主奸奴妻无罪；奴奸主女处死。"[②]

在西方，被誉为"一切公法和私法渊源"的罗马法[③]的一个重要特征，就是其刑事责任制度针对犯罪人、受害人地位的不同呈现出极大的不平等性。在罗马法中，无论是早期的《十二表法》还是集大成的《国法大全》，都针对不同身份、不同地位的人实施的相同性质的犯罪行为，规定了结果迥异的刑事责任承担方式。例如，《十二表法》第八表第十四条规定："现行盗窃被捕，如为自由人，处笞刑后交被窃者处理；如为奴隶，处笞刑后投塔尔泊奥岩（Tarpeio）下摔死；如为未适婚人，由长官酌处笞刑，并责令赔偿损失。"[④]《十二表法》第八表"私犯"第三条同时规定："折断自由人一骨的，处300阿司的罚金；但如被害人为奴隶，则只处150阿司。"[⑤]

然而，仅仅因为犯罪人、受害人身份地位的不同，就处以不同

---

① 参见高绍先著：《中国刑法史精要》，法律出版社2001年版，第138页。

② 《元史·刑法志》。

③ 参见［意］朱塞佩·格罗索著：《罗马法史》，黄风译，中国政法大学出版社1994年版，第76页。

④ 参见周枏著：《罗马法原论》，商务印书馆1994年版，第1014页。

⑤ 参见周枏著：《罗马法原论》，商务印书馆1994年版，第1013页。

的刑罚，显然违背人类朴素的正义观。亚里士多德就认为，“击者与被击者，杀人与被杀者，行者与受者，两方分际不均，法官所事，即在施刑罚以补其利益之不均而遂之”。[①] 启蒙思想家孟德斯鸠呼吁：“刑罚的轻重要有协调，这是很重要的，因为我们防止大罪应该多于防止小罪，防止破坏社会的犯罪应该多于防止对社会危害较小的犯罪。”[②] 基于启蒙思想家的呼吁，罪刑均衡原则开始较为明确地体现在近现代法律之中。例如，法国 1793 年宪法所附的《人权宣言》第 15 条规定：“刑罚应与犯法行为相适应，并应有益于社会。”1791 年和 1810 年的法国刑法典关于重罪、轻罪和违警罪的划分，以及刑法分则条文上各种犯罪的罪刑，都体现了罪刑均衡的原则。

在当代，罪刑均衡更成为各国刑法中难以撼动的重要原则。德、日、法等大陆法系国家的刑法总则，不仅通过设置犯罪构成来确定犯罪主体的条件及区分故意和过失，还通过犯罪停止形态、一罪和数罪、共犯等制度来从宏观上确定罪责的轻重；在刑种上，普遍设置了不同轻重程度的财产刑、自由刑甚至生命刑；在刑罚的裁量上，普遍设置了自首、累犯等量刑情节。大陆法系国家的刑法分则，一般都根据侵害法益的内容及其重要性的不同，对具体犯罪分章节进行了排序，还设置了不同的刑种和刑度。在英美法系国家，上述制度也通过判例的方式得以体现。而对当代美国刑法产生深远影响的《模范刑法典》，更是通过条文的方式对上述制度作出直接规定。

2. 刑事学派对立中的罪刑均衡

罪刑均衡在当代立法中的确立，是朴素公正道德观的体现，更

---

① 亚里士多德著：《尼各马科伦理学》，苗力田译，中国社会科学出版社 1990 年版，第 95~96 页。

② ［法］孟德斯鸠著：《论法的精神》（上册），张雁深译，商务印书馆 1961 年版，第 91 页。

是刑法理论走向成熟的标志。结合刑法三大代表性学术流派——刑事古典学派功利论、刑事古典学派报应论、刑事实证学派的学术主张，可以清晰地梳理出罪刑均衡原则在刑法理论中地位逐渐确立、巩固并发展演进的脉络。

（1）古典功利论对罪刑均衡的宣扬。

古典功利论认为刑罚的目的是预防犯罪，确定罪刑均衡的标准是预防犯罪的必要限度。以贝卡里亚、边沁、费尔巴哈三位巨匠的学说为代表的古典功利论的出现，标志着近现代刑法理论的开端。罪刑均衡是古典功利论者的一致主张，贝卡里亚、边沁、费尔巴哈都对罪刑均衡作过深刻的论述。

贝卡里亚的《论犯罪与刑罚》被认为是现代刑法理论的奠基之作。在该书中，贝氏反复强调罪刑均衡，他从人类的“道德情感”以及预防犯罪的需要等多角度论证罪刑均衡的重要性，认为“犯罪对公共利益的危害越大，促使人们犯罪的力量越强，制止人们犯罪的手段就应该越强有力。这就需要刑罚与犯罪相对称”。①贝卡里亚还煞费苦心地设计了罪刑阶梯，并认为“刑罚不但应当从强度上与犯罪相对称，也应该从实施刑罚的方式上与犯罪相对称”，② 以更好地发挥刑罚的威慑效果。因为刑罚与犯罪的这种对称性和相似性“特别有利于人们把犯罪同刑罚的报应进行对比，当诱人侵犯法律的观念竭力追逐某个目标时，这种相似性能改变人的心灵，并把它引向相反的目标”。③

贝卡里亚对罪刑均衡的论述，虽然不乏精当之处，但与贝氏整

---

① ［意］贝卡里亚著：《论犯罪与刑罚》，黄风译，中国大百科全书出版社 1993 年版，第 65 页。

② ［意］贝卡里亚著：《论犯罪与刑罚》，黄风译，中国大百科全书出版社 1993 年版，第 57~58 页。

③ ［意］贝卡里亚著：《论犯罪与刑罚》，黄风译，中国大百科全书出版社 1993 年版，第 57 页。

个刑法思想相似，只是思想火花式地灵光一现，缺乏缜密细致的论证。与之相比，古典功利论另一位大师边沁对罪刑均衡的探讨则更为深入完整。边沁根据人具有趋乐避苦的本性以及寻求“最大多数人最大幸福”的功利主义原理，指出罪刑均衡是根据功利主义原理预防犯罪的需要，并详细论述了实现罪刑均衡的途径。概括而言，包括以下几条规则：第一，刑罚之苦必须超过犯罪之乐；第二，刑罚的确定性越小，其严厉性越大；第三，重罪重刑；第四，犯罪中的每份损害均须予以惩罚；第五，没有特殊情况，不应当加重处罚；第六，对犯罪人进行处罚时，应当考虑其的具体情况。[①]显然，这些规则与贝卡里亚抽象的罪刑阶梯相比，可操作性强得多。

费尔巴哈刑罚思想的出发点是心理强制说，以该说为根据，费尔巴哈提出了著名的立法威吓论，而罪刑均衡正与心理强制、立法威吓的理论要求相契合。他认为，对个人来说，刑法是一种行为规范，国家要运用这种规范对公民进行威吓，诚如为公民提供了一张罪刑价目表。这张价目表只有在其设计合理时，才可能使每个公民都感到威慑。使这张价目表设计合理的途径就是遵循罪刑均衡原则，只有重罪重刑、轻罪轻刑，公民才可能确信不同的犯罪会带来不同的害恶，才不会去实施犯罪。否则，如果轻罪重刑、重罪轻刑，公民就会宁愿犯重罪而不愿犯轻罪；而如果重罪与轻罪都规定重刑，则不但会导致公民宁愿犯重罪，而且会出现刑罚资源的不足。

（2）古典报应论对罪刑均衡的拥趸。

古典报应主义认为刑罚是对犯罪的报应，因此刑罚的质和量应与犯罪相适应，刑罚的轻重应当以犯罪对社会造成的损害为尺度。其代表人物为德国古典哲学家康德、黑格尔。

---

① 参见［英］边沁著：《道德与立法原理导论》，时殷弘译，商务印书馆2000年版，第225~230页。

罪刑均衡是康德刑法思想中的一个中心命题。他认为人都是“有理性的存在”，因而人应该是“一律平等的”。整个权利科学的核心，在于“决定每一个人，取得像数学那样准确的他自己的一份”。[①] 作为惩罚和赦免的权力的刑罚，同样也必须严格地给予每个人属于自己的那一份。虽然康德没有明确使用罪刑均衡、罪刑相当之类的语词，但在其一再强调的罪犯与惩罚之间的平等的论断中，罪刑均衡的思想昭然若揭。

作为德国古典哲学集大成者的黑格尔，单就刑罚思想而言，其最大特点就是明确地提倡“等价报复”。他认为“刑罚既被包含着犯人自己的法，所以处罚他，正是尊敬他是理性的存在”，“如果不从犯人行为中寻求刑罚的概念和尺度，他就得不到这种尊重”。因此，在黑格尔看来，之所以要以犯人的行为作为处刑的标准，也即之所以要罪刑相适应，其理论基础是为了尊敬人作为“理性的存在”。[②] 不过，黑格尔认为，犯罪和作为犯罪之否定的刑罚不是侵害行为特种性状的等同，而是侵害行为“价值的等同”。黑格尔还对他所认为的“市民社会”如何在司法中实现罪刑均衡进行了论述，并得出了一个颇具争议却与他的唯心主义辩证法吻合的结论：“有时对偷窃几分钱或一棵甜菜的人处以死刑，而有时对偷窃百倍此数甚至价值更贵的人处以轻刑，都同样是正当的。”[③]

（3）刑事实证学派对罪刑均衡的消解。

历史的车轮驶入20世纪，资本主义得到了极大的繁荣，与此同时，犯罪现象也激增并引起了人们的广泛关注。刑事古典学派虽

---

① 参见［德］康德著：《法的形而上学原理——权利的科学》，沈叔平译，林荣远校，商务印书馆1991年版，第44页。

② 参见［德］黑格尔著：《法哲学原理》，范扬、张企泰译，商务印书馆1961年版，第103～105页。

③ 参见［德］黑格尔著：《法哲学原理》，范扬、张企泰译，商务印书馆1961年版，第228页。

然经过一百多年的发展达到了“顶峰”，但对社会“从未有过的数量极大的犯罪行为”却束手无策。这一“令人惊异的现象”促使人们开始寻求新的刑法学理论，[①] 以龙勃罗梭、加罗法洛、菲利为代表的刑事实证学派应运而生。他们以新兴的自然科学为基础，采用实证的研究方法，在对古典学派进行全面反思和否定的基础上，建立了一套与古典学派完全不同的理论体系，并在随后不久的时间里，风卷残云般地摧毁了古典学派建立的整个理论阵地。

刑事实证学派主张，人之所以犯罪，不是人自由选择的结果，而是一系列自然、社会、个人生理因素综合作用的结果。刑罚是社会为了防卫自身而对特定的犯罪人实施的特定措施。因此，刑罚的对象不是古典学派所关注的犯罪行为而应当是犯罪人。行为人是否会在未来继续对社会造成侵害，主要取决于其人身危险性。因此，刑罚应当与未然的、个别的犯罪人的人身危险性相适应。这样，刑事实证学派就在对古典学派的罪刑均衡进行否定的基础上，提出了与之相对的刑“人”对应观点，其最重要的内容就是刑罚个别化。

刑事实证学派代表人物加罗法洛对罪刑均衡明确地表示反对，他认为：“古典学派的基本原理：即刑事均衡法则……如果对它进行很轻微的研究，就足以发现它固有的缺陷，如果对这个法则所包含的两个术语（罪行的严重性、刑罚的轻重）进行详尽的研究，我们就会发现，不可能在这两个术语之间确立任何对社会防护有益的关系。”[②] 菲利也同样对罪刑均衡进行了批驳，他认为古典学派的罪刑均衡，犹如不考虑病人的具体情况，只是根据病人的病情，

---

① 参见［意］菲利著：《实证派犯罪学》，郭建安译，中国政法大学出版社 1987 年版，第 3 页。

② ［意］加罗法洛著：《犯罪学》，耿伟、王新译，中国大百科全书出版社 1996 年版，第 262 页。

一律处以剂量不同的相同的药方。[①] 随着这样的论述广为流传，在刑事实证学派的理论体系中，罪刑均衡被无情地摒弃了。

然而，没有了行为的支撑，刑事实证学派的刑罚观不可避免地陷入了混乱的境地。在这种学说的指引下，轻罪重罚、重罪轻罚甚至无罪施罚都被认为是合理的。更致命的是，这种学说的某些见解还被纳粹政权利用，成为纳粹践踏人权、为非作恶的理论武器，其与生俱来的缺陷暴露无遗。刑事古典学派在与刑事实证学派的论战中，形成了后期古典学派。该学派再次论证了将行为作为刑罚核心根据的合理性，同时也开始关注行为人的因素。这一学派对后来的西方刑法学体系产生了巨大影响。[②]

从以上对罪刑均衡原则的溯源穷流，可以得出几个简要的结论：第一，罪刑均衡的确立是从人类社会早期身份刑法发展至近代行为刑法的重要成果。第二，无论是古典报应论还是古典功利论，都基于自身理论主张罪刑均衡。这既是刑法学发展精细化的体现，也是特定时代背景的折射（古典功利论、古典报应论兴起的 18、19 世纪，是人道、公正、正义观念盛行，机械唯物主义兴起的时代，这些观念、理论构成罪刑均衡的坚实基础）。第三，刑事实证学派着眼个体探寻犯罪原因，推崇刑罚个别化，意味着对经典罪刑均衡模式的否定。在刑事实证学派的理论体系中，罪刑关系已演变为“人”刑相适应的模式。第四，无论是刑事古典学派的罪刑均衡模式还是刑事实证学派的“人”刑相适应模式，都有难以克服的片面性（罪刑均衡忽视了现代刑罚着眼犯罪人的特殊性，重视

---

① 菲利这样评价刑事古典学派：医生说：“你有心脏病吗？吃 1 夸脱大黄，住院 12 天。”另一个病人说：“我伤了腿。”医生又说：“吃 1 夸脱大黄，住院 17 天。”第三个病人患了肺炎，医生的处方是吃 3 夸脱大黄并住院 3 个月。参见［意］菲利著：《实证派犯罪学》，郭建安译，中国政法大学出版社 1987 年版，第 3 页。

② 参见马克昌主编：《近代西方刑法学说史略》，中国检察出版社 1996 年版，第 205 页。

犯罪人改造的一面；刑罚个别化可能导致对实质公正的损害）。现代刑法学的发展，应当在关注行为，以罪刑均衡为基础，融合、凸显“人”的主体重要性的综合折中的道路上不断前行。

（二）罪责刑相适应原则的确立

经由刑事古典学派和刑事近代学派的折中融合，在现代刑法学理论中，纯粹的罪刑等量均衡和“人”刑个别化对应，都因其局限性而遭受扬弃，刑法学理论逐渐在罪刑关系上走向行为与行为人融合的折中之道。我国刑法更是鲜明地确立罪责刑相适应原则作为刑法基本原则。罪责刑相适应原则的确立，标志着刑法中的“人”从消隐逐渐到凸显。“人”——即犯罪人的人格主观因素，在刑法学理论中渐居重要地位。

1. 刑事责任本质上解决的是对“人”的非难问题

刑事古典学派专注行为，刑事实证学派关注行为人，二者之间的争执与对立影响深远，绵延至今。第二次世界大战后，在现代刑法学理论的发展中，各学派围绕刑事责任的对象究竟是行为还是行为人依然争论不休。台湾地区刑法学者洪福增指出：“如自以何为责任非难之对象的观点立论者，即有行为责任论、意思责任论、性格责任论以及人格责任论、行状责任论暨生活决定责任论之对立。”① 不过，以上种种刑事责任论，皆可以按照其基础分为行为责任论和行为人责任论，即便有的理论欲兼取二者，但行为、行为人不可能处于等重的地位，总以其一为主，而另一退为次要、辅助的作用。

行为责任论认为，责任非难的对象是行为者实施的行为（包括行为中体现的犯意）。“犯罪，乃系重大的违反社会秩序，而值

---

① 洪福增著：《刑事责任之理论》，台湾刑事法杂志社 1982 年版，第 7 页。

得加以强烈的道义的非难之行为。”[①] 因此，犯罪行为造成的危害结果越大，则其征表的犯罪恶意就越大，相应的刑事责任就越应严厉。行为人责任论则认为，责任非难的对象是实施了犯罪行为的行为人。“刑事责任，应以将来危险为标准，故刑事责任之重轻，视乎犯人恶性之大小，即视犯人于其行为，有再发之虞与否以为断。”[②] 行为责任论和行为人责任论的根本不同在于，是否要将行为背后的行为人及其人身危险性作为刑事责任的指标。

20世纪中叶以来，随着刑法学派之争的缓和，学界出现将二者融合的趋势，其中最有代表性的是日本刑法学家团藤重光和大塚仁教授的人格责任论。人格责任论简单说来就是在以行为为基础的前提下，充分考虑行为人“受素质和环境制约的、同时也是通过行为人的主体性努力而形成的人格”，并“对其人格形成中的人格态度进行非难”。[③]

刑事责任问题解决的是对特定对象施加非难的问题，它聚焦的始终是犯罪行为完成之后的特定人。因而，刑事责任的中心问题是，根据行为人的人格主体特征，修正征表犯罪行为的社会危害性后果，确定刑事非难的轻重。从这个意义上说，刑事责任的问题，本质上要解决的是“人”的问题。人格责任论的特色就在于，在以行为责任为基础的情况下，进一步考察行为人人格及其人格形成过程，这就较好地实现了行为与行为人的统一。可以说，将刑事责任的对象折中于以行为为前提的行为人，代表了现代刑法学责任论发展的基本趋势。

---

① 洪福增著：《刑事责任之理论》，台湾刑事法杂志社1982年版，第8页。

② ［日］牧野英一著：《日本刑法通义》，陈承泽译，中国政法大学出版社2003年版，第3页。

③ 参见［日］大塚仁著：《犯罪论的基本问题》，冯军译，中国政法大学出版社1993年版，第170页。

2. 罪责刑相适应原则的确立标志着行为与行为人的融合

我国刑法学界通常认为在1997年刑法修订之际，在罪刑关系问题上存在从罪刑相适应到罪责刑相适应的过渡。修订后的《刑法》第5条明确规定："刑罚的轻重，应当与犯罪分子所犯罪行和承担的刑事责任相适应。"这就在刑法中确立了罪责刑相适应原则。这一原则实际包含刑罚的轻重与犯罪行为的社会危害性和犯罪人的人身危险性相适应两方面内容。"罪责刑相适应首先要求的是犯罪与刑事责任相适应。另一方面，从刑事责任与刑罚的关系来看，是刑事责任与刑罚相适应。换言之，刑事责任决定刑罚，刑事责任是刑罚的适用标准。"① 与简单的罪刑相适应原则相比较，罪责刑相适应原则新增了责任范畴，在罪刑关系上采取犯罪-刑事责任-刑罚的三重建构。在新增加的责任的含义中，包括了对犯罪人主体人格的考量。可以说，罪责刑相适应原则在刑法理论上，兼顾融合了行为与行为人的合理因素，并且凸显了行为人的主观评价内容，通过责任论鲜明地征表出对行为人的重视。作为其体现，1997年刑法修订时，在总则中大量规定了体现行为人人身特征方面的内容，如刑事责任年龄、精神病人责任能力、胁从犯、累犯、自首、立功、假释等。

3. 刑事责任轻重需要借由人格因素的评价加以实现

在罪责刑的架构中是借由责任（刑事责任）的纽带实现对行为人的评价的。刑事责任的本质，就是通过对实施犯罪行为人人格因素的评价，考虑犯罪人主观特征，修正已然确定的客观罪行，实现法律一般性规范化调整与针对性个别化考量的统一，综合确定行为人应受刑罚的轻重。

重视行为人人格方面主观因素的评价，必须借助一些规范性人格评价因素加以实现。德日刑法学提出规范责任论，对行为人进行

① 赵秉志、于志刚：《论罪责刑相适应原则》，载《郑州大学学报（哲学社会科学版）》1999年第5期。

非难，除必须具备“（1）行为人的正常的精神状态（责任能力）；（2）行为人对事实或事实可能性的具体的心理关系（故意或过失）；（3）在上述前提下行为人所实施行动的某些情况的正常性质（附带情况）”之外，最为核心的要素就是必须考虑能否期待行为人为合法行为。由此，“刑法上的责任归根到底只是属于相当的责任”，①亦即责任必须是规范意义上的责任，同时，期待可能性也就成为规范责任论中最为核心的内容。在我国刑法中，对行为人人格方面因素加以评价，最重要的应当是刑事责任能力和人身危险性两个方面。此外，犯罪人行为时的期待可能性和犯罪后获得的社会评价，因为都与行为人的主观状态密切相连，故也可作为参照因素。

刑事责任能力“是行为人有足以负担刑事责任的能力。……所谓责任能力，归根到底可以解释为辨别是非，并根据这种辨别而行动的能力”。②刑事责任能力的评价因素主要包括年龄（犯罪行为人是否未成年人）、精神障碍、生理功能缺陷三个方面。

人身危险性本质上是指“已经实施犯罪的犯罪人再次实施相同类型的犯罪的可能性”。③人身危险性的评价因素，包括罪前因素、罪中因素、罪后因素。罪前因素，即在犯罪开始前就已存在，并可能对犯罪人的人身危险性进行影响的因素。这主要是指犯罪人人身方面一些基本的特征，如犯罪人在学习、工作中的一贯表现，犯罪人的家庭情况（是否单亲家庭等），犯罪人的年龄，犯罪人的教育状况、就业情况，犯罪人的生活经历，是否有犯罪记录，对待

---

① 参见［日］泷川幸辰：《犯罪论序说》，王泰译，载高铭暄、赵秉志主编：《刑法论丛》（第3卷），法律出版社2000年版，第216、218页。

② 参见马克昌著：《比较刑法原理》，武汉大学出版社2002年版，第445~446页。

③ Herbert L. Packer: The Limits of the Criminal Sanction, Stanford University Press, 1968, p. 49.

人生的态度等。罪中因素，即犯罪人在犯罪过程中表现出来的状况。这既包括作为犯罪构成必要因素的罪过、犯罪行为的性质等，也包括犯罪构成中非必要构成因素，如犯罪手段、犯罪动机、犯罪目的，是否存在犯罪预谋等。罪后因素，首先包括犯罪人犯罪行为结束后的表现，如究竟是积极帮助抢救被害人、减少损失还是幸灾乐祸甚至阻挠抢救；是隐瞒案情不报案、畏罪潜逃、抗拒抓捕还是主动投案自首、等待司法机关处理。其次，罪后因素还包括犯罪人被抓捕后的认罪态度，如究竟是拒不认罪，推卸罪责，对抗审判，拉拢、腐蚀办案人员，还是主动认罪、坦白交代、检举揭发他人犯罪、积极退赔、提供证据。此外，犯罪人在诉讼中的表现甚至在刑罚执行阶段的表现，也能间接地反映出犯罪人人身危险性的大小，如在法庭陈述时，是真诚忏悔还是拒不认错；被关押后，是积极劳动还是充当牢头狱霸、滋事闹监等。

期待可能性是规范责任论中的一个核心概念，它以1896年德国帝国法院“癖马案”为诱因，伴随心理责任论衰退、规范责任论兴起而出现。德国刑法学家弗兰克对期待可能性理论最早进行了提炼。期待可能性的含义有广义与狭义之分。广义的期待可能性概念认为，“期待可能性是指自行为者所为行为之内部的以及外部的一切事情观察，可以期待该犯罪行为者不为犯罪行为，而为其他的适法行为”。而狭义的期待可能性概念则认为，期待可能性是指“除上述之内部的事情外，自行为时之四周的外部事情观察，同样的可以期待其不为犯罪行为，而为其他的适法行为”。[①] 期待可能性归根到底是要根据行为人行为之际的现实情形，作出是否有期待行为人为适法行为、不为犯罪行为的可能性，而着眼于行为人进行价值评价，应当是刑事责任的重要因素。

犯罪人获得的社会评价，即犯罪后民愤大小的问题，既有某种

---

① ［日］植田重正：《期待可能性》，洪复青译，载台湾《刑事法杂志》1959年第14卷第3期，第59页。

直观地反映犯罪人非难可能性大小的理性成分，又可能存在感性、偏见甚至伪造的成分，生动地呈现出两面性，因而只能作为犯罪人人格因素评价的辅助性参量。

### （三）现代刑法中凸显“人”的根据与表现

罪刑均衡到罪责刑相适应的演变，实质上是刑法主观主义与客观主义、行为人主义与行为主义碰撞的结果，体现了刑法对作为主体的行为人的反思和重视。不可否认，由于刑法行为主义将外在的、可以实在把握的行为与结果作为处罚的依据，抽象地将犯罪与刑罚建立起相对固定的对应关系，具有操作层面的便利性和人权保障的可预期性，在刑法的风险上是最小的。这也是为何现代刑法将行为主义、客观主义作为其本位的根源所在。但是刑事政策的失利和法律实证主义的出现，使得刑法学界不得不检视刑法行为主义的固有缺陷。刑法行为人主义具有社会学实证的基础，且不得不承认其是刑法科学化、现代化的极大助动力。当然，“刑法主观主义的贯彻对于国家、社会的发达程度和水平，对于人的素质要求都很高”。[①] 然而，随着现代心理学、行为认知学等现代科技手段的发展，尽管个体性的、精确地预测犯罪人的人身危险性，以及打造个别化的惩罚改造刑罚方案难以实现，但消除纯粹的行为主义，实现行为主义与行为人主义的融合，进而凸显行为人在罪刑关系中的重要主体性地位，却是刑法理论与刑事实践的大势所趋。

#### 1. 现代刑法重视“人”的根据

现代刑法重视“人”这一现象并非偶然，而是刑法行为主义与行为人主义逐渐融合的体现。这一融合过程包含着犯罪学、刑事政策、犯罪论和刑罚论不同程度的变化。

---

① 周光权：《刑法客观主义和主观主义的融合》，载《江苏社会科学》2003 年第 2 期。

（1）实现刑法一般性规范与个别化调整的统一。

法律注重规范性评价，规范性评价意味着不考虑行为人的特殊情况，仅仅针对一般性的、抽象性的法律行为加以概括归纳，适用特定的法律后果。规范性评价具有稳定性、可预期性的优点，然而，在现代社会极为复杂的情形下，规范性评价却常常具有过于注重一般性、概括性情况，忽视行为背后千差万别的具体情状的缺点，难以充分实现法律的人文关怀，难以具体考察行为时行为人迥异的主观心态，更难以体现社会公众、舆论媒体对犯罪人不同的非规范性评价。

“认识法律不意味着抠法律字眼，而是把握法律的意义和效果。”① 面对形形色色的犯罪，为实现以法条为原点，社会效果优化半径的最大化，必然要求突破犯罪行为的外在限制，探寻行为人人格方面的特征，具体考察行为人主观方面的不同情状，实现刑法一般性规范调整与个别化针对性调整的统一。

（2）体现以人为本刑事政策的初衷。

“所谓刑事政策，是国家机关（国家和地方公共团体）通过预防犯罪、缓和犯罪被害人及社会一般人对于犯罪的愤慨，从而实现维持社会秩序的目的的一切措施政策。”② 如果说规范刑法重视以行为为基础的法理演绎，那么，毫无疑问，以维护社会秩序为目的的刑事政策，显然更关注行为人的犯罪原因和恶性改造。这诚如法国刑事政策大家安塞尔指出的：“走始终建立在促进人类进步的思想基础上的预防犯罪、保护受害人和治理犯罪人的道路。”③

---

① 参见［德］卡尔·恩吉施著：《法律思维导论》，郑永流译，法律出版社 2004 年版，扉页。

② ［日］大谷实著：《刑事政策学》，黎宏译，法律出版社 2000 年版，第 3 页。

③ 参见卢建平著：《刑事政策与刑法》，中国人民公安大学出版社 2004 年版，第 115~116 页。

这种以人为本的刑事政策与我国的儒家思想高度契合。在我国法制史上，体现对犯罪人宥恕的内容抬手可拾，如《唐律疏议》第30条就规定“年70以上，15以下及废疾，犯流罪以下，收赎”，“年80以上，10岁以下及笃疾，犯反、逆、杀人应死者，上请”，“90以上，7岁以下，虽有死罪，不加刑”。在当代，以人为本更是在治国政策层面被提出和强调。以人为本的科学发展观贯彻在政法工作中，就是宽严相济的刑事政策。宽严相济刑事政策的提出，突出要求刑事立法和刑事司法进一步重视人、关注人、关怀人，注重人的发展。宽严相济刑事政策从有利于行为人的立场出发，提出“可捕可不捕的不捕”、“可诉可不诉的不诉”、“可判可不判的不判”。这就必然要求在关注行为客观危害的同时，结合具体行为人的人格特征，对犯罪行为造成的客观危害加以中和，综合分析判断行为人的具体恶性，凸显出关注行为人的宽严相济刑事政策的初衷。

（3）贯彻刑法二元论的要求。

在解决犯罪论与刑罚论之间关系上，刑法存在一元论和二元论的区别。一元论认为犯罪与刑罚之间必须建立起可靠的一一对应关系。二元论认为犯罪论和刑罚论分别解决不同的问题，犯罪论解决犯罪认定的问题，而刑罚论解决犯罪人改造教育、回归社会的问题，二者之间不一定存在一一对应的关系。犯罪论采行为主义、刑罚论兼采行为人主义并非是不可调和的矛盾。在古典主义与实证主义学说的争论之后，在犯罪论上，行为主义因其符合自由保障和法的确定性的要求，被作为现代刑法的基本原则的行为人主义加以吸收。但在刑罚论上，古典主义核心体现的报应刑一统的局面被打破，刑罚的目的被毫无例外地确定为预防犯罪，包括一般预防和特殊预防。以此为基础，多数学者在犯罪论上贯彻行为主义、客观主义，在刑罚论上主张并合主义，认为“在量刑上，刑罚一方面必须与罪行的轻重相适应（与行为责任相适应）；另一方面必须与犯罪人的人身危险性相适应（考虑预防犯罪的需要）；前者是首要的基准，后者是次要的基准……无论如何，可以肯定的是，在法定刑确定之后，首先应当确定责任刑（幅度或点），然后再确定预防刑”。①

刑法二元论出现的根本原因在于，犯罪论和刑罚论存在目的上的分歧。犯罪论解决的是要不要追究行为人刑事责任的问题，而刑罚论解决的是怎样追究行为人刑事责任最为有效的问题，后者不单是规范学的问题，同时还是政策学上的问题。前者针对的是行为人已然实施的行为及后果，后者针对的是行为人未来的生活情状和表现；前者更关心形式正义，追求在行为与责任之间建立稳定的联系点，后者更关心实质正义，追求在报应与改造之间建立合适的平衡点。因此，可以说自古典主义与实证主义学说之争以来，犯罪论与报应刑、刑罚论与预防刑之间从来就没有过纯粹的对应联系，客观主义、行为主义的犯罪论不必然坚持相应的刑罚论。立足刑法二元论务实的态度，为了实现刑法公正性和有效性之间的平衡，有必要凸显行为人的色彩。

2. 现代刑法重视“人”的表现

随着行为人在刑法中地位的凸显，无论是刑法理论还是刑事实践，都体现出对作为主体的行为人的重视。

（1）犯罪论中对主观主义的高度重视。

基于刑法对人的重视，近年来，在犯罪论中一些重大问题的阐述上，越来越多的刑法学者开始重视主观主义和行为人立场。德日刑法中，在违法性的判断对象上，近年来，将行为人的主观意思与行为联系起来考虑的行为无价值论影响很大。而在我国刑法中，犯罪论中主观主义的立场更是鲜明。

例如，德日刑法中的期待可能性的判断标准，先后出现过行为

① 张明楷：《结果与量刑——结果责任、双重评价、间接处罚之禁止》，载《清华大学学报（哲学社会科学版）》2004 年第 6 期。

人标准说、[1] 平均人标准说、[2] 国家标准说[3]等几种不同的观点，尽管平均人标准说的观点目前在德日刑法学界居于通说地位，并在我国刑法学中有很大影响，但其无法避免的诘难是：期待可能性本身就是为了对特定的行为人在特定的环境下所作行为予以的人性关怀，是对个人法益的倾斜，用平均人作为标准判断期待可能性的有无，偏离了期待可能性理论本来的趣旨。对于具有比一般人较高能力的人，当一般人没有期待可能性时，他仍然具有选择可能性，如果不对其进行非难，岂不放纵犯罪？反之，对于那些低于平均人能力的人造成的损害，如果以平均人标准要求之，岂不违背期待可能性理论不强人所难、体恤弱者的初衷？[4] 因而，近年来，对期待可能性采具体行为人判断标准的做法，越来越得到认可和关注。

又如，关于我国刑法中疏忽大意过失犯成立标准的问题，我国刑法学界的通说是主客观相统一但以主观说为主，即"判断能否预见，应当从实际出发，实事求是，在具体分析行为人对其行为的危害结果能否预见时，既要注意以当时的具体条件下一般具有正常理智的人对这种结果的发生能否预见，初步作出判断，更重要的是

---

① 该说主张以行为人行为时的具体情形作为决定有无期待可能性的标准。日本刑法学家团藤重光、大塚仁、大谷实、野村稔等人及我国内地马克昌教授、台湾地区的蔡墩铭教授持此说。

② 此说主张根据处于行为人状态下的通常人、平均人为标准判断期待可能性。德国学者戈登施密特首倡此说，日本学者木村龟二、小野清一郎、西原春夫、植松正等人，我国内地童德华教授、徐岱教授和台湾地区陈朴生、周冶平教授赞成此说。

③ 该说认为应当以国家或法秩序所期待行为人采取适法行为的具体要求作为判断标准。支持者有德国的弗力克·沃尔夫（Frik Wolf）和艾德蒙德·麦兹格（Edmund Mezger），日本的佐伯千仞、平野龙一、平场安治等人，我国台湾地区的苏俊雄教授以及内地的个别学者如欧锦雄。

④ 参见黄丁全：《论刑事责任理论中的危机理论》，载陈兴良主编：《刑事法评论》（第4卷），中国政法大学出版社1999年版，第172页。

根据行为人自己的年龄状况、智力发育、文化知识水平、技术熟练程度等，来具体分析他在当时的具体情况下对这种结果的发生能不能预见”。[①] 中青年学者采纳的是以有利于行为人为依据、以客观说为参考的主观说。例如，张明楷教授认为：“在行为导致了结果的情况下，应首先考察行为人所属的一般人或像行为人这样的一般人（而不是抽象的一般人）能否预见结果的发生……其次，考察行为人的知能水平是高于一般人还是低于一般人。如果一般人能够预见，但行为人的知能水平低于一般人，则不宜认定行为人具有过失；反之，……则宜于认定行为人具有过失。基于同样的理由，如果一般人不能预见，但行为人的知能水平明显高于一般人，则可能认定为过失。但在这种场合，应当特别慎重。”[②] 此外，在不能犯的问题上，我国刑法学说居于通说的观点认为，行为人误认为自己的手段可能产生侵害结果，事实上其手段不可能产生侵害结果时，成立未遂犯。例如，行为人误将白糖当作砒霜毒害他人，应负故意杀人罪（未遂）的刑事责任，这种论断体现了鲜明的主观主义思想。这一立场在预备犯的处罚、正当防卫中防卫意思的认定以及共同犯罪的问题上同样有重要体现。

（2）责任论上目的责任论的兴起。

德日刑法中近年来责任论上的新变化——目的理性的（功能性的）责任论的兴起，充分显示出对行为人的重视。这一变化制造者的代表是罗克辛教授和雅各布斯教授。罗克辛教授认为，刑法责任应该包括罪责和预防必要性两个条件。他认为责任作为违法性后的犯罪构成要件，必须取决于两种现实才能够加到不法上去：行为人的罪责和应当从法律中提取出来的刑法威胁的预防必要性。罗克辛教授指出，预防必要性这一条件在过去虽然没有完全被忽视，

① 参见王作富主编：《中国刑法适用》，中国人民公安大学出版社 1987 年版，第 120 页。

② 张明楷著：《刑法学》，法律出版社 2011 年版，第 266 页。

但在学术上却是不受重视的，对这一条件的独立性也有错误的认识，人们传统性地将罪责与不法联系在一起。然而，事实上如果仅有罪责却缺乏预防必要性，同样能够排除责任。[①] 雅各布斯教授认为，行为人是否具有责任，要根据行为人对法律规范的忠诚和社会阶级冲突的可能性来决定。一方面，如果行为人没有基于对法律的忠诚而形成一个更强烈的动机去抑制犯罪的动机，那么就是行为人自己的问题，就可以对其进行归责。另一方面，责任被看作一种解决社会冲突的方式。在社会具有更好的自治能力，即使不追究行为人的责任，也能解决行为人引起的冲突并维护法规范和社会的稳定时，行为人就无责任。[②] 同样，雅各布斯教授所提出的法律忠诚问题，更是包含了犯罪人人格的因素，雅各布斯教授认为法律是作为义务与权力载体的人格体与人格体之间的关系。这种规范意义上的人格体，能够承担责任，具有规范遵守的能力。人格体履行的义务，在刑法上就是“足够地对法律忠诚”。[③]

从罗克辛教授的责任论可以看出，其突破了传统的责任概念，将预防必要性作为责任的一个条件。在罗克辛教授看来，通常情况下，具备传统的罪责要素就意味着满足预防必要性的条件，但二者之间的联系不是绝对的。在有些场合，虽然行为人具有罪责，但处罚行为人不符合预防必要性的条件。因此，可以对行为人免责，这就从人格问题的角度充分论证了犯罪成立问题。德国刑法中目的责任论的兴起对我国刑法学界有重大影响，如我国有学者借鉴预防责任论的观点，解释扒窃行为刑事责任的限制，认为“实施扒窃行

① ［德］罗克辛著：《德国刑法学总论（第1卷）：犯罪原理的基础构造》，王世洲译，法律出版社2005年版，第556~558页。

② Vgl. Jakobs, Strafrecht AT, 1993, S. 480ff. 转引自车浩：《“扒窃”入刑：贴身禁忌与行为人刑法》，载《中国法学》2013年第1期。

③ 王莹：《法治国的洁癖：对话Jakobs“敌人刑法”理论》，载《中外法学》2011年第1期。

为的初犯、偶犯，在罪责上与一个惯犯是一样的；不同的是，初犯、偶犯的预防必要性要低于惯犯，因而他在责任上也要低于惯犯。一个实施扒窃行为的初犯、偶犯，即使在有罪责的时候，也可能没有责任（免责而无罪）；或者至少是与惯犯相比，因为预防必要性低而责任减弱”。①

（3）量刑制度改革中对“人”的充分考量。

现代刑法对“人”的重视，更多地体现在量刑制度改革上。国外刑法无不在刑法中具体规定量刑时要求考虑行为人主观因素，如《德国刑法》第46条第1项规定：“犯罪人之责任为量刑之基础。刑罚对犯罪人未来社会生活所可期待发生之影响，并应斟酌之。”第2项规定：“法院于量刑时应权衡一切对于犯罪人有利与不利的情况，尤其应注意下列各项：犯罪人之动机与目的、行为表露的心情及行为时的意志、违反义务的程度、行为的实施形式与可归责的结果、犯罪人的生活经历、其人身的及经济的关系，以及其犯罪后的态度，尤其是补偿损害的努力和实现与被害人和解的努力。”《法国刑法》第132-42条规定：“法院在法律规定的限度内，依据犯罪情节和罪犯人格，宣告刑罚并规定刑罚制度。”意大利刑法规定，“法官在适用刑罚时，既要考虑犯罪行为之情状，也要考虑犯罪人的犯罪倾向”。

我国刑法也对量刑中人的因素给予了充分的重视。根据我国《刑法》第5条的规定“刑罚的轻重，应当与犯罪分子所犯罪行和承担的刑事责任相适应”，将行为人所承担的刑事责任与其客观行为并列作为量刑时的考量依据，本身就暗含了对行为人人格因素的重视。此外，我国刑法中的自首、立功、累犯、减刑、假释、缓刑、保安处分等制度基于行为人本身的特征或者行为人的行为表现，而对这些人给予特殊处理，相应地减轻或者加重刑罚，也都是

① 车浩：《“扒窃”入刑：贴身禁忌与行为人刑法》，载《中国法学》2013年第1期。

对人之因素给予重视的体现。

（4）刑事立法上针对特定人群的立法宽宥。

近现代中国刑法学理论虽然没有经历过西方学派之争，也没有实证学派对刑事政策的反思历程，但学界对主观主义、行为人主义采取了包容采纳的态度。受西学东渐的影响，近年来我国学者也开始对刑法主观主义、行为人主义表现出研究兴趣，加上对国外立法的对比分析，西方刑事立法中对“人”的重视的合理成分也逐渐被采纳。在以人为本的刑事政策的影响下，我国刑法立法也出现了较大的调整，突出体现在对特定人群的宽宥上，如 1997 年刑法修订后，就以年龄、[①] 精神障碍、[②] 生理缺陷[③]为由，对具有特殊人格特征的行为人，以刑事责任能力较弱或缺失为由，规定从宽的刑罚处罚。

特别值得指出的是，作为第一次对刑法总则加以修订的刑法修正案（八），其重要内容之一就是新增了相当数量的体现主观主义、行为人主义的条文，如审判时已满 75 周岁的老人判处死刑的

---

① 《刑法》第 17 条规定：“已满 16 周岁的人犯罪，应当负刑事责任。已满 14 周岁不满 16 周岁的人，犯故意杀人、故意伤害致人重伤或者死亡、强奸、抢劫、贩卖毒品、放火、爆炸、投毒罪的，应当负刑事责任。”

② 《刑法》第 18 条第 1 款规定：“精神病人在不能辨认或者不能控制自己行为的时候造成危害结果，经法定程序鉴定确认的，不负刑事责任，但是应当责令他的家属或者监护人严加看管和医疗；在必要的时候，由政府强制医疗。”

③ 《刑法》第 19 条明确规定：“又聋又哑的人或者盲人犯罪，可以从轻、减轻或者免除处罚。”

例外规定,[①] 对未成年人、怀孕妇女和老年人宣告缓刑的从宽规定[②]等，无不体现出对行为人的重视。刑法修正案自 1998 年开始，到刑法修正案（八）之前的 7 个修正案，从未对刑法总则进行修改；而刑法修正案（八）作为第一次对总则的较大修改，就集中在主观主义、行为人主义方面，这种重视“人”的趋势显露无遗。

### （四）在凸显“人”的视角下对我国刑法理论与刑事实践的检视与展望

随着刑法对“人”的要素的重视程度的增加，刑法主观主义、行为人主义必然会对我国刑法理论和刑事司法产生深远的影响。在凸显“人”的视角下，我国刑法理论及实践的天平必将向主观主义、行为人主义进一步倾斜，以此为视角检视我国刑法理论和刑事实践，并对未来刑法学发展提出展望，或许能为刑法学的转型升级发展提供一种独特的视角。

1. 刑法理论上：主观因素和行为人因素的植入

未来刑法学的发展，必然在总体贯彻客观主义、行为立场的基础上，对行为人人格方面主观因素和行为人因素进一步重视和积极植入。“人”的因素，将成为整体刑法学理论中不可或缺的重要组成部分。

（1）犯罪构成理论中期待可能性概念的引入。

---

① 《刑法》第 17 条规定：“已满七十五周岁的人故意犯罪的，可以从轻或者减轻处罚；过失犯罪的，应当从轻或者减轻处罚。”第 49 条规定：“审判的时候已满七十五周岁的人，不适用死刑，但以特别残忍手段致人死亡的除外。”

② 《刑法》第 72 条规定：“对于被判处拘役、三年以下有期徒刑的犯罪分子，同时符合下列条件的，可以宣告缓刑，对其中不满十八周岁的人、怀孕的妇女和已满七十五周岁的人，应当宣告缓刑：（一）犯罪情节较轻；（二）有悔罪表现；（三）没有再犯罪的危险；（四）宣告缓刑对所居住社区没有重大不良影响。”

期待可能性鲜明地体现出对行为人的非难色彩，是德日刑法学责任论的核心要素。我国四要件犯罪构成理论与德日三阶层犯罪成立理论有着显著的差异，在我国刑法学理论中，借鉴期待可能性的合理成分，有必要在犯罪构成理论中加以适当引入。我国传统四要件说的犯罪主观方面仅仅包括了以意志自由为基础的非决定论下的犯罪故意、过失的概念，但对于以决定论为基础的期待可能性，则没有包括。期待可能性作为刑法主观主义、行为人主义的表现，作为例外可以存在于犯罪主观方面之中。具体来说，可以在罪过论中研究期待可能性的问题。罪过的构成要素在基本要素即故意和过失之外，在某些特殊情况下，还应当考虑期待可能性的评价因素。如果行为人在行为当时，没有实施合法行为的可能即期待可能性，即使行为人是出于故意或过失，也应阻却行为人主观罪过。[①]

（2）刑事责任论中责任要素的充实。

正如前文指出的，刑事责任的本质是体现对人的非难，因而，刑事责任论是否充实，集中体现一个国家刑法理论的发展水平。[②]刑事责任论对人的评价必须借助刑事责任要素的运用加以实现，因而，未来在我国刑法学罪-责-刑的三元模式中，应当高度重视刑事责任要素的研究，借以充实刑事责任论，完整体现对行为人的考察评价。至于责任要素范畴，正如前文指出的，可借鉴德日刑法理

① 期待可能性理论的融入，也只能是个别地、少数地发挥否定犯罪成立或减轻犯罪人责任的作用。这是因为，期待可能性的适用，在当今法治社会的大背景下，可以依赖的条件仅在很少的情况下存在。当社会的安定性和法的稳定性逐渐巩固且深入人心时，很少有理由认为行为人在存在犯罪故意、过失的同时，在意志上不能产生不法行为的反对动机。这也是期待可能性理论在德国日渐边缘化的重要原因，如果期待可能性普遍地适用于刑事司法，难免会对刑事司法的公正性、确定性造成不小的伤害。

② 早在20世纪初，德国刑法学大师李斯特就曾断言：“罪责学说的发展是衡量刑法进步的晴雨表。”参见［德］弗兰茨·冯·李斯特著：《德国刑法教科书》，徐久生译，法律出版社2000年版，第266页。

论，结合中国实际情况，归纳为责任能力、故意或过失、违法性认识以及体现刑法非规范性评价的一些因素，如社会公众对犯罪人的评价、犯罪人人身危险性大小等。当然，这些列举是探索性的，但在凸显“人”的视角之下，在未来我国刑法学理论发展中，刑事责任论中责任要素的研究和充实，必将成为一个重要的新兴领域。

(3) 刑罚目的问题上对个别预防论的进一步重视。

在刑罚目的问题上，存在报应论、一般预防论、个别预防论的对立争讼。我国历来存在“恶有恶报”的朴素报应观念，历代统治者又笃信“以刑去刑、以杀去杀”的信条，奉行恐吓、威慑的刑罚目的。两者结合使得在刑罚目的问题上，报应论和一般预防论可谓根深蒂固、长盛不衰。当代刑法理论中，报应论、一般预防论的观点同样长期处于上风，一些学者甚至直接提出“个别预防否定论”。[①] 然而，从世界刑法理论发展大势来看，随着恢复性司法、刑罚个别化的兴起，刑罚目的问题的个别预防论日益受到重视和关注。笔者认为，在当代刑法理论融合发展的大势中，任何一种刑罚目的观，无论是报应论还是一般预防论、个别预防论，试图对刑罚目的作出单一的解读都必然是片面的。在此前提下，个别预防论以预防再犯和注重犯罪恶性的改造为立论根基，具有鲜明的理论特色，在未来刑法理论进一步重视行为人的大背景下，必然在刑罚目的的多重建构中占据重要的一席之地。

2. 刑事实践中：对行为人人身因素的充分考量

德国法学家拉德布鲁赫在《法学导论》中结束对刑法的评论时，意味深长地指出：“将来刑法是否可获得成效，取决于将来的刑事法官是否将歌德在‘马哈德，大地之主’中所说的话铭刻心

① 参见邱兴隆：《刑罚个别化否定论》，载《中国法学》2000 年第 5 期。

上，即：‘他应惩罚，他应宽容；他必须以人性度人’。”[①] 在未来的刑事实践中，司法官应当具备“善于理解的心肠和坚定严厉的手段”，[②] 面对千差万别的犯罪情形和具体犯罪人时，应进一步重视对行为人人身因素的充分考量，避免机械呆板地适用法条，体现出灵活的、人性化的司法态度。

（1）刑罚裁量中对人身危险性的进一步重视。

诚如前文所言，人身危险性集中体现了犯罪人人格方面的一系列因素。刑法草案第33稿有关量刑原则的规定，曾经将“参照犯罪分子的个人情况、认定事实的程度和对犯罪的悔改态度”确立为量刑的基本依据，可惜未能最终体现在刑法中。然而，随着量刑理论研究的深入，量刑原则中对“人”的重视不足问题逐渐凸显出来。

如有学者指出，现有的量刑原则没有照顾到罪责刑相适应原则中人身危险性的要求。建议未来修改刑法时，对量刑原则进行大幅修改，增加对人身危险性考量的规定。[③] 未来的刑法变革，有必要进一步重视体现行为人的人身危险性。具体来说，在量刑原则上，应增加对犯罪人的人身危险性考察的内容；在具体刑罚制度上，完善人格评价机制。现有的缓刑、累犯制度虽然包含了没有再犯罪危险的规定，但是尚缺乏具有可操作性的人格评价机制。由于人格评价的具体依据没有明确化，缓刑、累犯的适用根据显得过于原

① ［德］拉德布鲁赫著：《法学导论》，米健、朱林译，中国大百科全书出版社1997年版，第99页。

② ［德］拉德布鲁赫著：《法学导论》，米健、朱林译，中国大百科全书出版社1997年版，第98页。

③ 参见赵廷光：《论量刑原则与量刑公正——关于修改完善我国量刑原则的立法建议》，载《法学家》2007年第4期。

则,[①] 在未来的刑事实践中，缓刑、累犯制度适用应当进一步重视考察犯罪人的人身危险性问题。

此外，对犯罪人人格因素的考察，在实践中应体现在特定的程序中。2013 年修改后实施的新《刑事诉讼法》在第 268 条增加规定对未成年人引入社会调查制度，这是重视犯罪人人格特征的鲜明体现。在未来的刑事实践中，应当考虑对特定人群社会调查制度的进一步扩大。

（2）特定人群刑罚裁量特殊考虑。

在从轻处罚方面，除应考虑犯罪人的特定身份，如未成年人、老年人、孕妇等之外，还应在实践中更加全面充分地考虑犯罪人行为时的主观状态及具体的人格特征。例如，在特定情况下，忍无可忍被逼自卫的伤害行为就应当充分考虑正当防卫及防卫过当的适用情形。[②] 又如，针对进城务工人员等特定人群，在缺乏违法性认识可能性的情形下，从事特定的行政犯罪也可考虑酌定从宽处罚。

在从重处罚方面，可借鉴美国“三振出局”的规定,[③] 加大对特定累犯、再犯的处罚力度。特别是对累犯制度，应当在法律规定

---

① 这一点与《德国刑法》的规定相比，仍有较大的差距，如《德国刑法》第 56 条规定，“法院在宣告缓刑时，应特别考虑受审判人的人格、履历、犯罪情节、事后态度、生活状况以及缓刑对他的影响”。

② 根据笔者对司法案例的实证统计研究，当前我国有相当数量案件，在可能存在正当防卫及防卫过当的情形下，都以故意伤害及故意杀人定罪，此类案件的定罪量刑都存在明显不当，需认真反思。

③ 为加重对累犯、再犯的处罚，美国联邦政府还于 1994 年通过了《暴力犯罪控制与执法条例》，俗称“三振出局法”（Three Strikes and You're Out Law）。该法实际上是将美国盛行的棒球比赛规则运用到刑事法领域，它规定：对于已犯二次重大犯罪之重犯，或者曾犯一次以上重大犯罪之暴力重罪犯，或者一次以上重大犯罪之毒品犯，当其再犯罪时，将被处终身监禁，不得假释，如同棒球中打击手在被投出三次好球后未有安打，即被“三振出局”一样。由于该法对严重暴力犯罪的处理类似棒球比赛中的三振出局，所以一般将该法称为“三振出局法”。

中体现并在实践中进一步重视人身危险性的考察。对于前后犯罪性质相同的累犯，因其征表的人身危险性大，应当较一般累犯更为从重处罚。对常习犯、惯犯，应在实践中体现出从重处罚，并依照法律颁发特定禁止令。

（3）刑罚执行中保安处分地位的明确。

保安处分是指国家基于保卫社会之需要，对于具有特殊人身危险性的人，以矫治、感化、医疗、禁戒等手段，替代或补充刑罚适用的各种保安措施的总称。现代国家的刑法一般都实行刑罚和保安处分的二元制。与刑罚相比，保安处分主要是针对特定人群（一些需要对其人格或身体进行矫正和治疗的病人，如屡教不改者、吸毒成瘾者、精神病人等）着眼于对未然犯罪的预防，加以定期或不定期的矫治改善或者监禁隔离。我国现行法律体系中没有保安处分之名，刑法上更没有规定保安处分的名称，但是在刑事实践中存在一定的具有保安处分部分功能的各种处罚措施。[①] 在未来的刑事实践中，应重视行为人，有必要在刑法中明确保安处分的法律地位，实现对人身危险性较大的犯罪主体的特殊预防，采取刑罚与保安处分二元并行的刑事实践模式。

“一切科学对于人性总是或多或少地有些关系，任何学科不论似乎与人性离得多远，它们总是会通过这样或那样的途径回到人性……任何重要问题的解决关键，无不包括在关于人的科学中间。”[②] 尊重人的主体地位，发展人的独立品格，是现代社会的重要价值目标。古典刑法学者借由行为中心建构起刑法学大厦，然

---

① 刑事法律中规定的保安性措施包括：收容教养、精神病人强制医疗、刑事没收、禁止令、对附条件不起诉的未成年犯罪嫌疑人的矫治和教育。参见时延安：《劳动教养制度的终止与保安处分的法治化》，载《中国法学》2013 年第 1 期。

② 参见［英］休谟著：《人性论》（上册），关文运译，商务印书馆 1980 年版，第 6~8 页。

而，在科技日益发达、尊重人的价值观念日益隆盛的当代，刑法学理论亦应适时转身，倾顾行为背后的行为人。事实上，我国刑事立法已经作出了这样的调整：1997 年刑法颁布实施后，第一次对刑法总则加以修订的刑法修正案（八）就增加了相当数量的体现主观主义、行为人主义的条文。刑法学者恐怕不能无视刑事立法的这种调整。

关注人的人格特征，扬弃古典刑法学的罪刑均衡理念，建构罪责刑相适应的新型罪刑模式，凸显犯罪人人身危险性及其他人格因素的考量，不只是为了使行为中心刑法学理论增添视角、扩展视野，更是为现代、后现代社会中刑法学发展设立重要的理论增长点。罪刑关系背后作为刑法主体的“人”（犯罪人）从消隐到逐渐清晰、凸显的过程充分证明，随着现代社会个人主体性的日益重要，刑法必然走上一条以“人”为中心、以关注“人”的人格特征为重要方向的发展之路。

## 二、罪责自负原则

明建文四年，燕王朱棣起兵谋反，攻破南京，欲称帝，召方孝孺草拟登基诏书。方披麻戴孝，哭上朝廷，拒不起草。朱棣于是以夷九族之刑相威胁，方孝孺竟淡淡地答道：“十族又奈何？”结果硬是被诛了十族。[①] 方孝孺虽为中国历史上唯一被诛十族的人，但株连之刑在古代的东西方都曾屡见不鲜。正如我国台湾地区著名刑法学家洪福增所言：“古代刑法，受客观的责任（以结果论责任）以及团体的责任所支配……其责任之主体，在于团体，而不在于

① 即除了上至高祖下至玄孙等一切亲属外，外加门生数人，凑成十族。参见罗翔著：《中华刑罚发达史》，中国法制出版社 2006 年版，第 214 页。

个人……”[1]

随着近代思想启蒙运动中人权观念的勃兴，刑事追责原则完成了由团体责任向个人责任的嬗变。与株连相对，现代刑法坚持罪责自负的个人责任主义。罪责自负，意味着国家在进行刑事责任归属进而作出刑罚处罚时，不能将他人应负的责任归咎于特定的个人，同时，也不能将犯罪人应承担的刑事责任转嫁给第三人。正如日本刑法学家曾根威彦指出的：“（刑事责任）只能就行为人个人自己所实施的行为而承担，不能以行为人属于一定团体为由而让他对他人的犯罪承担责任，这就是所谓个人责任。”[2] 因为，“刑事责任是一种严格的个人责任，只能由犯罪分子负担，具有人身专属性，不可移转，不能替代”。[3] 罪责自负原则，鲜明直接地体现出了刑法以权利保障为本位，以个体行为为调整对象的宗旨和特征，不言自明应作为刑法基本原则。

### （一）个人责任还是连带责任：罪责自负的历史溯源

历史上，无论西方还是中国，罪责自负原则的形成都有一个漫长的过程，在相当长的时期内，与罪责自负原则相对的团体责任、罪责株连，都曾大行其道。

在原始社会，个人生活在氏族中，犯罪的发生并不被认为是个人之间的事情，而是意味着对整个氏族的侵害，因而，复仇通常也由氏族进行。以爱斯基摩人为例，人类学家发现，在爱斯基摩人中，“杀人在单独场合会导致世仇”；而在另外一些场合，“杀人者

---

① 参见洪福增著：《刑事责任之理论》，台湾刑事法杂志社 1982 年版，第 6 页。

② 参见［日］曾根威彦著：《刑法学基础》，黎宏译，法律出版社 2005 年版，第 38~39 页。

③ 参见高铭暄主编：《刑法学原理》（第 1 卷），中国人民大学出版社 1993 年版，第 418 页。

会成为公共危险的敌人，……杀人者将被处决，如果不能，则处分与谋杀者有关的亲属”。[①] 可见，在原始社会中，是无所谓罪责自负原则的，与之相对，实行的是一种血族连带责任。

即使是国家和法律出现后，在奴隶社会和封建社会中，西方历史上盛行的仍然是团体责任，而非个人责任。古巴比伦王国的《汉谟拉比法典》是全世界最早的一部比较完整的成文法典，在这部诞生于公元前 18 世纪（前 1792~1750 年）的法典中，明显体现出的是责任连带思想。该法典第 116 条规定：“如果人质在抓他的人家里被打或虐待而死，人质的主人应证实他（指抓人质者）有罪，如果人质是主人的儿子，那么他们应杀死他（指抓人质者）的儿子。”第 210 条规定：“（如果一个人打了另一个女人）造成那女人死亡，那么应把他的女儿处死。”诸如此类规定，不胜枚举。[②] 除《汉谟拉比法典》外，同样在西方法制史上居于重要地位的古罗马《十二铜表法》以及古印度的《摩奴法典》等也都存在大量责任牵连之类的规定。

西罗马帝国崩溃后，欧洲进入漫长的中世纪封建社会。法律制度也经历了早期日耳曼习惯法确立、中期罗马法复兴、晚期普通法形成等法制史上的重大事件。但通过当时一些具有代表性的法典来看，在这一时期，罪责自负原则仍没有获得主导性的地位，责任牵连依然盛行。例如，在被法律史学家认为公元 5 至 9 世纪最著名、最典型的“蛮族法典”——《萨利克法典》中，第 58 条就以今天看来颇为有趣的方式体现出责任牵连的思想：“第 58 条关于一把泥：如果有人杀了人，而交出他所有的财产，但还是不够偿付依法所该付的罚款，那么，他必须提出十二个共同宣誓证人，［他们将

① 参见［美］E. 霍贝尔著：《原始人的法》，严存生等译，贵州人民出版社 1992 年版，第 23 页。

② 参见《汉谟拉比法典》，杨炽译，高等教育出版社 1992 年版，第 64、116、122、124 页。

宣誓说]：在地上，在地下，除已交出的东西以外，并没有其他任何财产了。此后，他应走入自己家里，从四屋角搜集一把泥，站在门槛上，面向屋内，用左手把这把泥越过自己肩膀撒到他认为最近的亲属身上。如果父亲和父亲的兄弟已付过款，那么，他应把这泥撒到母系和父系方面各三个最近的亲属。此后他应穿着一件衬衫，没有腰带，没有鞋子，手执木桩，跳过篱笆，而这三个人应缴付那依法该付罚款不足数之一半……”①

如果说在西方历史上，责任牵连的思想还只是在法律中若隐若现，那么在中国社会中，责任株连制度则曾经声名昭著，呈现出系统化、制度化的特点。

一般认为，中国最早的有关株连制度的规定起源于《尚书》，《尚书·甘誓》中说道，夏启征伐有扈氏时，曾颁布一条军令：“弗用命，戮于社，予则孥戮汝。”对此，《史记集解》引孔安国注曰：“非但止身，辱及女（汝）子，言耻累也。”② 也就是说，对不服从命令的人，不但本人要被处死，而且还要将其儿子杀掉，以示耻辱，其责任株连的思想昭然若揭。

随后，虽然在西周时期也曾存在过周文王反对株连，主张“罪人不孥”的情形，但在西周瓦解、东周春秋列国争霸时期，株连制度再次大行其道。史载，公元前746年，秦文公设“夷三族之刑”（文公“二十年，法初有三族之罪”）。③ 继之，公元前7世纪，梁国建立了被称作“伍”的邻保制度，规定如果一家犯法后逃亡，那么同“伍”的五家都要连坐被杀。④ 公元前4世纪，商鞅在秦国变法，又设立了“什伍”邻保制度，规定“令民为什伍，

① 参见世界著名法典汉译丛书编委会编：《萨利克法典》，法律出版社2000年版，第37~38页。

② 裴骃：《史记集解》。

③ 参见《史记·秦本纪》。

④ 参见《春秋繁露·王道》。

而相牧司连坐。不告奸者腰斩，告奸者与斩敌首同赏，匿奸者与降敌同罚”。[①] 在这些规定中，责任株连原则已体现出细密化、制度化的特点。

秦国依靠商鞅变法，以严刑峻法的方式迅速走上富国强兵之道，最终实现了全国的统一，建立了第一个封建制帝国。随后，在中国长达2500多年的封建社会中，除汉初“约法三章”等极少数时期外，在刑法领域，历代王朝一般都实行不同程度的株连制度。[②] 前文中臭名昭著的族诛就是株连制度的极端体现。此外，中国古代还盛行连坐制度，即本人虽无罪，但若与罪犯具有某种连带关系，如邻居、上下级同事等，就必须共同对罪行承担责任，如秦代的连坐法，就包括室人同居连坐、四邻连坐、官官连坐等不同种类。[③] 秦以后，连坐的适用范围受到一定限制，但在隋、唐及以后历代刑律中，对于谋反、谋叛、恶逆等重罪，始终不同程度地实行连坐之法。

直至17世纪英国资产阶级革命，西方社会进入近代资本主义社会之后，在孟德斯鸠、贝卡里亚、费尔巴哈等一大批刑法学家的努力下，刑法面前人人平等、罪刑法定等一系列现代刑法理念与原则才得以确立。与之相应，在刑法中，责任牵连原则也被舍弃，罪责自负原则开始确立。围绕罪责自负原则，主观罪过、共同犯罪中刑事责任承担等许多问题开始受到刑法学家的重视并进行了深入研究，并最终在立法上得以体现。而在中国，在1910年公布施行的《大清现行刑律》、1911年公布的《大清新刑律》中，对族诛、连坐等体现责任牵连的制度才明确予以废除。

然而，到南京国民政府时期，国民党为了铲除异己、统制民

① 参见《史记·商君列传》。

② 参见周密著：《中国刑法史》，群众出版社1985年版，第165页。

③ 参见孙英民：《从云梦秦简看秦律“连坐”法》，载《中原文物》1986年第2期。

众、“消灭”共产党，又开始推行所谓的“保甲”制度。这种保甲制集封建保甲与乡里组织之大成，将二者的编组方法与职能糅合在一起。[①] 根据1932年颁布的《剿匪区分各县编查保甲户口条例》，保甲制度的主要设计为“将一县划分为若干区，限期编组保甲。保甲之编组以户为单位，设户长，十户为甲，设甲长，十甲为保，设保长”。“凡保甲内住民，有勾结窝藏土匪或放纵脱逃者，除刑法及其他特别法令从重惩罚外，凡甲长及曾具切结联保之各户长，应各科4日以上、30日以下之拘留。”因此，保甲制度仍是封建社会连带责任的死灰复燃，由此也更可以看出，在中国历史上，责任株连的影响确实长期“阴魂不散”，罪责自负原则的确立尤显艰难。

### （二）法律之内与法律之外：罪责自负原则的理论根基

坚守罪责自负原则，既有法律之内的深刻法理根基，更有法律之外如社会管理创新、个人权利意识觉醒等多重因素的综合作用。

坚守罪责自负是分配正义的法理要求。《正义论》的作者美国法理学家罗尔斯曾说，“正义是社会制度的首要价值，正像真理是思想体系的首要价值一样。一种理论，无论它多么精致和简洁，只要它不真实，就必须加以拒绝或修正；同样，一项法律和社会制度，不管它如何有效率和有条理，只要它们不正义，就必须加以改造或废除”，[②] 无论在何领域、何时期，“给予每一个人以其应得的东西乃是正义概念的一个重要的和普遍有效的组成部分。没有这个

① 参见赵小平：《国民党保甲制度述论》，载《许昌师专学报》1990年第3期。

② ［美］罗尔斯著：《正义论》（中译本），何怀宏译，中国社会科学出版社1988年版，第1页。

要素，正义不可能在社会中兴盛”。[①] 在法律领域内，“应得的东西”具体表现为权利和义务及因违背此义务而产生的责任；在一个法治社会里，权利的获得意味着某种权益的获得，而义务和责任的承担意味着某种权益的丧失，因此，正义与法律权利具有密切关系。恰如约翰·洛克所言：“法律的目的不是废除和限制自由，而是保护和扩大自由。”[②] 在刑法领域，国家贯彻正义原则，就要求具有痛苦属性的刑罚只能适用于实施了犯罪行为的行为人，而不能牵及其他人。因为，“在这个世界上，除非耶稣之类的圣人，可能对整个人类的罪孽有一种深沉的负罪感，愿意代人受过外，在其他情况下，人们是很少愿意为他人的罪行承担责任的”。[③] 既然如此，如果要求无辜的公民就他人的犯罪行为承担刑事责任，就无异于毫无根据地要求他人牺牲自己的权利，承受刑罚痛苦的煎熬，显然不符合分配正义的要求。

从历史演进看，连带责任的存在，除扩大打击面、放大刑罚惩罚效果、扩充刑罚的威慑效应外，更重要的作用在于强化国家公权力对国民的控制。国家为实现政治权力的高效运作、社会秩序的有效管理，必须尽可能多地掌握国民内部甚至某个国民身上的重要信息，才可能将国家权力有效地、及时地施加于社会中的每一个角落。这在古代社会同样如此，国家要进行禁止叛乱、征收赋税、公共建设和军事动员等一系列活动，无不需要掌握足够的信息，才可能实现权力资源的最佳配置。在犯罪的预防、查处、打击中，信息的作用更是不言自明。然而，“获得、传递信息能力低下，是传统

① ［美］E. 博登海默著：《法理学法律哲学与法律方法》，邓正来译，中国政法大学出版社 1999 年版，第 264 页。

② ［英］洛克著：《政府论》，商务印书馆 1964 年版，第 10 页。

③ Alf. Ross：On Guilt，Responsibility and Punishment，University of California Press，1975，p. 18.

社会的根本特点之一”。① 在缺乏有效的信息收集与传递渠道的情况下，国家所能做的便是转移权力控制的任务，要求国民相互之间进行监督、管理，以责任连带的形式，强制地在老百姓之间实施横向的水平监视，尽可能通过民众之间的互相监督和连带责任实现信息收集的目的。最终，国家得以加强社会控制，将涣散而无系统的民众以互相牵连的方式精密组织起来，构建起庞大的权力金字塔。

这一社会管理方式在家族本位的古代中国更是得到了淋漓尽致的发挥。“四海之内，莫非王土”，帝王就是天下的家长；而每一个封建大家庭，都由家长依靠封建伦理进行控制，这就是所谓的“家天下”思想。宗法制度所创立的家国一体的社会结构强化了国家的权威，把人基于先天血缘关系产生的权利义务关系扩大化为人对国家的全面义务关系，强化了每个人的身份角色和义务内容。统治阶级则通过对家族的控制更好地实现了社会控制与管理。“查旧律缘坐之法，所以惩乱臣贼子……见律删除此法，遂致匪党肆行无忌……致有安徽、湖南、广东杀官焚署之事。使不废缘坐之法，该匪顾惜亲属或畏忌而中止，或亲属恐被株连先事告发，亦可遏乱未萌，何至酿成巨患，势如燎原!”② 因此，有学者在探讨了中国古代社会刑罚演进的规律后，一语中的地指出：“中国古代之所以实行保甲之类的连带责任，是国家为了实现对国民的有效控制的需要。”③

然而，随着资本主义的兴起，在近代启蒙思想家的疾呼下，个人的主体地位逐渐苏醒，人们开始认识到：每个人都有自身独立的意志，可以进行自由的意志选择；每个人都必须为自己的行为负

① 参见张维迎、邓峰：《信息、激励与连带责任——对中国古代连坐、保甲制度的法和经济学解释》，载《中国社会科学》2003 年第 3 期。

② 刘锦藻编纂：《清朝续文献通考》卷 248 按语，第 9942 页。

③ Terance D. Miethe , Hong Lu：Punishment：A Comparative Historical Perspective，Cambridge University Press，2005，p. 121.

责，但仅此而已，个人之外的任何他人的行为，都无须自己承担责任。工业革命中“身份到契约”的转变，进一步强化了这种认识。正是在这样的思想主导下，自由主义、个人主义等才成为愈来愈强劲的思潮。自由主义、个人主义最基本的立意是：在一个社会当中，每个人都是作为独立的个体而存在的。① 个体不是社会的手段，而是社会的目的。在社会中，每个个体都具有自身独立的意志，并且这种意志是平等的，如果没有法律上的权力或权利作为根据，个体不能将自己的意志凌驾于他人之上，强迫他人接受自己的意志。相应地，如果社会中独立的个体基于自身独立的意志做出了违反法律的犯罪行为，也就没有理由要求其独立意志之外的第三人承担由此引起的后果。正是在这一意义上，黑格尔深刻地指出，“法和正义必须在自由和意志中”，“侵害唯有作为犯人的特殊意志才具有肯定的实存”，“刑罚包含着犯人自己的法，所以处罚他，正是尊敬他是理性的存在”。② 既然个人总是相对于社会独立地存在，那么在刑法领域，无论是学者还是民众、罪犯，也就都获得了这样的共识：每个人一旦实施了犯罪行为，就必须承担刑事责任，受到刑罚处罚，但刑罚的处罚也仅仅局限于犯罪人本人，亲情关系、地域原因等并不能成为个人对他人罪行负责的理由。由此，公民个人主体地位的获得，也就使罪责自负原则成为民众心目中不可撼动的公理。

### （三）坚守还是隐现：罪责自负原则的刑法贯彻

刑法数千年的发展历史证明，罪责自负原则应当成为现代刑法

---

① 参见［德］诺贝特·埃利亚斯著：《个体的社会》，翟三江、陆兴华译，译林出版社2003年版，第10页。

② 参见［德］黑格尔著：《法哲学原理》，范扬、张企泰译，商务印书馆1982年版，第102、101、103页。

不言自明的基本原理，且其在各国刑法中具有了较好的体现。[①] 然而，随着犯罪的形式趋于复杂，尤其是越来越多的国家开始认可并承认单位犯罪，罪责自负原则的贯彻成为一个亟待澄清的问题。基于此，本书以我国为代表，选取共同犯罪、单位犯罪两个最典型、最复杂的方面，说明罪责自负原则如何在刑法中加以贯彻和实现。

1. 罪责自负原则在共同犯罪中的实现

罪责自负原则在刑事责任归属上，首先典型地体现在共同犯罪中。实际上，共同犯罪就是两个以上的主体，共同组成一个整合体，进行恰当地分工配合，共同完成犯罪。正如现代物理学家海森堡所言："集体可以做到比个人更有洞察力、更为聪明。团体的智商可以远远大于个人的智商。"[②] 因而，共同犯罪中犯罪主体可能具有的犯罪能量、犯罪可能造成的危害，必然远远大于个人犯罪。正因为在共同犯罪中犯罪分子之间形成了一个有机的整体，因而，在进行刑事处罚时，如何将这一整体加以适当地剥离，以实现犯罪人之间的"各得其所"，就成为罪责自负原则在刑法中得以贯彻实现的一个关键性的问题。

首先，共同犯罪人的恰当分类。这个问题表现在刑法理论上，就是如何对共同犯罪中的犯罪人加以恰当地分类，而这历来是刑法学共同犯罪理论中一个备受关注而又分歧极大的问题。

目前，对于共同犯罪人的分类，世界各国主要有两种做法：分工分类法和作用分类法。目前，大陆法系国家主要采取分工分类法，如德国、日本、法国等都是将共同犯罪人分为正犯与共犯两类，并分别加以处罚。除分工分类法之外，另一种对共同犯罪分类

---

① 例如，我国《刑法》第 59 条规定的"没收财产是没收犯罪分子个人所有财产的一部或全部"，"在判处没收财产的时候，不得没收属于犯罪分子家属所有或者应有的财产"等，都体现了罪责自负的精神。

② ［美］彼得 · 圣吉著：《第五项修炼》，郭进隆译，生活 · 读书 · 新知三联书店 2002 年版，第 272 页。

的方法为作用分类法，即按照犯罪人在共同犯罪中所起的作用大小，将共同犯罪人分为主犯、从犯，有的还加上胁从犯。

分工分类法与作用分类法作为共同犯罪人分类的两种标准或方法，单采用任何一种，均有利有弊。分工分类法作为一种形式主义色彩颇浓的分类方法，虽能直观地反映各共同犯罪人在共同犯罪中的实际分工和彼此间联系的形式，但无法揭示共同犯罪人在共同犯罪中的作用。例如，许多纯粹采用分工分类法的外国立法例，对于教唆犯只能规定“依正犯处罚”，无法体现出教唆犯在共同犯罪中所起实际作用的大小对处罚轻重的影响，有明显的弊病。与分工分类法相比，作用分类法较为理想地解决了共同犯罪人的量刑问题，但对于定罪问题却存在局限。基于此，目前我国刑法中对共同犯罪人的分类是兼采作用分类法和分工分类法，或更准确地说是“以作用分类法为主，兼采分工分类法”，即将共同犯罪人分为“两类四种”，一类为主犯、从犯、胁从犯，另一类为教唆犯。[①]

对于这种混合式的分类方法，大多数学者是嘉许的，但是，也有一些学者提出了不同的看法，如张明楷教授就提出：教唆犯是不可能与主犯、从犯、胁从犯相并列的共同犯罪人种类。[②] 还有学者认为，“教唆犯不但不能成为共同犯罪中的一种独立种类，而且应该成为一种独立的犯罪形式……有必要在刑法分则专设一个教唆罪”。[③]

如何看待这种理论上的分歧？我们认为，从罪责自负原则的视角着眼，共同犯罪人分类必须解决的问题就是，如何恰当地对共同犯罪中各犯罪人的特征进行描述，以准确地区分出各共同犯罪人对

① 高铭暄、马克昌主编：《刑法学》，北京大学出版社、高等教育出版社 2007 年版，第 188 页。

② 参见张明楷著：《刑法学》，法律出版社 2003 年版，第 339 页。

③ 杨兴培：《论共同犯罪人的分类依据与立法完善》，载《法律科学》1996 年第 5 期。

整个犯罪“贡献”的大小。基于此，作用分类法以犯罪人对整个犯罪的作用为标准对共同犯罪人进行区分，具有其天然的优势，应当在共同犯罪人分类中加以坚持。而教唆犯虽然是依据分工分类法划定出来的一种共同犯罪人分类方法的产物，但是，其确实在共同犯罪中具有特殊性，诸如“教唆未遂”、“实行过限”等问题，历来是共同犯罪中最为疑难的问题，因此，将教唆犯单列加以讨论，也并无问题。只不过，在进行刑事责任追加及刑罚处罚时，必须明确的是，对教唆犯最终还是必须根据其在整个共同犯罪中作用的大小进行处罚，即必须回归作用的标准加以处理。

基于以上看法，我们认为，我国刑法对共同犯罪人采用“两类四种”的分类方法，虽在理论上并无大的问题，但在实践中为贯彻罪责自负原则，具体到责任追究时，还是应当贯彻彻底的作用分类法，根据共同犯罪中各犯罪人所起的作用，确定其各自刑事责任的大小，并加以刑罚处罚。

具体来说，在我国刑法中，对组织、领导犯罪集团进行犯罪活动的主犯，对其应按犯罪集团所犯的全部罪行进行处罚；在犯罪集团、一般共同犯罪和聚众犯罪中起主要作用的主犯，其应对组织、指挥的全部犯罪负刑事责任；没有进行组织、指挥活动但为主实施犯罪的，应按其参与的全部犯罪负刑事责任。从犯则是指共同犯罪中起次要或辅助作用的犯罪人，应当承担相对主犯较小的刑事责任，并从轻、减轻或免除处罚。胁从犯实际上是从犯中的一种特殊情况，应当减轻或免除其刑事责任。特别值得注意的是教唆犯的情形，正如我们前文所述，虽然我国刑法将教唆犯单列为共同犯罪人的一种，但是，对其的处罚仍要以作用分类法为基点，根据教唆犯在共同犯罪中的作用进行处罚。

其次，部分共犯中止问题。刑法理论界的通说认为，二人以上共同实施犯罪，部分人的行为导致危害结果发生，部分人的行为未导致危害结果的发生，应当根据“部分实行全部责任”的原则，均以既遂犯论处，即如有一人既遂，则全案既遂，其他人都不能成立中止。那么，是否存在这种情况，部分共犯成立既遂的同时，其他共犯成立中止呢？例如，甲以杀人的故意、乙以伤害的故意共同对丙实施暴力行为导致了丙死亡。如果中途乙改变主意觉得伤害丙不忍心，决定不去了，但是乙没有采取任何措施阻止甲的行为，甲依然实施犯罪行为，从而危害结果发生，丙被杀害，那么可以按照上述简单共犯中止的第二种情形处理，即仍然判定乙构成既遂。但是，如果乙采取了阻止甲的措施，如乙尽力劝说甲，而甲不听，依然故我，结果既遂，那这种情形应该如何认定呢？笔者认为，此时乙已经放弃犯罪，但对于甲的行为有义务阻止，即依照不作为理论乙因为他的先前行为而有法律上的阻止义务，且采取积极行为阻止甲，但是没有能力阻止，所以不构成既遂。可见，从不作为的角度分析，在此种情况下，犯罪中止是成立的。如果这种情况依然被认定为既遂，即否认部分共犯中止形态，则有违背个人责任原则之嫌。对此，较好的做法是承认部分共犯以不作为形式成立犯罪中止，即乙应成立故意杀人罪（中止），甲成立故意杀人罪（既遂）。

2. 罪责自负原则在单位犯罪中的实现

工业革命以来，法人开始在经济生活中扮演着日益重要的角色。对于法人所实施的严重危害社会之行为，是否认定为法人犯罪以及如何进行处罚，成为各国刑法所无法回避的问题。如果对于以自然人犯罪为基础的共同犯罪而言，罪责自负原则所面临的仅仅是如何分配刑事责任更为合理的问题，那么对于法人犯罪来说，则是法人刑事责任的有无以及如何进行处罚的问题。这使得罪责自负原则在法人犯罪中的贯彻成为一个极大的问题。①

首先，是否承认单位犯罪？概括地说，英美法系国家历来是承认法人犯罪的，而大陆法系国家曾长期对此持否定态度。但是在当代，除德国外，包括法国、意大利等在内的典型的大陆法系国家也

① 我国一般将法人犯罪称为单位犯罪，严格来说，两者并不完全等同。这里为了研究的方便，将两者等同使用。

都开始承认法人犯罪，而日本“意图广泛肯定法人的犯罪能力的‘企业组织体责任论’也被有力主张”，在“行政刑法中，也广泛地设置有法人犯罪”，即使对于“刑法犯，也应当引进法人处罚制度的法人处罚肯定说，在学界处于通说地位”。[①] 在我国，以1987年《海关法》中规定单位可以构成走私罪为肇始，到1997年刑法颁布，大面积地设置了单位犯罪。对单位犯罪予以认可的这种世界趋势，是否有悖于刑法中的罪责自负原则？对这一问题，需要从单位犯罪的本质入手进行探讨。

英美法系国家很早就开始探索法人犯罪负刑事责任的根据，及至今天，主要存在代理说与拟制说两种基本观点。代理说是传统的单位承担刑事责任的理论，它借鉴民商法中的“仆人过错主人担”的原则，认为雇员或其代理人在其职权或授权范围内为了单位利益实施的犯罪行为而产生的刑事责任，应由单位承担。[②] 此外，现在还有很多学者主张单位承担刑事责任的根据在于单位的拟制性，即认为单位虽然没有肉体，但可以借助单位内部的成员完成其自身的行为。[③] 除此之外，同样规定法人犯罪的法国，对于法人负刑事责任的根据却有不同的看法，他们认为单位并不是必须借助特定成员的代理才能完成犯罪行为，或者单位的存在仅仅只是一种拟制，其认为单位本身就是一种实实在在的实体——“法人已经不再是虚拟的实体，而是法律的现实；法人也有自己的、与其每一个成员的意志有区别的集体意志”。[④]

以上三种观点的分歧，实际上是由于对单位犯罪或法人犯罪中

---

① 黎宏著:《日本刑法精义》，法律出版社2008年版，第102页。

② 赵星:《单位犯罪中的个人责任理论初探》，载《政法论丛》2001年第2期。

③ 赵星:《单位犯罪中的个人责任理论初探》，载《政法论丛》2001年第2期。

④ 参见［法］卡斯东·斯特法尼著:《法国刑法总论精义》，罗结珍译，中国政法大学出版社1998年版，第288页。

的单位或法人的本质采取不同看法所引起的。从根本上说，代理说与拟制说都否认单位或法人的独立主体地位，或者认为法人不过是一些受益人权利义务之集合（否定说）；或者认为民事主体以自然人为限，法人只不过是观念上的东西，是法律所拟制的人格，并非实际的存在（拟制说）。[①] 只有“实在论”才真正认为单位与自然人是平行的独立主体，单位与自然人一样是实际的存在，具有团体的意思和独立的地位，单位代表人的行为应视为单位的直接行为。

从目前民法发展理论来看，否认说与拟制说日趋没落，而实在论明显处于优势地位，这是有坚实基础的。[②] 因此，在单位犯罪的本质中，对单位的性质应当采用实在论，即应当认为单位是与自然人平行的、独立的、实在的犯罪主体。由此出发，单位便也应当与自然人一样，能独立地对自己的行为承担刑事责任。因此，追究单位犯罪的刑事责任，并不违反罪责自负原则。换言之，罪责自负原则包含的个人责任之意中的“个人”应当是独立主体的意思，既包括了单位，又包括了自然人。依此不难得知，单位犯罪的设立，并不违背罪责自负原则的宗旨。罪责自负原则要求的，仅仅是在单位犯罪或有单位参与的犯罪中，恰当地区分出单位与个人（包括单位内与单位外）彼此的刑事责任，不能将单位实施的犯罪行为所产生的刑事责任分摊给自然人，同时，也不能将自然人实施的犯罪行为所产生的刑事责任归责于单位。

其次，单位实施法定个人犯罪如何处罚？上述之要求说来简单，但实践中的情形却异常复杂。其中，刑法学界争论最大、在实践中处理极为棘手的一个问题是，如果单位或者法人实施了只能由个人构成的犯罪，此时如何进行刑事责任归属，以恰当地区分出个

① 参见熊选国、牛克乾：《试论单位犯罪的主体结构——“新复合主体论”之提倡》，载《法学研究》2003 年第 4 期。

② 参见江平主编：《民法学》，中国政法大学出版社 2000 年版，第130~134 页。

人责任与单位责任，体现出罪责自负原则的要求呢？某些行为刑法规定只能由自然人实施构成犯罪，但单位出于整体利益实施。例如，某一单位为了整个单位经济利益窃电、窃热、窃水等，数额较大，或在市场竞争中杀人，或拒不执行判决、裁定等，在这种情况下，如何根据罪责自负原则进行责任分配及刑罚处罚？

对这一问题，刑法学界存在较大的争议。一些学者认为，对于“没有相应规定单位犯罪的由单位实施的严重危害行为，应当坚持罪刑法定原则，既不能违法追究单位的刑事责任，也不能对单位中直接负责的主管人员和直接责任人员单独以直观相应的个人共同犯罪论处”。[①] 但是另外一些学者认为，这种行为应当构成犯罪，并且应当直接以相应的自然人犯罪论处，如张明楷教授就多次强调，对这种行为应直接定盗窃罪、杀人罪等，追究自然人的刑事责任。[②] 在实践中，有关司法解释的规定也不完全一致。例如，1998年最高人民法院颁布的《关于审理拒不执行判决裁定案件具体应用法律若干问题的解释》规定：负有执行人民法院判决裁定义务的，单位直接负责的主管人员和其他直接责任人员，为了本单位的利益实施……的，造成特别严重后果的，对该直接负责的主管人员和其他直接责任人员依照《刑法》第313条的规定，以拒不执行判决裁定罪定罪处罚。2002年最高人民检察院颁布的《关于单位有关人员组织实施盗窃行为如何适用法律问题的批复》规定：单位有关人员为谋取单位利益组织实施盗窃行为，情节严重的，应当依照《刑法》第264条的规定以盗窃罪追究直接责任人员的刑事责任。上述两个司法解释都采取了对这种行为直接追究自然人刑事责任的做法。但是，2001年最高人民法院在《全国法院审理金融

① 黄祥青：《浅谈刑法有无明文规定的判断标准——兼论刑法没有规定为单位犯罪的单位危害行为的处理》，载《法律科学》2003年第1期。

② 张明楷著：《法益初论》，中国政法大学出版社2000年版，第364~374页。

犯罪案件工作座谈会纪要》中又规定：单位十分明显地以非法占有为目的，利用签订、履行借款合同诈骗银行或其他金融机构贷款，符合《刑法》第224条合同诈骗罪构成要件的，应当以合同诈骗罪定罪处罚。此处采取了转化为其他罪名追究单位刑事责任的做法。

采取转化为其他罪名追究单位犯罪的刑事责任的做法，不失为一种灵活的补救方法，但是，还是存在很多情况，并不像贷款诈骗、合同诈骗一样，可以在手段行为与目的行为之间进行罪名转化，如盗窃、杀人等。此时，如果将这些行为不作为犯罪处理，显然不合理。但是，由于我国刑法设计明显体现出了对单位犯罪相对自然人犯罪从宽处理的思想，因而，直接将这些行为定为自然人犯罪，追究自然人的刑事责任，比照自然人犯罪进行处罚，又可能显失公平。①

综合考虑，较为折中的办法是，将这些行为仍认定为相应的自然人犯罪，但是，在确立犯罪人刑事责任大小时，以罪责自负原则为指导，充分考虑行为人出于为单位谋利益的动机，对其刑罚处罚亦作从宽处理。如此，才能较好地实现法益保护原则与罪责自负原则的均衡。

### （四）小结

随着人类社会由野蛮向文明的不断演进，罪责自负原则历经滥觞、发展与勃兴的漫长历程，实现了刑事追责原则由团体责任向个人责任的华丽转身。在重视自由与个体权利之保障的今天，罪责自

---

① 例如，一些学者已经提出，对于单位犯罪中的某些雇工群体而言，因迫于生活而帮助单位从事犯罪活动，便可能成为整个犯罪过程中的直接责任人，此时，是否将犯罪认定为单位犯罪，会使行为人受到的刑罚悬殊。（参见谢望原、张小虎主编：《刑事政策报告》（第2辑），中国方正出版社2007年版，第125~138页。）

负原则更成为刑法的基石与不可撼动的基本原则，充分彰显出人类社会的进步与文明。然而，随着经济的发展与犯罪形式的复杂化，也出现了诸如单位犯罪等新情况，使得罪责自负原则的全面贯彻隐隐呈现出偏离迹象。而对于共同犯罪中犯罪人的分类及刑事责任的分担，也需要根据罪责自负原则对既有理论进行重新审视。刑法学者的任务之一，就是针对不断出现的新情况、新问题，努力使罪责自负及其他刑法基本原则从总论到具体罪名、从学理研究到司法实践都得以充分地贯彻。

# 第三章　犯罪论问题的断想

## 一、原因自由行为的内涵

“原因自由行为”（actio libera in causa）[①] 这一法理一直受到西方的刑事立法、司法及理论界的关注。在我国，该法理主要是围绕着醉酒犯罪来研究和规定原因自由行为的，近来也有不少学者直接就原因自由行为展开了论争。这里将对这一特殊归责形态作出简介，并对其中的相关问题谈谈自己的看法。

### （一）原因自由行为的缘起

“actio libera in causa”一词系拉丁文，在德语中该词直接借用了拉丁文，即“die actio libera in causa”，简写为“alic”。这一用语由来于德意志普通法时代，其理论是由克莱因施罗德（Klein-

① 对于“actio libera in causa”一词的译语及其性质界定，有学者进行了深入分析，参见冯军：《论“原因中自由的行为”》，载《刑事法之基础与界限——洪福增先生纪念专辑》，学林文化事业有限公司 2003 年版，第 326 页以下。对于将“actio libera in causa”一词译为“原因中自由的行为”的主张，笔者持有异议。“原因自由行为”一词非常精炼，在我国使用较为广泛，可以称之为约定俗成，不宜替换成“原因中自由的行为”，以避免术语的繁杂。而且，“原因自由行为”一词也可以表明“actio libera in causa”的内涵，不会造成理解的混乱。

schrod）在1794年创立的。早在17、18世纪的德意志普通法时代，就论及到这种理论所针对的行为是否具有可罚性的问题，当时有力的主张及法律规定都肯定其可罚性。[①] 1736年汉诺瓦（Hanover）之法律即有“酩酊之人于酒醉而仗设势实施暴行或其他犯罪时，无论其酩酊达于何种程度，皆不得持为辩解之理由。应与其在冷静状态下，依充分理性而实施相同犯罪者，同其处罚。”[②] 1751年的《巴伐利亚刑法》对原因自由行为所针对行为的可罚规定曾普及于德意志各邦。到19世纪40年代，为了贯彻“行为与责任同时存在”的原则，便出现了原因自由行为针对的行为不构成犯罪的主张，受萨维尼（Savigny）的影响，否定说成了占支配地位的见解。从1851年《普鲁士刑法》开始，对这种行为的可罚规定开始消失。1871年的《德国刑法》亦没有设立有关原因自由行为的规定。[③] 在1870年以后，主张处罚原因自由行为所针对行为的理论变得有力。而从理论研究来看，德国刑法学界在战后针对这一问题进行了精确的学术研究，著述颇丰。[④]

日本有关原因自由行为的理论可溯及到明治时代德国刑法学被介绍之初，即出现于学说之中，但日本刑法中并无对该理论的适用规定，只是在日本昭和三十六年改正刑法草案和昭和四十九年改正刑法草案中有所规定。当然，日本实务则是早已逐渐承认原因自由

---

① Vgl. W. Krause, Festschrift fuer Hellmuth Mayer, 1966, S. 305 ff.; Hans Claus Roxin, Lehrbuch des Strafrechts, Allgemeiner Teil, Band Ⅰ, 42006, § 20 Rn. 57.

② 参见陈友锋：《刑法上行为之存在界限》，载《刑事法学之思想与探索（甘添贵教授六秩祝寿论文集）》（第1卷），学林文化事业有限公司2002年版，第7页。

③ 参见张明楷著：《外国刑法纲要》，清华大学出版社1999年版，第104~105页。

④ Vgl. Hans Claus Roxin, Lehrbuch des Strafrechts, Allgemeiner Teil, Band Ⅰ, 42006, § 20 Rn. 57.

行为理论并加以运用。[①] 1974 年 9 月 29 日的日本改正刑法草案则对原因自由行为作了明确规定。

现在，德国、法国、意大利、瑞士、日本等大陆法系国家的刑法理论，都承认原因自由行为这一归责形态。[②] 英美法系虽然没有原因自由行为的术语，但他们对这一问题的讨论是放在醉酒中进行的。英美法系一直坚持“自愿性醉酒，不得抗辩”的原则，即行为人自陷于醉态且在醉态下有触犯刑法之行为，不得以行为时无完全责任能力作为抗辩事由。[③] 由此可以看出，英美法系虽然没有明确使用原因自由行为这一术语，但对这一理论应当是承认的，且在司法实践中也是得到实施的。

1912 年的《大清新刑律》第 12 条第 2 项规定：“前项之规定，于酗酒或精神病间断之行为，不适用之。”1928 年的民国“旧刑法典”第 32 条规定：“不得因酗酒而免除刑事责任，但酗酒非出于本意者，减轻本刑。”因此，此期间的判例对于原因自由行为所针对的情况也是肯定其可罚性的。由于认为原因自由行为“所针对之情形依法当然应予处罚，且视之为不待规定而自明之理”，1935 年的民国“刑法典”将旧法第 32 条之规定删去，这种体例在我国台湾地区延续至今。[④]

新中国成立后，1979 年《刑法》第 15 条第 3 款规定：“醉酒的人犯罪，应当负刑事责任。”1997 年刑法沿用了这一规定，在第

---

① 参见徐宗文：《原因自由行为立法例概述》，载《环球法律评论》2003 年第 2 期。

② 参见张明楷著：《外国刑法纲要》，清华大学出版社 1999 年版，第 104 页。

③ 参见［英］史密斯、霍根著：《英国刑法》，李贵方等译，法律出版社 2000 年版，第 250~251 页。

④ 参见陈友锋：《刑法上行为之存在界限》，载《刑事法学之思想与探索（甘添贵教授六秩祝寿论文集）》（第 1 卷），学林文化事业有限公司 2002 年版，第 8~9 页。

18条第4款作出了同样的表述，这就在刑事立法上确立了“醉酒人应当对其触犯刑事法律的危害行为负刑事责任”的原则。理论对于原因自由行为所针对情形的可罚性，也是持肯定态度的。虽然新近有对“原因自由行为”的介绍和研究，但是理论上的研究主要局限在醉酒犯罪的领域，总体而言对这一问题关注不够。① 而醉酒犯罪虽然是原因自由行为的主要和常见形态，但并不是其全部。这样，联系我国具体情况，在我国刑法学中对“原因自由行为”展开研究就显得迫切和必要。

### （二）原因自由行为在犯罪构成中的位置

从笔者所掌握的资料来看，德日刑法理论对于原因自由行为的叙述，在体系位置上通常有两种方式：一种方式是将其置于责任论中作为责任能力中的一种特殊归责形态予以叙述，采取此方式的有耶赛克、大谷实、野村稔、川端博诸教授；另一种方式是将其置于构成要件的实行行为中进行叙述，采取此种方式的有大塚仁教授。笔者揣测：采取第一种方式，主要是因为原因自由行为主要涉及的理论难题是其与“责任能力与实行行为同在”原则的冲突，主要是解决结果行为的责任的问题，置于责任论中论述也就顺理成章；而采取第二种方式，主要是考虑到在原因自由行为中必须要考虑和处理实行行为的问题，其理论所涉及的可罚性依据的种种学说大多就是在如何确立实行行为的问题上展开争论的。两种方式似乎都有其合理之处，但比较而言，笔者倾向于前者。因为，根据德日刑法

① 有论者认为，我国学者对这一问题的研究，主要表现在以下方面：其一，在一些专著中略有介绍；其二，在一些译著中稍有涉及；其三，在一些期刊论文中作专门研讨。参见何庆仁：《原因中自由的行为研究》，中国人民大学2003年硕士学位论文。很多时候虽未使用“原因自由行为”这一术语，但是对醉酒犯罪的研究实际上就是对“原因自由行为”所针对的主要和常见情形进行的研究。所以，评析我国刑法学界对“原因自由行为”的关注情况，醉酒犯罪的研究状况是不容忽视的。

理论，对原因自由行为的判定，难点主要是其与“责任能力与实行行为同在”原则有冲突之处，理论上的关注也主要是源于此。因此，将其置于责任论中进行论述于体系上似乎更合理。

原因自由行为的理论被引进我国刑法理论后，在体系上又应将其置于何位置呢？我国的犯罪构成学说不同于德日，采用平行的“四方面要件说”，即犯罪客体、犯罪客观方面、犯罪主体以及犯罪主观方面是对犯罪构成的平行描述，只有四个方面的要件均符合，方认为构成犯罪。而对于责任能力的叙述是在犯罪主体中进行的，因此，笔者认为，将原因自由行为理论置于犯罪主体中的责任能力部分，作为其中的一个特殊的归责形态进行叙述是科学的。

（三）原因自由行为的法理根基

如前所述，对于原因自由行为所针对情形的可罚性，历史上曾有否定说和肯定说两种针锋相对的主张。两说争论之激烈，在刑事立法和刑事司法中也有所反映。在当今，将原因自由行为这一原因设定时自由的行为视为可罚的行为已经被普遍接受，争议的问题是如何对这一结论进行法理论证。①

笔者以为，之所以肯定原因自由行为之法理所针对的情形具有可罚性，主要源于以下几点：

首先，原因自由行为所涉及的行为，仍然是由意思支配的可能的行动，可以认为是刑法上的行为。西原春夫教授认为：“所谓行为，指人的外部态度，如果在内容上详述之，指由意思支配可能的具有某种社会的意义的运动或静止。”② 据此，我们可以看出，构成刑法意义上的行为，必须具备意思支配的可能性和外部的态度这

① Vgl. Claus Roxin, Lehrbuch des Strafrechts, Allgemeiner Teil, Band Ⅰ, 42006, § 20 Rn. 56.

② 转引自马克昌著：《比较刑法原理》，武汉大学出版社 2002 年版，第 172 页。

两个要件。原因自由行为所针对的情形无疑是行为者的外部态度，问题是其是否具有意思支配的可能性。“人的行为受到因果法则的支配，但对因果法则的支配有选择的余地，并有选择的能力。而进行这种选择的，就是人的意思。行为不同于自然现象、反射运动，就在于它是由意思支配可能的态度。”① 由于行为一般是在一定时间幅度内实施的，所以在什么时间以后的行动，被认为是由意思支配可能的行为，就是一个问题。原因自由行为包含原因行为和结果行为。结果行为本身是不能由意思支配可能的。但是，用时间的节点考察，却又不能认为结果行为是完全支配不可能的行动。因为，在原因行为发生之时，行为人对结果行为的发生是能够预见的或明知的。质言之，在原因行为时行为人仍然存有选择因果演变的自由。因此，在这种情况下发生的结果行为就应当被认定为意思支配可能的行动，从而原因自由行为所针对的情形也就应当被认定为行为。认为原因自由行为所针对的情形是刑法上的行为，这为对这种行为进行非难提供了可能性。

其次，从法益的角度来看，原因自由行为所针对的情形易对一定的法益造成侵害或者危险。英国曾有人做过统计，“大约40%的暴力犯罪、78%的企图伤害罪、88%的刑事损害案都是行为人在酒精的影响下实施的”。② 原因自由行为之所以引起刑事立法和司法实践的关注以及理论界的争鸣，就在于此。刑法是一部“法益保护法”。因此，“无法益保护，就无刑法，换言之：倘无法益受到侵害或危险，则无刑罚的必要性”。③ 肯定原因自由行为所针对的

① 马克昌著：《比较刑法原理》，武汉大学出版社2002年版，第172页。

② ［英］迈克尔·杰斐逊著：《刑法》（英文版），法律出版社2003年版，第297页。

③ 转引自张明楷著：《法益初论》，中国政法大学出版社2003年版，第3页。

情形的可罚性，就是为了保护法益。

最后，从国民的情感来看，也有必要确立原因自由行为所针对的情形的可罚性。原因自由行为的结果行为虽然是在心神丧失或者心神耗弱状态下实施的，仍然为一般国民所不容。因此，对于这种行为不加处罚，就会背离一般国民的法感情。

正是因为认识到了以上几点，现在在世界各国，无论是理论界还是实务界，对于原因自由行为所针对情形的可罚性已经没有异议。现在的问题是如何解决“原因自由行为”与“责任能力与实行行为同在”原则之间的矛盾，也就是如何论证该法理所针对的情形具有完全的可罚性。

围绕这一点，刑法学者提出了种种学说，以例外模式和构成要件模式为主要学说，其他还有规范责任论、意思决定论和立法例外说。① 限于篇幅，下文只述及例外模式和构成要件模式。

1. 例外模式

其见解认为，“原因自由行为”所针对情形之处罚，是根据自然法对刑法关于责任能力之规定的“目的性限缩”，是适用例外。这种学说被认为是一种凭空之虚拟，且与刑法罪责原则及罪刑法定原则不相容。② 对此，德国联邦法院也明确指出：“例外模式同刑法典第20条的明文规定的在‘实施行为时’必须具备责任能力不相一致。”③ 因此，尽管十分简便，但例外模式仍然是经不起推敲的。

---

① Vgl. Schmidhaeuser, Die actio libera in causa: ein symptomatisches Problem der deutschen Strafrechtswissenschaft, 1992, S. 9 ff.；陈友锋：《刑法上行为之存在界限》，载《刑事法学之思想与探索（甘添贵教授六秩祝寿论文集）》（第1卷），学林文化事业有限公司2002年版，第10页以下。

② 参见柯耀程：《刑法“原因自由行为”可罚性问题探讨》，载《现代刑事法与刑事责任》，国际刑法学会“中华民国”分会、财团法人刑事法杂志社基金会1996年发行，第386页。

③ BGHSt 42, 241.

2. 构成要件模式

此模式为德国学理界及实务界普遍采用，但在认定构成要件的问题上，各说间仍然存有异见。

第一，前置理论。其认为要确立“原因自由行为的可罚性，应将行为认定点提前至自陷行为，视自陷行为为后行为之导因，而将该导因行为认定为构成要件事实之实现”。此学说之基础建立在因果论之上，且可罚性认定虽在其前行为，但却依据后发生之构成要件该当之不法行为处罚，前后有矛盾之处。①

第二，扩张模式。其认为如果对于无责任能力规定进一步扩张解释，则同时性原则要求之行为时的责任能力，应涵盖到构成要件前之自陷行为。这种模式在理论上存在重大问题。责任能力不仅是正确认识行为的能力，而且是正确控制行为的能力。而扩张模式仅仅注意到辨认能力，忽视了关于责任能力之控制行动能力方面的问题。②

第三，间接正犯类似说。在该模式之下，行为人将自己作为无责任能力的工具加以利用，因而与间接正犯具有类似性。③ 此说用整体的观点看待现行行为与结果行为，在原因自由行为所针对的情形中，行为人“自己陷入无责任能力的状态，当原因行为中包含着在该状态下实现一定犯罪的现实危险性时，就可以认为原因行为时实行行为”。④ 在德国帝国法院的判决之中，就已经采纳了这种

---

① 参见柯耀程：《刑法“原因自由行为”可罚性问题探讨》，载《现代刑事法与刑事责任》，国际刑法学会“中华民国”分会、财团法人刑事法杂志社基金会 1996 年发行，第 387 页。

② 洪福增：《论原因上之自由行为》，载《刑事法杂志》第 21 卷第 4 期。

③ Vgl. Strafgesetzbuch，Muenchener Kommentar，2003，S. 791 f.

④ ［日］大塚仁著：《刑法概说（总论）》，冯军译，中国人民大学出版社 2003 年版，第 152 页。

理论。[1] 而在日本，此说为刑法学界的通说。

（四）原因自由行为的适用范围

德国学者耶赛克认为：“原因自由行为是指行为人在具有责任能力的状态下决意或者在该状态下至少能够预见，但在丧失行为能力或者完全责任能力时才实现的行为。”[2] 日本学者大塚仁认为：“利用行为人自己缺乏责任能力的状态即心神丧失状态实施了实行行为的场合，称为原因中的自由行为。”[3] 大谷实认为：“所谓原因自由行为，是实行行为即便是在心神丧失或者心神耗弱状态下实施的场合，该心神丧失等是行为人在有责任能力状态下的行为说所造成的时候，对该实行行为必须追究完全责任的法理。”[4] 野村稔认为：“基于原因的无意志行为的理论是指行为者在实施违法行为时即使处于无责任能力或限定责任能力的状态下，如果引起该状态的原因行为发生的时候具有完全的责任能力的话，就该行为可以追究他的完全责任的理论。”[5]

从以上德日学者对原因自由行为的定义，我们可以看出，主要的区别在于对其适用范围的看法有分歧。申言之，对于原因自由行为的法理可否适用于精神耗弱状态下的行为，德日刑法学界有否定说和肯定说。在日本，否定说曾是通说。这是因为通说类推适用间接正犯理论，行为人为了使自己成为间接正犯所利用之单纯工具，

---

① RGSt 22，413.

② Hans-Heinrich Jescheck und Thomas Weigend，Lehrbuch des Strafrechts，Allgemeiner Teil，51996，S. 446.

③ ［日］大塚仁著：《刑法概说（总论）》，冯军译，中国人民大学出版社 2003 年版，第 148 页。

④ ［日］大谷实著：《刑法总论》，黎宏译，法律出版社 2003 年版，第 247 页。

⑤ ［日］野村稔著：《刑法总论》，全理其、何力译，法律出版社 2001 年版，第 294 页。

必须使自己陷入全然无辨别能力的状态。[1] 而心神耗弱者是有可能改变主意的人，不可能成为单纯的工具。

但是，不少见解认为原因自由行为也适用于心神耗弱状态。“其论据是，想在心神丧失状态实施犯罪而饮酒处于酩酊大醉状态的人，陷入心神丧失而实现了犯罪时，根据原因中的自由行为理论，对该犯罪要适用全部的刑罚，而在未至心神丧失的心神耗弱状态实现了犯罪时，实际上实现犯罪的盖然性更大，如果认为它不属于原因中的自由行为的范围，就会产生要根据刑法第 39 条第 2 项反而减轻其刑的不均衡。”[2] 川端博教授还指出：“如果贯彻通说之理论，行为人为了让自己在无责任能力状态下，实现一定之违法行为，而从事原因设定行为，但是在陷于无责任能力状态之前的限制责任能力状态下实现该违法行为的场合，一方面，在原因设定行为终了的同时只成立一个实行行为，另一方面，对于在限制责任能力状态下所实现之违法行为，则必须评价为限制责任能力人之行为，独自成立一个个别的实行行为，如此一来，基于一个犯意所产生之社会现象，竟然被认为成立两个个别之实行行为，其不合理之处至为明显。”[3] 在日本，大谷实、西原春夫等许多学者现在都主张肯定说，包括历来采用否定说的大塚仁教授；日本最高法院对行为人以醉酒驾驶的意思而饮酒酩酊后，在心神耗弱状态驾驶了汽车的案

① ［日］川端博著：《刑法总论二十五讲》，甘添贵监译，中国政法大学出版社 2003 年版，第 235 页。

② ［日］大塚仁著：《刑法概说（总论）》，冯军译，中国人民大学出版社 2003 年版，第 150 页。

③ ［日］川端博著：《刑法总论二十五讲》，甘添贵监译，中国政法大学出版社 2003 年版，第 235~236 页。

件，也适用了原因自由行为之法理。[①]

因此，原因自由行为能够适用于故意犯的场合、过失犯的场合以及限制责任能力、无责任能力的场合。但是，原因自由行为被引进我国后，有论者对其适用范围提出了新的看法。现评述如下：

1. 原因自由行为是否适用于一切达到刑事责任年龄、具有刑事责任能力的自然人

有论者认为，以下两类人不应成为原因自由行为之适格主体：一类为负有业务、职务义务之人，另一类为有特殊身体素质之人（“特殊身体素质”指一陷入到无责任能力状态中，就必对他人实施暴力侵害行为的素质）。“因为上述两类人之行为，皆可在现行刑法中找到合理的根据，故不必牵强附会、南辕北辙地套用原因自由行为。”[②] 笔者承认在现行刑法中可以找到对这两类人的处罚规定，可是我们凭借什么对在无责任能力的状态下实施的行为进行处罚、对在限制责任能力的状态下实施的行为不依照刑法从轻或减轻处罚呢？这样的行为与不负刑事责任的行为的不同之处何在？处罚它们是否意味着与“责任能力与行为同在”的原则相矛盾呢？显然，这些疑问都需要用原因自由行为之理论来解释说明。

2. 原因自由行为能否适用于不作为犯罪的场合

有论者认为，“不仅故意不作为犯，而且过失不作为犯都是应

---

① 虽然对于饮酒酗酒陷于精神状态而引起业务上过失至伤罪之事实，曾有判例适用原因自由行为之法理，但是判例将原因自由行为之法理适用于心神耗弱往往限于饮酒以致酗酒开车的场合。对此，日本学者认为“实有检讨之必要”。而在德国，判例与学说均认为精神耗弱之场合可以适用原因自由行为之法理。参见吴英哲：《日本实务上适用“原因自由行为”理论之实态》，载《辅仁法学》第13期。

② 齐文远、刘代华：《论原因上自由行为》，载《法学家》1998年第4期。

该排除在原因中的自由行为之外的”。① 因为“在不作为期间，虽然行为人没有身体举动，但本身却是一个犯罪行为，独立构成一个完整之罪，不存在原因自由行为的诸多困境”。可是，笔者的疑惑是，在实施不作为犯罪即结果行为期间，行为人是处于无责任能力或限制责任能力状态的，舍弃对原因行为的考察，怎么能够判定结果行为能够独立构成完整之罪呢？根据大陆法系的刑法理论，在构成要件的该当性和违法性的判断阶段，尚可以不考虑责任能力，可以说结果行为符合构成要件的该当性并具有违法性，但是在有责性的判断阶段仍然需要借助原因自由行为理论方能说明其行为的有责性。根据我国刑法理论，犯罪构成要件必须都具备，才能认定一个行为构成完整之罪。这样，欠缺责任能力的结果行为又是如何构成完整之罪的呢？因此，舍弃原因自由行为之法理，仅仅依靠不作为犯理论，是无法判定不作为行为能否构成犯罪的。

3. 原因自由行为是否适用于故意的状况

对此，我国理论界的看法莫衷一是：有论者认为原因自由行为所涉及的犯罪的主观方面应当排除由故意，有论者认为应当排除直接故意，等等。笔者认为，原因自由行为适用于包括直接故意在内的故意状况。

首先，对过失构成的原因自由行为，尚且要对行为人加以处罚；而行为人故意实施了此种行为，主观恶性更大，反而不加以处罚，这样有违刑法之公正。要处罚这样的行为，不认定为原因自由行为从而加以处罚，那又该怎么处理呢？

其次，否定直接故意说的论据是不能成立的。①否定直接故意说的论据之一是认为原因设定前后行为人的心理联系断绝，精神上的统一结构遭到了破坏，所以不可能达到其犯罪目的。如果达到其目的，只能证明其原因设定行为前后的心理联系并未断绝，行为人

① 何庆仁：《原因自由行为理论的困境与诠释》，载《中国刑事法杂志》2002 年第 2 期。

未丧失责任能力，对此以直接故意犯罪处罚即可。[①] 这种见解是不科学的。例如，行为人为了泄愤报复，意图造成重大火车事故，故意在该扳道的时间之前大量饮酒，从而使自己处于醉酒后的昏睡状态，结果由于没有及时扳道造成了重大火车事故。在本案例中，行为人达到了其原因行为设定前的目的，虽然结果行为发生时行为人是处于无责任能力状态的，但这并不意味着行为人心理联系的断绝。对行为人也不能因为发生了危害结果就对其以直接故意加以处罚，而对原因行为不加以考虑，这无异于严格责任，为我国理论界所不采。②论据之二是认为原因自由行为所涉及的犯罪都是结果犯，而结果犯都以特定的危害结果发生为要件，而对于直接故意犯罪而言，其行为性质与结果性质是统一的，其结果也是特定的，只要行为人主观上有犯罪的直接故意，客观上有相应的行为，即构成特定的故意犯罪，危害结果的发生与否不影响定罪。[②] 笔者认为，这是对原因自由行为之理论的误解。只有原因行为而没有发生结果行为，自然不构成原因自由行为所针对的情形。原因自由行为这一归责形态必须要有结果行为的发生方能适用，而不是结果的发生。行为人出于杀人的目的而喝酒，结果陷入昏睡状态而未能实施杀人的结果行为，通常不认为构成故意杀人罪，这是因为该喝酒行为尚未达到成立未遂所必需的实行行为阶段。但是如果进入了实行行为阶段，虽未发生危害结果，也是可以认定为未遂的。事实上，原因自由行为所针对的情形可以是包括结果犯在内的各种类型的犯罪。因此，推导出原因自由行为所涉及的犯罪都是结果犯的观点是不能成立的，而以此进行的推导出原因自由行为不能适用于直接故意的情形的结论则更是荒谬。

---

① 参见于改之：《论外国刑法中的原因自由行为》，载《山东大学学报（哲学社会科学版）》2000 年第 2 期。

② 参见于改之：《论外国刑法中的原因自由行为》，载《山东大学学报（哲学社会科学版）》2000 年第 2 期。

由于大多数论者均未排除间接故意，故在此不再赘述。由上我们可以得知，原因自由行为的主观方面可以是故意。

### （五）原因自由行为所针对的具体情形

如前所述，原因自由行为可以适用于能够适用于故意犯的场合、过失犯的场合以及心神丧失、心神耗弱的场合。对于原因自由行为之法理所针对的情形，根据行为人对原因行为和结果行为的主观要件的关系，可以分为故意犯罪类型和过失犯罪类型；按照行为人所自陷精神状态之缺陷究竟达于何种程度，可以分为自陷无责任能力类型和自陷限制责任能力类型；根据结果行为的行为类型，可以分为作为犯类型和不作为犯类型。下文对故意犯罪类型和过失犯罪类型作一简介。

在针对原因行为的主观要件的分析上，学界未见分歧。但是，对于结果行为的主观要件，学界看法有异：一种观点认为，行为人具有实现构成要件的故意或过失，是指行为人在实施结果行为时存在构成要件的故意或过失；① 另一种观点则认为，行为人必须具有实施具体构成要件的故意，是指行为人在实施原因行为时对实现的具体构成要件具有故意，而不是指行为人在实施结果行为时对实现的具体构成要件具有故意或过失。②

根据一般的刑法学原理，处于无责任能力状态之下的行为难以

---

① 参见许泽天：《原因自由行为理论之研究》，载《刑事法杂志》第 37 卷第 5 期；柯耀程：《刑法“原因自由行为”可罚性问题探讨》，载《现代刑事法与刑事责任》（蔡教授墩铭先生六秩晋五寿诞祝寿论文集），国际刑法学会“中华民国”分会、财团法人刑事法杂志社基金会 1997 年发行，第 384~385 页。

② Vgl. Hans - Heinrich Jescheck und Thomas Weigend, Lehrbuch des Strafrechts, Allgemeiner Teil, 51996, S. 446 ff.；冯军：《论“原因中自由的行为”》，载《刑事法之基础与界限——洪福增先生纪念专辑》，学林文化事业有限公司 2003 年版，第 355 页以下。

被界定为刑法学意义上的行为，该状态下行为人的认识和意思决定能力也不具有刑法学上罪过的意义，是可以忽略不计的。因此，在原因自由行为所针对的情形中，认定行为人是否在实施结果行为时具有故意或过失，完全是没有意义的。故而，第二种观点是可取的。

这样，我们根据其主客观结构联系，可以将原因自由行为所针对的情形具体分为如下两种类型：

1. 故意犯罪类型

即行为人主观上对于其原因行为和在无责任能力或限制责任能力的状态下实现特定的犯罪构成要件的结果行为均有故意。换言之，对于引起无责任能力或者限制责任能力的状态以及在这种状态之下的行为持有“双重故意”（Doppelvorsatz）。[①]

2. 过失犯罪类型

根据其主观结构的不同，可以分为三类：

第一，行为人对原因行为是故意，并对特定的犯罪构成要件的实现具有过失，结果在无责任能力或限制责任能力的状态下实现了特定的犯罪构成要件；

第二，行为人对前行为是过失，并对特定的犯罪构成要件的实现具有故意，结果在无责任能力或限制责任能力的状态下实现了特定的犯罪构成要件；

第三，行为人对前行为是过失，并对特定的犯罪构成要件的实现具有过失，结果在无责任能力或限制责任能力的状态下实现了特定的犯罪构成要件。

### （六）原因自由行为和完全昏醉罪的关系

与上述适用原因自由行为之法理的故意类型犯罪和过失类型犯罪不同，存在一种与它们有紧密联系的独立犯罪，这就是《德国

① Vgl. Strafgesetzbuch，Leipziger Kommentar，12 2007，§20 Rn. 202.

刑法》第323条a项规定的“完全昏醉”罪。行为人实施了自陷行为以后，在无责任能力状况下实施了之前不具有故意或者过失的犯罪行为，不符合原因自由行为的构成要件，无法依此追究行为人的刑事责任。因此，为了解决因原因自由行为和其他理论不能适用而不加以处罚为国民法感情所不容的行为，从刑事政策的角度出发，对自陷后在无责任能力状态下实施了犯罪行为的情形，在立法上作出特别规定是必要的。[①]《德国刑法》于1933年在第330条a引入了完全昏醉罪的规定（自1934年1月1起生效）。经过后来的数次修改，最终形成了今天《德国刑法》第323条a的规定。[②]《德国刑法》第323条a规定：“（1）行为人故意地或过失地通过酒精饮料或者其他醉人的药物使自己陷入昏醉状态的，如果他在该状态中实施违法行为因为其处于昏醉而责任无能力或者未排除责任无能力而不能处罚的话，则处五年以下的自由刑或者罚金刑。（2）该刑罚不得重于对在昏醉状态中实施的行为所威吓的刑罚。（3）如果昏醉中的行为只有根据请求、授权或者刑罚要求才能予以追究的话，则该行为也只有根据请求、授权或者刑罚要求才予追究。”

对于原因自由行为和完全昏醉罪之间的关系，德国联邦法院的判决予以了关注。[③] 综观联邦法院的判决，结合相关理论著述，二者之间的关系可以概括如下：

完全昏醉罪的构成要件有别于原因自由行为所针对的情形，在对自陷行为的主观态度上，二者都可以是故意或者过失，但是二者在对特定的犯罪构成要件的主观态度这一点上是不一样的。在完全昏醉罪中，行为人对其在无责任能力的状态下实现特定的犯罪构成要件并不具有故意或过失，只是预见或者应当预见将在无责任能力状态中实施一种不确定的危险行为，结果在该状态下实现了某种构

① Vgl. Kruempelmann，ZStW 99（1987），191 ff.

② Vgl. Strafgesetzbuch，Leipziger Kommentar，11 2005，§ 323 a.

③ BGHSt 2，17；BGHSt 17，333；BGHSt 42，241.

成要件。区分完全昏醉罪同原因自由行为的关键在于，行为人对于后续的结果是否负有故意或者过失。[①] 总之，二者是相互排斥的，只有在不能适用原因自由行为之法理的场合，才存在适用完全昏醉罪的可能。

需要注意的是，二者之间存在观念竞合的情形（Idealkonkurrenz）。如果行为人在昏醉状态中实施了一个不同于理性状态所针对的行为，存在原因自由行为同完全昏醉罪之间的观念竞合。例如，行为人为了对甲实施伤害行为而通过大量饮酒陷入无责任能力的状态，结果在无责任能力状态之下实施了对乙的伤害行为，则行为人的行为构成了故意伤害行为同完全昏醉罪之间的观念竞合。同样，在过失原因自由行为的场合，如果行为人在无责任能力的状态下实施的行为并非其在原因自由行为阶段负有过失的行为，则同样构成原因自由行为同完全昏醉罪之间的观念竞合。例如，行为人开车赴宴，席间饮用大量酒致无责任能力状态，结果弃车步行回家，结果却在路上发生了重伤他人的事件，则行为人的行为构成过失致人重伤罪和完全昏醉罪之间的观念竞合。

### （七）原因自由行为在我国刑法中的完善建言

反观我国《刑法》第 18 条第 4 款“醉酒的人犯罪，应当负刑事责任”的规定，可以看到，对于醉酒犯罪以外的原因自由行为所针对的情形在法律上没有规定。虽然，在法治条件比较发达的国家，可以由刑事法官结合具体案件的具体情况通过法律解释来适用原因自由行为这一法理，但是，在中国目前的法治状况下，这只是一个次优的解决方案。这种解决方案会带来以下弊端：

第一，在法治比较发达的国家，由于法官的素质较高，将原因自由行为之法理交由法官在司法中通过法律解释来解决，不失为一

① Vgl. Schoenke/Schroeder, Strafgesetzbuch, Kommentar, 26. Aufl. 2001, S. 2465.

个好办法。对于刑法的简洁，不无裨益。但是，在中国这样一个法治刚刚起步，法官素质相对不高的国家，这样解决问题是对刑事法官的过高期望。即使在德国，联邦法院刑事大法庭新近的判决也就是否应遵循原因自由行为之法理表现出不一样的态度，从而导致了对这一问题的激烈论争。

第二，对于原因自由行为所针对的情形，“有无明文规定，其皆有处罚之依据，不过明文规定则可以止纷争，亦未尝不失可行”。[①] 虽然当下已经没有刑法学者否认原因自由行为所针对情形的可罚性，但是围绕着这一法理的争论仍然不断。在这样的背景下，在立法上不作出提示性条款，自然是不利于在刑事司法中对这一问题的正确处理的。

第三，如果对现有法律不作修改，按照罪刑法定原则，就无法对完全昏醉的行为追究刑事责任，这会产生许多不妥。因此，较好的办法就是作出新的法律规定，以弥补这一个法律漏洞。

因此，最优的解决方案是在刑法总则中对原因自由行为作出规定，在分则中对完全昏醉罪作出规定。

拟将《刑法》第 18 条第 4 款的规定作如下修改：

“行为人故意或者过失地自我陷入无责任能力或者限制责任能力的状态，且对在该状态下实施的危害行为具有故意或者过失时，应当追究行为人相应的故意犯罪或者过失犯罪的刑事责任。”

拟在危害公共安全罪中的第 133 条后增加第 133 条之一：[②]

“故意或者过失使自己陷于无责任能力状态，并在该状态下实施了本法分则条文所规定的危害行为的，对该行为又不能依据本法

---

① 靳宗立：《原因自由行为理论之内涵及适用范围之探讨》，载《刑事法杂志》第 37 卷第 5 期。

② 由于完全昏醉罪具有实现不特定犯罪行为的一般危险性，所以应当像德国刑法典一样将其设置于危害公共安全罪一章。考虑到我国危害公共安全罪一章内的具体情况，笔者以为设置在第 133 条是比较妥当的。

第十八条第四款进行处罚的，处三年以下有期徒刑、拘役或者罚金；情节特别恶劣的，处三年以上七年以下有期徒刑，并处罚金。

对第二款罪的处罚不得重于在无责任能力状态下实施的危害行为的法定刑。

第一款中的特定犯罪行为告诉才处理的，第一款罪也为告诉才处理。”

## 二、法人犯罪：以中法两国为视界

在世界范围内，自工业革命以来，法人开始在社会生活中发挥日益重要的作用。正如英国学者加里·斯莱普尔（Gary Slapper）所言：“公司成为非常重要的社会角色。事实上，我们的衣食住行、工作和生活所需要的一切莫不是由为公司所工作的人来设计、生产的。”[①] 因此，在工业化较早的英国，人们很早就注意到了法人可能实施的违法行为以及由此导致的危害后果，并于1842年出现了第一个法人负刑事责任的判例。[②] 在当代，英美法系国家普遍认可法人的刑事责任，一般认为这同他们的实用主义哲学密切相关。中国亦在1987年的《海关法》中首开对单位犯罪（法人犯罪在我国被称为单位犯罪，但两者是有区别的，下文将详述之。为了论述方便，这里采取学界的一般做法，如无特指则两者通用）作出刑法反应之先河。此后，关于单位犯罪的立法大有覆水难收之势。至1997年刑法修订之前，中国已在12部单行刑法和3部非刑事法律中分别作出了有关单位犯罪的规定，单位犯罪的罪名据不完全统计有70个左右，约占全部罪名的1/3。受其影响，在1997年10月1日生效的刑法中，采用大量条文规定了上百种单位犯罪。但由于受立法经验不足、技术不成熟以及中国经济体制转轨过程中

---

① （1994）“Corporate Punishment”，144 New Law Journal，29.

② Birmingham & Gloucester Railway Co.（1842）3 Q. B. 223.

具体经济关系错综复杂等因素的影响，中国的单位犯罪制度存在诸多的弊端与缺陷。因此，借鉴其他国家的法人犯罪制度，取长补短，无疑对完善中国的单位犯罪之刑事法治具有莫大的裨益。众所周知，受历史等因素的影响，我国法律具有浓厚的大陆法系色彩，为典型的成文法国家。因此，在借鉴英美法系实践经验的基础上，如能从大陆法系直接吸收成功的立法例，其积极意义自不待言。但大多数大陆法系国家受传统的古拉丁语格言“societas delinguere non potest”（即社团不能犯罪）的影响，或者不承认法人能成为犯罪的主体，或者仅在刑法典之外的特别刑法或附属刑法中作分散的规定。然而，作为大陆法系国家主要代表之一的法国，却在 1994 年 3 月 1 日生效的新刑法中率先规定了法人可以成为犯罪的主体,[①] 更在 2004 年 3 月 9 日通过的刑法修正案中将法人的刑事责任扩展到所有自然人可构成的罪名中，这种与大陆法系之刑法立法传统大相径庭的做法也在大陆法系国家中产生了很大的影响。因此，对中法两国相近的法人犯罪制度进行比较研究，也具有重要的意义。审视中法两国关于法人犯罪的立法，可以看出法国的规定较为详细，可操作性较强，有诸多地方值得中国借鉴，但中国的立法亦不乏较法国立法有更可取之处。因此，本着相互借鉴、取长补短之精神，这里对中法两国的相关规定进行比较，以期对中国法人犯罪制度的完善有所帮助。

### （一）立法概况和立法模式之比较研究

#### 1. 法国法人犯罪之立法概况

如前所述，早在法国 1670 年的刑事法令（即 Ordonnance Criminelle）中便已有采用刑事手段惩治组织体的规定，“城市、城镇和村庄因触犯叛乱、暴力或其他罪名而受到审判”，继而规定了对上

---

① 事实上，在法国 1670 年的刑事法令中已出现了惩治组织体犯罪的规定，较英国尤早。但一般认为当时的刑事法律同现代刑法有很大区别。

述主体进行审判的程序和具体的处罚措施：罚金、剥夺特权和推倒建筑物。[①] 这是法国有资料可寻的最早关于处罚组织体的规定。然而，该规定及其所体现的原则因受到大革命时期强烈的个人主义的影响而被废除。因此，在稍后的 1810 年拿破仑刑法典中没有关于法人犯罪的规定。另外，也有学者认为这是由于法国大革命几乎取消了所有的法人，法典的起草者因而没有对法人的刑事责任给予关注。[②] 此后，法国在司法实践中对法人采取仅仅追究民事责任而不追究刑事责任的原则。所以，刑法理论上一般也认为，法人不得因其经营管理人或领导人实行的犯罪而受到追诉与惩处，应追究的只是法人的代表或法人机关的个人刑事责任。

然而，进入 20 世纪之后，在法国也开始出现了例外地追究法人刑事责任的规定。例如，在 1945 年 5 月 5 日的法令中规定了新闻企业在战争期间同敌人进行合作的刑事责任；在 1976 年 12 月 6 日颁布的《劳动法》第 263-3-1 条规定，企业在严重并反复违反有关安全、卫生等法规的情况下出现工伤事故时，应负刑事责任并应制订安全计划。另外，还有一些有关法人负刑事责任但仅对其领导人个人判处罚金的规定，但一般认为这实际上追究的仅仅是法人的民事责任而已。随着经济和社会的发展，在刑法中规定法人刑事责任的呼声越来越高。早在 1932 年，法典起草委员会就在其改革方案中建议在法国刑法中增加法人刑事责任的规定。其后，法国 1978 年《刑法典草案》在其第 38 条规定：任何从事商业、工业或金融业活动的组织，对其机构以其名义并为其利益而故意触犯的轻

① HIDALGO, R., SALOMON, G. et MORVAN, P. (1994), Entreprise et responsapilité pénale , LGDJ, PARIS, 11.

② GUILLAUME KRAFFT, (1998), Corporate Criminal Liability For Manslaughter In France And In England And Wales, Dissertation as part of Master of Laws Degree in International Criminal Law, University of Sussex.

罪负刑事责任。[1] 稍后，1983 年《刑法典草案》对该条作了改动，规定任何法人，包括社团和工会，都可以对任何罪行负刑事责任，如果法律明确规定了该种法人刑事责任的话。再之后，1986 年的草案仅仅对 1983 年的草案作了很小的变动，将公法人和公法人集团排除出法人犯罪的主体范围。[2] 议会在进行了热烈的讨论后，最终在 1992 年通过并于 1994 年起生效的刑法即新刑法第 121-2 条中作出了如下规定：

"除国家外的法人，根据第 121-4 至 121-7 条规定的不同情况以及在法律和条例规定的情况下，对其机关或代表为其利益所实施的犯罪行为承担刑事责任。

但地方行政机构及其集团仅对其在从事公务转让协议范围内的活动的过程中的犯罪行为负刑事责任。

法人的刑事责任不排除同一犯罪事实中自然人主犯和共犯的刑事责任。"[3]

法国新刑法第 121-3 条至 121-7 条分别规定了犯罪的成立条件、犯罪的主观方面和共同犯罪等问题，为法人犯罪的具体构成作出了规定。其中 121-2 条第 3 段和 121-3 条分别于 2000 年和 1996 年的刑法修正案中进行了一定程度的修改，从而又带来法人犯罪具体认定上的一些变化，拟在下文详述之。

在法人犯罪的构成范围上，从法国新刑法 1994 年生效至今，大致经历了三个阶段。通过分析这三个阶段，可以大致看出当代法国刑法有关法人犯罪及其立法模式的发展趋势。

---

① GUERIN, D, (1996), op cit, 4.

② 同上。

③ 本条第 3 款于 2000 年 6 月 10 日在第 2000-647 号法令中作出修改，增加"根据 121-3 条第四段之规定"，而该规定的主要内容是自然人之行为在没有直接导致危害结果发生，但造成了使结果发生的危险状态时，由于没有采取积极措施避免危险结果发生从而导致严重后果时该自然人应负刑事责任。

第一阶段：1994 年 3 月 1 日至 2001 年 6 月 11 日。如前所述，法国新刑法第 121-2 条第 1 款规定，法人只有在“法律和条例规定的情况下”才负刑事责任，采取了总则与分则相结合的方式，也即法人的行为只有在有分则条文特殊规定的情况下才能构成犯罪，这在法国被称为“特定”原则。① 主要集中在以下方面：②

第二章侵犯人身权利的重罪和轻罪，有反人类之重罪、杀人罪、非法医疗试验罪、歧视罪、介绍卖淫罪、诽谤罪、破坏家庭罪、非故意暴力行为罪、伤害人之身体罪、损害他人形象罪等；

第三章侵犯财产罪之重罪和轻罪，其中几乎所有的罪名都可以由法人构成，如盗窃罪、滥用他人信任罪、窝藏赃物罪和破坏财产财物罪等；

第四章侵犯民族、国家和公共和平的重罪和轻罪，有恐怖活动罪、建立武装小团体罪、伪造货币罪、伪造公共权力机关发放的证书罪和伪造权力机关印章罪等；

第五章其他重罪和轻罪中的违反生物医学和伦理标准罪；

第六章违警罪中涉及与前几章相关的许多罪名，如过失侵犯人身罪、传播有损名誉的信息罪、非公共场合下挑衅以引起歧视、仇恨和种族主义暴行罪、违反特定动产的买卖或交换之规定罪、以通信方式强迫交易罪、丢弃无主交通工具罪、违反有关在公共场合从事职业的法令罪等。

可以看出，法国新刑法在许多罪名中都规定了法人的刑事责任。在之后的一些刑事法令中又陆续增加了个别法人犯罪的罪名，如 1996 年在刑事法令第 96-392 号中增加法人洗钱罪、1998 年在刑事法令第 98-468 号中增加法人采用非暴力手段同 15 岁以下未成

---

① 即法国教科书中的 le principe de specialité，参见 Frédéric Desportes et Francis Le Gunehec，《Droit pénal général》，Dixième édition，ECONOMICA，2003，P. 550。

② 同上，PP. 551-556.

年人发生性关系罪和2000年在刑事法令第2000-595号中增加法人贪污罪等，但总体来讲变化不大。

第二阶段：2001年6月12至2004年3月8日。法国于2001年6月12日通过的第2001-504号刑事法令大大扩大了法人负刑事责任的范围，该法令的主要目的是惩处宗教团体的不法行为，[①] 罪名主要集中在第二章，如以酷刑或残忍的手段、暴力或威胁的方式故意损害人的尊严的犯罪；强奸和性侵犯罪；以积极或消极手段阻挠解救被非法拘禁人罪；教唆自杀罪；利用欺诈手段使他人陷于无知或衰弱状态罪；损害死者尊严罪和遗弃家庭罪；违反教育义务罪等。另外，该刑事法令还对一些非刑法规定的犯罪增加了刑事责任，这在下面进行论述。

根据法国的刑事法律体系，在刑法之外的许多非刑事法典中附设了有关犯罪和刑罚的条文，其中规定有法人刑事责任的条文如下：《保险法》第310-27条；《民用航空器法》第324-1条、第741-3条；《地方行政机构法》第2223-36条、第1611-14条；《商业法》第310-6条、第321-15条、第441-5条、第442-3条、第443-3条和第626-7条；《消费法》第213-6条、第121-72条；《建筑和住宅法》第111-6-1条、第511-6条、第521-4条、第642-28条和第R. 133-2条；《饮料零售法》第8-2条；《河流的公共领域和内河航行法》第209条；《环境法》第216-12条、第218-25条、第218-57条、第218-70条、第218-80条、第226-10条、第437-23条、第514-18条和第514-47条；《军事正义法》第476-13条；《矿产开采法》第143条；《财政金融法》第465-3条、第571-1条和第573-7条；《邮电法》第65条、第R. 20-30-2条；《知识产权法》第335-8条、第343-2条、第521-5条和第716-11-2条；《公路法》第213-6条；《乡镇法》第215-10条、第215-11条、第215-12条、第237-1条、第251-20

① JCN Pénal - version 1/2004, Art. 121-2, 83-87.

条、第251-21条和第253-17条；新《健康法》第4161-6条、第1336-4条、第5431-4条、第5451-3条和第R.48-6条；《劳动法》第152-3-1条、第362-6条和第364-10条。

此外，许多单行法令中也规定有法人犯罪，涉及方方面面的罪名，如1945年11月2日的刑事法令第45-2658号第21条规定了帮助他人入境并居住罪，1998年6月17日的刑事法令第98-486号第39规定了非法向未成年人出示某些文件罪，等等。[①]

综上所述，截至2004年3月8日，法国的法人犯罪所涉及的罪名已非常广泛，事实上，大多数犯罪行为均可由法人实施。

第三阶段：2004年3月9日通过的刑法修正案第2004-204号即《佩尔本法案》(《LOI PERBEN》Ⅱ)[②] 将法国新刑法第121-2条第1款中的“以及在法律和条例规定的情况下”取消，从而又给法人犯罪的成立范围带来了巨大的变化。因为根据原法律，法人只有在法律有明文规定的情况下才负刑事责任，没有明文规定则不负刑事责任，即须遵守前文所述之“特定”原则。尽管修正案出台前法人的刑事责任范围非常广泛，但毕竟还有不少罪名将法人排除在外。[③] 将法人负刑事责任的范围扩展到所有的罪名中，[④] 无论在刑事法的理论上还是在实践中都带来了巨大的影响。

2. 中国法人犯罪之立法概况

在中国，关于法人犯罪的发展也大致经历了三个阶段。

第一阶段：1949年至1987年《海关法》出台前。在新中国成

---

① JCN Pénal-version 1/2004, Art. 121-2, 91.

② 法国按照提案人的姓名来命名法律的修正案，由于此次提案人为佩尔本（PERBEN）先生，故称为《LOI PERBEN》，又由于这是第二个以PERBEN命名的修正案，故这里称为《LOI PERBEN》Ⅱ。

③ 这种情况在《劳动法》中和《社会保险法》中尤为明显。

④ 这里仍存在两个不适用法人刑事责任的例外：1881年7月29日法令第43条关于新闻自由的规定和1882年7月29日第82-652号法令第93-3条关于视听交流的规定。参见《LOI PERBEN》Ⅱ第55条。

立后相当长的一段时间内，刑法理论一般认为法人不能成为犯罪主体，原因主要是受计划经济的影响，在实践中以法人名义实施犯罪的情况较为少见，因而在法律中一直没有法人犯罪的规定。尽管在起草 1979 年刑法的过程中曾有人提出是否在刑法中规定法人犯罪的刑事责任的问题,[①] 但并没有为 1979 年刑法所采纳。1979 年刑法是伴随着我国经济体制改革和对外开放颁行的，在之后的几年中，随着经济的发展，法人的违法现象也日益增多并引起理论界和实务界的重视。开始有少数学者认为，中国在一些非刑事法律的附属刑法规范中规定了法人犯罪，即从立法上承认法人可以成为犯罪主体。还有学者认为 1979 年刑法承认了法人犯罪，如对于盗用商标等犯罪，刑法并不处罚作为犯罪实行者的法人本身，而将该法人的代表人以及其他积极参与法人犯罪的自然人作为“直接责任者”予以处罚，即采用了“转嫁罪”的方式。1986 年公布的《民法通则》第 110 条规定：“公民、法人的行为构成犯罪的，对公民、法人的法定代表人应当依法追究刑事责任。”该条文从民法的角度肯定了法人的犯罪能力，明确了法人的行为也构成犯罪，并且规定通过追究作为犯罪法人法定代表人的自然人的刑事责任来处罚法人。但通说认为，由于法律规定极其含糊，甚至有些法律只是规定要追究法人直接责任人员的刑事责任，而刑法中却根本无相应的罪刑规范可适用，再加上在司法实践中从未出现过追究法人刑事责任的情况，因而该期间的立法并未承认法人可以成为犯罪主体。

第二阶段：1987 年《海关法》出台至 1997 年刑法颁布。《海关法》第一次承认法人可成为犯罪主体，首开我国法人犯罪之先河。[②] 其后，立法机关为惩治日益严重的法人犯罪现象，在一系列

---

① 参见刘白笔、刘用生著：《经济刑法学》，群众出版社 1989 年版，第 108 页。

② 参见赵秉志著：《刑法改革问题研究》，中国法制出版社 1996 年版，第 165 页。

单行刑法和非刑事法律的附属刑法规范中，规定了数量众多的法人犯罪之罪刑规范。其中，规定法人犯罪的单行刑法主要有：1988年1月21日颁行的《关于惩治走私罪的补充规定》和《关于惩治贪污罪贿赂罪的补充规定》；1990年12月28日颁行的《关于禁毒的决定》和《关于惩治走私、制作、贩卖、传播淫秽物品的犯罪分子的决定》；1992年9月4日颁行的《关于惩治偷税抗税犯罪的补充规定》；1993年2月22日颁行的《关于惩治假冒注册商标犯罪的补充规定》；1993年7月2日颁行的《关于惩治生产、销售伪劣商品犯罪的决定》；1994年3月5日颁行的《关于严惩组织、运送他人偷越国（边）境犯罪的补充规定》；1994年7月5日颁行的《关于惩治侵犯著作权的犯罪的决定》；1995年2月28日颁行的《关于惩治违反公司法的犯罪的决定》；1995年6月30日颁行的《关于惩治破坏金融秩序犯罪的决定》；1995年10月30日颁行的《关于惩治虚开、伪造和非法出售增值税专用发票犯罪的决定》等共计12部法律，规定了62个罪名。规定法人犯罪的非刑事法律除1987年1月22日颁行的《海关法》外，还有1990年9月7日颁行的《铁路法》和1994年5月12日颁行的《对外贸易法》2部法律，共规定了3个罪名。

第三阶段：1997年刑法颁行至今。1997年3月14日，我国立法机关对原1979年刑法进行了全面、系统的修订，其中的一项重大改革，就是在新刑法中全面确立了惩治法人犯罪的刑法制度，于总则和分则中分别对法人犯罪的处罚问题作了较为全面、明确的规定。其主要内容是：

（1）关于总则规定。

我国1997年刑法于总则第二章（犯罪）第四节对单位（法人）犯罪的概念及处罚原则作了明确的规定。第30条规定了单位犯罪的概念，单位犯罪即法人犯罪的概念为："公司、企业、事业单位、机关、团体实施的危害社会的行为，法律规定为单位犯罪的，应当负刑事责任。"第31条规定了单位犯罪的处罚原则："单位犯罪的，对单位判处罚金，并对其直接负责的主管人员和其他直接责任人员判处刑罚。本法分则和其他法律另有规定的，依照规定。”

（2）关于分则规定。

我国 1997 年刑法分则对现实生活中发生的各种各样的法人犯罪作了尽可能全面的概括，将其分别规定于第二章危害公共安全罪，第三章破坏社会主义市场经济秩序罪，第四章侵犯公民人身权利、民主权利罪，第六章妨害社会管理秩序罪，第七章危害国防利益罪，第八章贪污贿赂罪和第九章渎职罪之中。新刑法颁行之初，分则中规定的涉及法人犯罪的条文有 96 个，罪名多达 121 个，占全部罪名的 29%。随后，最高立法机关通过单行刑法尤其是之后出台的 8 个刑法修正案逐步增加单位犯罪的罪名。概括起来，大部分单位犯罪的罪名都集中在破坏社会主义市场经济秩序罪和妨害社会管理秩序罪两章中，这也是由单位犯罪本身的性质所决定的。

3. 中法两国法人犯罪历史沿革与立法模式之比较

综上所述，我国刑法采取总则和分则相结合的方式对法人犯罪进行规定，同法国刑法修正案第 2004-204 号之前的方式相同，都为“特定”原则。但该修正案将“特定”原则取消，进而实行普遍原则，[①] 将法人刑事责任扩展到所有的罪名。那么，两种方式究竟孰优孰劣？

如前所述，从 1994 年法国刑法规定法人犯罪至今，法国的法人犯罪制度已经走过了 20 多年的时间，在这 20 多年中，立法一直以一种积极的姿态扩大法人负刑事责任的范围。尽管在《LOI PERBEN》Ⅱ出台前已将法人刑事责任纳入大部分罪名中，但立法部门仍然认为立法同司法需要之间存在“不协调一致的地方”，[②] 即立法不能满足实际的需要，应当进一步扩大法人犯罪的范围，而

① 为了研究方便，我们这里姑且这么称呼。

② Éditions Législatives/Actualités/Dossier 2004. 04. 05-1.

采取逐条增加的方法又显得太耗时费力，因此通过《LOI PERBEN》Ⅱ的出台一劳永逸地填补了这些“空白”。那么，这种将法人犯罪扩充到大多数罪名进而全部罪名的做法究竟效果如何？其科学性有多大？

事实上，无论在法国还是在中国，有关法人是否有犯罪能力即应否在立法中规定法人犯罪一直都有很大的争议，两国都存在法人犯罪否定说和法人犯罪肯定说两种截然不同的观点。

在中国，单位犯罪否定说认为：单位犯罪不符合我国社会主义性质和法律特征，不利于我国法人制度的健全和巩固；法人不具备犯罪的主观要件；追究法人刑事责任违背我国刑法中罪责自负的原则和适用刑罚的目的；追究法人刑事责任在刑罚适用上会出现一系列难题；国外的法人犯罪经验存在很多弊端和难题，不值得效仿；对法人判处的罚金可用行政罚款的手段来代替。而单位犯罪肯定论者则提出了针锋相对的观点：惩罚法人犯罪不但不违背我国法人的社会主义性质，还有利于法人制度的巩固和健全；违法和犯罪没有绝对界限，既然法人可以成为别的部门法的违法主体，就应当承认其也可以成为犯罪的主体；法人能够具备犯罪的主观要件，法人决策机关的决策就是法人意志的具体体现；追究法人刑事责任并不违背罪责自负的原则，只是一种特殊的罪责自负的原则而已；把法人作为犯罪主体，可以解决刑罚适用问题；外国立法例和刑法理论上关于法人刑事责任的规定和主张，可以为我国借鉴和参考；法人能够和应该作为犯罪主体的主张，有一系列法律和司法解释方面的根据。[①]

在法国，法人犯罪否定论者固守古拉丁语格言“社团不能犯罪”，他们认为：不可能将某种过错归咎于既没有实际生命，也没有自己意志的法人，刑事责任要求有个人方面的过错，这样才有可

① 以上争论参见赵秉志主编：《犯罪总论问题探索》，法律出版社2003年版，第158~160页。

能将此种过错归咎于犯有错误之人的“帐”上；站在惩罚与制裁的角度，法律对自然人所确定的剥夺或限制自由的刑罚完全不可能适用于法人，而如果将这种刑罚适用于法人，则不可避免地罚及与犯罪并无关系的法人的自然人成员。[①] 耶兹（Jèze）教授甚至用其名言表达了他对“法人”这一用语本身的怀疑：“我们又不能同法人共进晚餐。”[②] 但是近来受英美刑法和本国立法等诸多因素的影响，理论界开始倾向于法人犯罪肯定说，肯定论者指出：法人已经不是虚拟的实体，而是法律的现实；法人也有自己的、与其每个成员有区别的集体意志；虽不可能对法人适用有期徒刑或监禁刑，但可对其适用适合其性质的罚金或没收财产；对法人判处刑罚可以对法人的平常行为进行规制，对其的不法行为起到预防和威慑作用。[③]

考察两国法人犯罪制度立法与理论的演进，可以清晰地看到其共同的发展脉络：在立法上，由没有任何规定到在刑法之外的单行刑法、附属刑法中出现个别规定，再到这些规定逐渐增多，最后在刑法总则中设立专门的条文；在理论上，由法人犯罪否定说为主流逐渐演变到以法人犯罪肯定说为主流。这种演变是同社会经济的发展密切相关的。奴隶社会、封建社会自给自足的经济形式决定了少量出现的法人在社会生活中不起主要作用，而社会间的矛盾也主要是作为整体的社会同个人之间的矛盾。在此基础上发展起来的刑事古典学派的刑法理论自然将刑事责任建立在强调人的主观恶性、人的责任能力的社会伦理责任和道义责任的基础上，而法人这一没有任何灵魂可指责、没有任何肉体可受惩罚的人为的实体，自然被认

① 参见［法］卡斯东·司特法尼著：《法国刑法总论精义》，罗洁珍译，中国政法大学出版社 1998 版，第 288 页。

② RONTCHEVSKY, N.（1996）, “La notion d’ entité personnifiée”, 149 Les Petites Affiches, 11 dec., 7.

③ Éditions Législatives/Actualités/Dossier 2004. 04. 05-1.

为没有犯罪能力，不能成为犯罪主体。但随着近代产业革命的兴起和工业化的发展，社会化大生产逐渐形成，那种单个人自给自足的小生产活动已不能适应社会的需要，由众多的人组成的法人的数量不断地增加，形态也日趋复杂，法人活动的范围也大幅度地扩大。经济活动与经济力量逐渐集中于各式各样的法人，形成了现代法人制度和法人社会的雏形。而随着垄断与竞争的加剧，社会间的矛盾就越来越多地表现为社会整体与各法人团体即整体与局部之间的冲突，这种冲突直接造成了大量经济犯罪的产生，法人凭借其力量实施犯罪特别是经济犯罪的情况越来越多，传统的法律对法人已不能进行有效的规范，这就引起了各国的重视。因此，人们开始改变传统的道义责任论对法人犯罪的看法，从刑事政策上提出应将法人的行为纳入刑法的调控范围，为保护社会经济秩序和经济结构而对法人追究刑事责任。[①] 马克思曾经指出："无论是政治的立法还是市民的立法，都只是表明和记载经济关系的要求而已。" "立法者……不是在制定法律，不是在发明法律，而仅仅是在表述法律，他把精神关系的内在规律表现在有意识的法律中。"[②] 马克思又在《哲学的贫困》一文中写道，"人们按照自己的物质生产和发展建立相应的关系，正是这些人又按照自己的社会关系创造了相应的原理、观念和范畴"，"所以，这些观念、范畴也同它们所表现的关系一样，不是永恒的，它们是历史的暂时的产物"。可见，将法人作为犯罪主体实际上是社会关系的发展在法律上的必然反映。

如果说最初追究法人刑事责任是因深受英美法系功利主义刑法思想的影响，以代位责任原理为基础实行双罚制，具有诸多同传统刑法观念难以契合之处从而饱受批判，那么，晚近兴起的法人组织体责任论的见解则更符合法人犯罪的实际情况，有利于克服传统的

① 参见孙国祥：《论法人犯罪》，载《南京大学学报（哲学·人文·社科版）》2000年第2期，第132~133页。

② 同上。

法人犯罪理论之诸多弊端，从而也为法人犯罪肯定说提供了强有力的理论基础。该理论从法人作为社会组织体的本质或者说独自存在的复杂特征中来探求对法人进行谴责的根据，将法人在犯罪前后的自身应对措施，如根据法人的政策、规则、结构、议事程序、历史传统等形成的法人文化，还有法人为防止从业人员实施违法行为的制度或组织性的措施以及使这些措施有效地发挥作用的配套措施等，都作为判断法人是否具有纵容、鼓励、默许法人成员犯罪，或法人是否履行了其防止、监督其从业人员的注意义务的指标。① 尽管该理论未必十分完善，尚有待进一步改进，但已引起学界的高度重视，为我们研究法人犯罪开辟了新的路径。少数国家和地区已付诸立法实践。

通过以上分析，可以看出刑法最初追究法人的刑事责任，主要是为了惩治和规范其在经济领域的行为，这也是中国刑法将法人犯罪集中规定在破坏社会主义市场经济秩序罪和妨害社会管理秩序罪两章中的原因。而对于传统的自然犯，如强奸、故意杀人等行为是否存在法人犯罪，中国立法是不予承认的，但法国刑法在《LOI PERBEN》Ⅱ之前即有许多此类罪名。

例如，法国在 1994 年刑法中即规定有法人的杀人罪和盗窃罪，又在 2001 年 6 月 12 日通过的第 2001-504 号刑事法令中增加了法人强奸罪。该法令是为追究宗教团体的不法行为而制定的。根据该法令，如果一个宗教团体的教主或高级成员随意地、经常地利用其地位违背该教中的妇女的意志同其发生性关系，而这种行为能够在该教的教义中找到根据，或者该教成立的目的之一就是为了教主及高级成员淫乱，则即可令该宗教团体负强奸罪的刑事责任。在中国，最高人民法院颁布的《关于审理单位犯罪案件具体应用法律有关问题的解释》第 2 条规定："个人为进行违法犯罪活动而设立

---

① 我国刑法学者黎宏对法人组织体责任论有详细的论述。参见黎宏著：《单位刑事责任论》，清华大学出版社 2001 年版，第 319~331 页。

的公司、企业、事业单位实施犯罪的，或者公司、企业、事业单位设立后，以实施犯罪为主要活动的，不以单位犯罪论处。”因此在中国，同样的案情则只对该宗教团体有关人员个人按强奸罪进行处理。当然，对于该宗教团体本身，在不追究其刑事责任的同时，可以适用行政手段进行处理，如解散等。

应当说，法国的此类规定更加注重从组织体本身对法人进行谴责，同实际情况更加符合，似乎在立法上也没有任何障碍，顺应了世界范围内扩大法人犯罪范围的潮流，同中国的规定相比，在理论上也更加合理。但是，在中国现阶段的一般社会观念中，是无论如何都接受不了“单位犯强奸罪”这一法律规定的，就是在法国，也有学者认为“法人强奸罪”很“糟糕”。正如有些西方学者所言，“习惯”或社会一般人的看法在决定法人犯罪处罚范围的问题上也是一个起着决定作用的要素。[①] 另外，中国对单位犯罪的规定本身就是立法回应社会现实的仓促之举，缺乏理论上深入的探讨，存在许多配套立法规定的缺失。[②] 甚至可以说，中国 1997 年刑法仍然是以自然人犯罪为基础来设计的。因此我们认为，在这种情况下，根本不适宜贸然大范围地扩大法人犯罪的范围。在将来，随着社会的发展、立法经验的丰富和理论研究的深入，再对法人犯罪的范围逐步扩大不失为稳妥之举。

事实上，中国有些学者已经开始倡议立法增加单位盗窃罪的规定。[③] 因为在现实中，许多单位领导人为了本单位的利益，经集体研究决定甚至经全体员工同意采用秘密的方法盗取国家的水、电、

---

① 参见黎宏著：《单位刑事责任论》，清华大学出版社 2001 年版，第 228 页。

② 没有在刑法总则中规定单位犯罪概念、主观特征、单位累犯、单位的追诉时效制度，单位犯罪的处罚措施太单一，等等，这将在下文详细论述。

③ 参见傅达林：《单位盗窃：刑法面临的新课题》，载《法制日报》2002 年 2 月；王礼仁：《单位盗窃的定罪与量刑问题》，载《人民法院报》2002 年 11 月 4 日。

气等资源，给国家造成巨大的损失，但按照2002年8月13日公布并施行的最高人民检察院第九届检委会第112次会议通过的《关于单位有关人员组织实施盗窃行为如何适用法律问题的批复》，只能对主管人员和直接责任人员按自然人犯罪处理。但上述人员毕竟是为了单位的利益而行为，让其以自然人身份承担全部涉案数额，显然是有违罪责自负原则的；另外，该司法解释确也同《刑法》第264条在构成要件上存在出入。因此，应通过立法增加单位盗窃罪。可以看出，中国也开始探讨法人对自然犯负刑事责任的问题，而法国在1994年新刑法颁布之初即已规定法人盗窃罪。最后，对于《LOI PERBEN》Ⅱ将法人犯罪与自然人犯罪的范围完全等同的做法，在法国理论界也是褒贬不一，目前主流的意见是对此予以肯定。该法颁布实施至今的十年来，在实践中也没有带来不应有的混乱。但我们认为，该做法在现阶段是无论如何也不适用于中国的。在法国，由于刑事立法体制非常复杂，在刑法之外尚存在诸多单行刑法和附属刑法，实行这项制度可以避免逐个扩大法人犯罪范围所带来的耗时、费力等现象，适用起来也显得更加清晰明了，这正是这一修正案出台的主要原因之一。① 如果说在法国上述情况尚能为这一制度提供立法依据，在中国则明显缺乏这一基础。

### （二）构成要件之比较研究

中国立法上对单位犯罪的模糊规定给实践中准确地认定、惩治单位犯罪造成了许多障碍，而明确单位犯罪的构成要件无疑有助于对单位犯罪的认定。法国刑法在此方面规定得较为完备、具体，有诸多可借鉴之处。

法人犯罪的客体实际上即法人犯罪的范围，对此在前面已有介绍，这里不再赘述。下面仅对中法两国法人犯罪的主体范围、主观

---

① 在法国的司法实务界，这一改革受到了欢迎。就我们所接触到的法国一家大型律师事务所的情况来看，律师们普遍赞成这一改革。

方面和客观方面进行比较研究。

1. 法人犯罪主体范围之比较

对于法人犯罪之主体范围，实际上涉及两方面的问题：一是法人本身的范围，即对哪些种类的法人追究刑事责任；二是法人中之自然人的范围，即对犯罪法人中的哪些人员应追究刑事责任。

（1）法人范围之比较。

根据《法国刑法》第121-2条之规定，除国家外，法人依第121-4条至第121-7条所定之区别，且在法律或条例有规定之场合，对其机关或代表为其利益实施的犯罪行为负刑事责任。但地方行政部门及其联合团体仅对在从事可订立公共事业委托协议的活动中实施的犯罪行为负刑事责任。根据第121-3条第4款之规定，法人负刑事责任不排除作为同一犯罪行为之正犯或共犯的自然人的刑事责任。因此，在法国，除国家、地方行政部门及其联合团体外的所有法人均可成为法人犯罪主体，而地方行政部门及其联合团体仅对在从事可订立公共事业委托协议的活动中实施的犯罪行为负刑事责任。

在法国刑法中，国家是不负刑事责任的。按照法国最高法院的见解，虽然不能免除国家的民事责任，但由于国家掌握着垄断的刑罚权，因此不论从司法角度还是政治角度，对国家判处刑罚都是“不可想象”的；同时，将行政活动置于刑事法官监控之下会损害权力分立的原则。[①] 同样道理，地方行政部门及其联合团体原则上也不负刑事责任，但其在订立公共事业委托协议的活动中实施的犯罪行为，如在公共交通、社会教育等活动中所实施的犯罪行为，由于不具有政府特权的性质，因此不能免责。[②] 除此之外，所有的法人均可成为法人犯罪的主体。

---

① JCN Pénal - version 1/2004, Art. 121-2, 24.

② Jacques-Henri Robert,《Droit pénal général》, Quatrème édition, puf, 1999, p. 365.

至于何谓法人，在法国的立法中没有规定，但从字面“Personne morale”可知，即为法律所拟制之人，按照权威词典的解释：法人拥有受法律所保护的自己的名称、独立于其内部自然人之财产，法人能够通过其代表从事法律行为并行使司法的功能。[①]法人具有独立的人格，可分为公法人和私法人。国家、地方行政部门及其联合团体自然属于公法人，这里指除此之外的其他公法人。私法人又分为营利性和非营利性的私法人，前者指民商事团体，包括农业合作社、单人公司和一些经济利益团体等；后者包括各种宗教团体、基金会、工会，以及政党、政治团体等。

中国《刑法》第30条规定：“公司、企业、事业单位、机关、团体实施的危害社会的行为，法律规定为单位犯罪的，应当负刑事责任。”因此，在我国，构成单位犯罪的主体有公司、企业、事业单位、机关和团体。在对这几类主体进行研究之前，有必要对中法两国“法人犯罪”与“单位犯罪”之异同进行初步的分析。

在中国，有许多学者对“单位”之用语提出了批评意见，指出该用语不科学，“单位”不是严格的法律用语，其内涵具有模糊性；“单位”的外延过于庞杂，会造成误解或者无限地扩大犯罪主体范围的局面。他们还提出，没有法人资格的个人独资企业和合伙企业等不能成为单位犯罪的主体。我们认为，单位犯罪主体范围的确定，要结合中国的实际情况。在中国，一些进行犯罪活动的组织并不具有法人资格，仅仅使用法人犯罪的称谓无法概括这类犯罪的全部。而单位犯罪既包括法人犯罪，也包括非法人组织的犯罪。在现实社会中，非法人组织犯罪不仅是客观存在的，而且非法人组织中的成员以该组织名义为该组织利益实施的犯罪，体现的并不仅仅是这些成员自己的犯罪意志和行为，而是该组织整体的意志和行为，此与法人组织成员以法人名义、为法人利益实施犯罪并无本质

① LEMEUNIER (1988), Dictionnaire juridique, La Maison du Dictionnaire, Paris.

的差别。正是考虑到这种情况，我国刑事立法从一开始就使用“单位”一词，应当说不是偶然的。毕竟，作为上层建筑的刑法不得不考虑中国社会转轨时期复杂多变的经济状况。因此，中国新刑法没有选择像法国刑法那样使用法人犯罪的称谓而使用了单位犯罪的称谓，这是有法律依据的，充分考虑到了中国的具体国情。下面分开论述。

第一，公司。公司是指依照法律规定，以营利为目的，由股东投资设立的企业法人。中国的公司必须具备四个要素，即依法设立、以营利为目的、以股东投资行为为设立的基础、独立的企业法人。根据公司的概念及其组成要素，就可以把公司与其他单位或组织加以区别。例如，事业单位法人由于不是以营利为目的，不是公司；合伙虽然也是共同出资经营的组织，但由于不具有法人资格，也不是公司。公司可以按不同的标准进行各种不同的分类。例如，根据股东所承担的责任形式不同，中国将公司分为有限责任公司和股份有限公司。前者以股东所认缴的出资额为限对公司承担责任，后者以股东所持股份为限对公司承担责任。将公司作为单位犯罪的主体，应当说不存在疑问。

第二，企业。企业是指从事生产、流通、科技等活动，以获取盈利和增加积累、创造社会财富为目的的营利性社会经济组织，是国民经济的基本单位。企业具有以下三个特征：一是由人和物的要素（生产资料、生产者、经营者）组成的经济组织；二是有营利的目的；三是独立地、持续地从事商品生产或提供劳务等经济活动。企业也可以按照不同的标准作不同的分类。例如，按照是否具有法人资格，可以分为法人企业和非法人企业；按照所有制性质，可分为全民所有制企业、集体所有制企业、私有企业；按照企业的自身组织形式来划分，又可分为公司企业、独资企业、合伙企业和股份合作制企业。将企业作为单位犯罪主体也不存在太大争论，但这里有两个问题需要说明：其一，由以上分析可看出，公司其实也是企业的一种，两者间存在包容与被包容的关系，为属种关系。尽管在现代市场经济条件下，公司已经成为企业最主要的形式，并且具有自己独到的特色，但从立法角度来看，将两者并列作为单位犯罪的主体，则缺乏应有的严谨性，违反了形式逻辑。其二，关于个人独资企业。个人独资企业是由一个自然人组成，无独立法律人格的企业。该种企业其实同自然人没有本质的区别，从其同业主责任相混同的角度来看，徒具企业之名而无企业之实。将个人独资企业作为单位犯罪主体追究其刑事责任，有违罪责刑相适应的刑法基本原则。因为在一般情况下，既对企业判处罚金，又追究业主个人的责任，会使业主因一个行为受到两个处罚；在有些自然人和法人均可构成的犯罪中，若刑法规定对自然人可判处无期徒刑、死刑，则按照单位犯罪进行处罚又会轻纵罪犯。例如，个人走私普通货物物品罪的，最高法定刑为死刑、无期徒刑，而单位犯罪的，其直接负责人员的最高法定刑仅为十年以上有期徒刑。① 如果对个人独资公司按单位犯罪处理，无疑会鼓励个人打着企业的幌子进行走私等严重的犯罪活动。

第三，事业单位。中国比较有代表性的观点认为，事业单位是指从事社会各项事业、拥有独立经费或财产的各种社会组织，如中央和地方的新闻、出版单位，电影，博物馆，剧院，各种各类的学校，科研、医药卫生等单位。事业单位的特点是：其一，主要从事以社会利益为目的的实际的具体社会事业活动；其二，有独立的经费和财产，大多数单位要靠国家财政拨款或自己的事业活动收入，极少数民办单位经费则来源于公民或社会组织捐助；其三，大多数依照法律或行政命令成立，少数是个人创办。② 随着中国经济体制改革的不断深入，许多原有的事业单位性质开始发生变化，成为同企业没有实质差别的营利性单位；另一些事业单位仍保留着原有的

① 参见何秉松：《试论我国刑法上的单位犯罪主体》，载《中外法学》1998年第1期。

② 同上

性质，从事公益性的活动，依靠国家财政拨款。对于上述观点认为个人也可以创办事业单位，也有学者提出了批评意见，认为不符合中国事业单位的实际状况：目前个人所办的学校、医院等单位，都是以营利为目的的，实质上应认定为企业。[1] 我们认为，该批评意见是有道理的。在实践中，对于事业单位要结合时代的发展和该单位实际的运营状况，将那些貌似事业实为企业的单位归入企业单位之中。事业单位应当成为中国单位犯罪的主体。

第四，机关。机关是指以国家预算拨款作为独立的活动经费，从事国家管理和行使权力等公共事业管理活动的中央和地方的各项组织。不仅包括立法机关、行政机关、司法机关和军队，中国共产党的各级委员会和人民政协的各级组织由于分别发挥执政和参政、议政的职能，也应当作为机关处理。对于机关能否成为单位犯罪的主体，在中国存在很大的争议。我们认为，从中国机关的特殊性质出发，其不能成为单位犯罪的主体。首先，机关代表国家行使管理职能，它的活动体现的是国家意志，这种意志与犯罪意志不能共存，因而国家机关中自然人的犯罪行为不应该认为是国家机关的犯罪，否则必然得出国家犯罪的结论。其次，从情理上讲，正如法国学者所言，是“难以想象”的，让人民检察院作为被告由人民法院来审理，不但看起来荒唐，也存在操作上的诸多困难。按照中国现行的立法规定，对构成犯罪的机关只能判处罚金然后上缴国家，但机关的经费来源本身就是国家的财政拨款，这等于国家自己惩罚自己，没有任何意义。因此，应当借鉴法国的做法，不规定机关为犯罪主体。

第五，团体。我国《社会团体登记管理条例》规定，团体是指“由中国公民自愿组成，为实现会员共同意愿，按照其章程开展活动的非营利性社会组织”，如中国法学会、中国贸易促进会、

① 参见赵秉志主编：《犯罪总论问题探索》，法律出版社 2003 年版，第 171 页。

共青团等。中国学者认为团体具有以下特点：从事营利性经济活动和行政管理活动以外的其他非营利性社会活动、依法自愿成立、拥有独立的财产和经费。[①] 在现实社会生活中，团体起着非常重要的作用。团体的多样性导致了团体所从事的活动并非仅限于营利性经济活动和行政管理活动以外的其他非营利性社会活动，事实上，有些团体的活动兼有行政管理的性质，如贸易促进会；而有些团体也从事营利性的活动，如一些经济技术咨询机构。

需要说明的是，由于事物本身的模糊性，上述主体之间也可能存在交叉重合，导致一些单位兼具两种甚至多种性质。例如，在前段时间争议较大的“黑哨”事件中，关于中国足协究竟属于机关还是团体就存在不同的意见。这种模糊性会给司法实践带来许多争议，但却是事物本身所具有的，难以避免，这也正是成文法局限性之所在。正如中国学者张明楷所言：“法律不是嘲笑的对象。”[②] 理论界和实务界应本着实事求是的态度，根据我国社会的发展，对一些单位的性质作出适时的界定。

最后，还要说明一点，就是中法两国对于个罪上的单位主体规定不尽相同。法国的做法是，在分则条文对有关犯罪描述之后，直接增加规定“法人根据刑法第 121-2 条所列之情形可对本节（或某某条）所规定之罪行承担刑事责任”。也就是说，法国刑法对所有罪名所规定之犯罪主体都是“法人”，不对法人作出具体区分。而中国则不同，在多数条文中采取同法国相同的做法，如《刑法》第 164 条“对公司、企业人员行贿罪”第 2 款规定，“单位犯前款罪的，对单位判处罚金，并对其直接负责的主管人员和其他直接责任人员，依照前款的规定处罚”；在少数条文中规定只有某些单位

① 参见黎宏著：《单位刑事责任论》，清华大学出版社 2001 年版，第 274 页。

② 参见《法律不是嘲笑的对象（代序）》，载张明楷著：《刑法格言的展开》，法律出版社 2003 年版，第 1 页至第 15 页。

才能构成该罪，如《刑法》第 126 条规定，只有依法被指定、确定的枪支制造企业、销售企业才可能成为“违规制造、销售枪支罪”的主体。我们认为，相比较而言，中国的规定更加符合实际情况，有利于司法操作。对于随着社会发展确需将某单位增加为该种犯罪之主体的，可通过刑法修正案的方式进行。

总之，中国法人犯罪的主体范围只能是企业、事业单位和团体。比较而言，法国对法人范围的规定更加科学合理，用语也更加规范，值得我国借鉴。

（2）法人犯罪中自然人主体范围之比较。

《法国刑法》第 121-2 条对此有明确的规定——“机关或代表”。但何谓“机关”和“代表”，法国刑法没有给出任何解释。对此，法国最高法院推事德波特（Frédéric Desportes）先生在报告中作出如下界定：“机关是指所有依法管理法人和使法人同第三人发生联系的、法人内部的自然人或自然人的集合……代表是指所有受到机关或司法决定的委派，在某些约定的场合代表法人的人。”[①] 因此，巴黎第一大学教授、法兰西学院院士米海依尔·戴尔玛斯-马蒂认为，有限责任公司的经理、股份有限公司的董事会和董事长都属于法人犯罪之自然人主体；另外，股东大会也可以成为机关。[②] 随后，戴尔玛斯教授又在与时任法国总检察长的皮埃尔·特律什先生一起为法国刑法在中国出版而作的序中重申其观点，并认为监督机关和股份持有人机关也可作为“机关”；在法人委托某一自然人或委托另一法人实施法律行为的状况下，该代表亦有机会

---

① （1998） “Responsapilité pénale des personnes morals”, Juris-Classeur Périodique, 18 février, №8-9. 为了论述方便，这里将“自然人集合”以及后面的“董事会”等均放在了自然人主体范围中。

② DELMAS-MARTY, M. （1993）, “Les conditions de fond de mise en jeu de la responsapilité pénale”, Revue des Sociétés, 301-305.

“为法人利益”实施犯罪行为，这种法人行为可以归咎于法人。[①]

在中国1997年刑法中，对单位犯罪中之自然人主体范围也有明确的规定。中国《刑法》第31条规定：“单位犯罪的，对单位判处罚金，并对其直接负责的主管人员和其他直接责任人员判处刑罚。”在这里，“直接负责的主管人员和其他直接责任人员”即为单位犯罪之自然人主体。但这仅是总则之原则性规定，分则中也有例外的情况，如《刑法》第137条规定：“建设单位、设计单位、施工单位、工程监理单位违反国家规定，降低工程质量标准，造成重大安全事故的，对直接责任人员，处……”在这里，仅“直接责任人员”构成单位犯罪之自然人主体。

对于何谓“直接负责的主管人员和其他直接责任人员”，中国刑法也没有给予回答。但最高人民法院刑事审判第二庭在审判意见中对“直接负责的主管人员”的范围作出了界定：“应从以下两个方面来加以把握：一是直接负责的主管人员是在单位中实际行使管理职权的负责人员；二是对单位具体犯罪行为负有主管责任。上述两个条件缺一不可，如非单位的管理人员，就谈不上主管人员；如与单位犯罪无直接关系，就不能说对单位犯罪负有直接责任。司法实践中，一般说来，主管人员主要包括单位法定代表人、单位的主要负责人、单位的部门负责人等。但上述单位的主管人员并非在任何情况下都要对单位犯罪承担刑事责任，只有当其在单位犯罪中起着组织、指挥、决策作用，所实施的行为与单位犯罪行为融为一体，成为单位犯罪行为组成部分的情况下，才能成为单位犯罪的直接负责的主管人员，对单位犯罪承担刑事责任。单位的法定代表人作为单位的最主要的领导成员，一般情况下，在单位里对重要问题的决定起着至关重要的作用，但在单位实施犯罪的情况下，是否应承担刑事责任，同样不能一概而论，仍需视其是否具体介入了单位

① 转引自彭林泉：《中、法法人犯罪与刑事责任比较研究》，载www.clreview.com。

犯罪行为，在单位犯罪过程中是否起到了组织、指挥、决策作用而定。如果法定代表人主持单位领导层集体研究、决定或者依职权个人决定实施单位犯罪，当属‘直接负责的主管人员’；反之，在由单位其他领导决定、指挥、组织实施单位犯罪、其本人并不知情的情况下，则不应以单位犯罪直接负责的主管人员追究其刑事责任。”① 对于“其他直接责任人员”，我们同意中国学者作出的以下解释：其他直接责任人员，是指除直接负责的主管人员外，直接实施单位犯罪行为的人员。他们与直接负责的主管人员的区别就在于，他们不是单位犯罪的决策者、组织者或者指挥者，而是在直接负责的主管人员的授意、组织、指挥下，积极地将单位意志付诸实施的实行犯。这类人员主要包括：企业内部的财会人员、从事业务活动的工作人员，公司的业务员等。② 值得注意的是，最高人民法院在2001年1月21日发布的《关于印发〈全国法院审理金融犯罪案件工作座谈会纪要〉的通知》中明确指出：“在单位犯罪中，对于受单位领导指派或奉命而参与实施了一定犯罪行为的人员，一般不宜作为直接责任人员追究刑事责任。”我们认为，最高人民法院的这一意见值得商榷。在实践中，对于受单位领导指派或奉命而参与实施一定犯罪行为的人员，对于其行为的性质既有可能知道，也有可能不知，在后种情况下，自不能追究其刑事责任；但在其明知该行为违法仍决意为之的情况下，不但在法理上说不通，也会造成许多人以不知行为违法为由而逃脱追诉，不利于惩罚犯罪。尤其在该行为社会危害性严重时，绝不能以不具有期待可能性为由而不追究其刑事责任。

---

① 最高人民法院刑事审判第二庭：《如何认定单位犯罪的直接主管人员》，载光明网，http：//court.gmw.cn/html/article/200509/01/19106.shtml，2003年9月26日。

② 参见俞利平：《单位犯罪若干问题研究》，载《政法学刊》1998年第2期，第41页。

可见，中法两国刑法都规定了法人犯罪自然人主体之范围，各具特色，有利于在司法实践中对负有责任之自然人的追究。

2. 法人犯罪主观方面之比较

这里实际上也涉及两个问题，一是法人究竟是否具有主观罪过，是对自己的行为负责还是替其自然人之行为负代位责任；二是法人犯罪的主观过错形式是什么，除了故意外是否还包括过失？对于第一个问题，争议从未中断，可以说是法人犯罪肯定说和否定说争论的焦点。对此，笔者在本书的第一部分已作介绍，现代刑法观已将目光由追究法人的代位责任转移到追究组织体本身的责任，即法人作为有独立人格之主体对自己的行为负刑事责任。因此，这里不复赘论。下面仅论述第二个问题：

《法国刑法》第 121－3 条对法人犯罪的主观方面作出如下规定：

①没有犯罪的故意不构成重罪和轻罪；②但在法律作出规定时，过失、疏忽、有意识地将他人置于危险境地的可构成轻罪；③在上段所指情况下，[①] 自然人之行为虽没有直接导致危害结果的发生，但造成或促成了使结果发生的危险状态时，由于没有采取积极预防措施从而导致危害结果发生时，如果表明其故意地违反了法律或条例所定之谨慎或预防之义务，或者在对其过错有认识的情况下使他人陷于危险境的，负刑事责任；④在不可抗力的情况下，不构成违警罪。

可见，法国对法人犯罪的规定同自然人犯罪一样，以处罚故意为原则，以处罚过失为例外，也即故意和过失均能构成法人犯罪，但法人过失犯罪仅属于轻罪之列。之所以作出这样的规定，是同法国刑法关于三类犯罪的划分密切相关的。根据法国刑法，所有的犯罪均可按其严重程度分别归入重罪、轻罪和违警罪，具体标准如上

① 指上一款关于在有法律规定时，过失、疏忽、有意识地将他人置于危险境地可构成轻罪的规定——本款为笔者本人之翻译。

条所列。不同种类的犯罪在管辖权、诉讼程序、时效、既遂与未遂、共同犯罪以及数罪并罚等方面均有不同规定。例如，在管辖权方面，重罪由巡回法院审理，轻罪由轻罪法院审理，违警罪由治安法院审理；在程序方面也存在诸多差异，如重罪必须预审，轻罪可选择预审，违警罪则只有在共和国检察官要求的情况下才可以预审；在时效方面，重罪为 20 年，轻罪为 5 年，违警罪为 2 年；……

中国刑法在总则中没有关于单位犯罪罪过形式的规定，刑法理论上对是否存在单位过失犯罪也有较大争议。一种观点认为，单位犯罪中不但有单位过失犯罪，而且过失形式中既有疏忽大意的过失又有过于自信的过失；另一种观点认为，单位犯罪的主观罪过只能是故意而不能是过失，因为为单位谋取非法利益是单位犯罪的主观特征，这种特征只能存在于故意之中。① 我们同意第一种观点，理由如下：

第一，谋取非法利益并非每个单位犯罪的构成要件之一。在大多数单位犯罪中，要求单位直接负责的主管人员或其他直接责任人员为了单位的非法利益，经集体决定或领导人决定而实施行为，如《刑法》第 151 条第 1 款单位走私假币罪等。但也应当看到，在一些单位犯罪中，并不要求必须要有为单位谋取非法利益的目的。在这些犯罪中，危害结果的发生是由于该单位缺乏完善的安全制度，员工在工作中漫不经心而致，危害结果对单位本身的利益也是一种损害，因此，其直接负责的主管人员和其他直接责任人员不可能有谋取非法利益的目的。我国刑法中的许多犯罪都可能由此原因所致，如《刑法》第 135 条的重大劳动安全事故罪、第 338 条的重大环境污染事故罪等。当然，这类犯罪也可能是由于为谋取非法利益所致，如重大劳动事故的发生也可能是由于工厂、矿山等企业为

---

① 参见赵秉志主编：《犯罪总论问题探索》，法律出版社 2003 年版，第 174 页。

省钱而偷工减料所致。

第二，即使是为了单位谋取非法利益，也不能排除过失的罪过形式。按照我国刑法理论，判断一个犯罪的罪过形式，标准只能是行为人对行为性质有无认识以及对危害结果的态度，即认识因素和意志因素。过失犯罪在我国刑法中分为疏忽大意的过失和过于自信的过失。前者是指应当预见到自己的行为可能发生危害社会的结果，因为疏忽大意而没有预见到，以致发生该结果；后者指对于危害结果的发生已经预见，但由于轻信能避免而导致结果发生。可以看出，过失犯罪并非不能存在任何目的，行为人完全可能为追求一个其他目的而导致该结果的发生，至于其他目的，则既可以是合法目的，也可以是非法目的。例如，重大环境污染事故罪的行为人虽对于公私财产的重大损失或者人身伤亡的严重后果没有认识（如有认识则为投放危险物质罪），但完全可能是因为出于为单位省钱的目的而不配备废物处理设备所致。上述第二种观点将为单位谋取非法利益等同于目的犯，不符合中国刑法的理论。

第三，中国刑法分则中明文规定有单位过失犯罪。一般认为有：第 135 条所规定的重大劳动安全事故罪，第 137 条所规定的工程重大安全事故罪，第 229 条所规定的中介组织人员出具证明文件重大失实罪，第 330 条所规定的妨害传染病防治罪，第 332 条所规定的妨害国境卫生检疫罪，第 334 条所规定的采集、供应血液、制作、供应血液制品事故罪，第 337 条所规定的逃避动植物检疫罪，第 338 条所规定的重大环境污染事故罪，第 339 条所规定的非法处置进口的固体废物罪，第 363 条第 2 款所规定的为他人提供书号出版淫秽书刊罪等。①

综上所述，中法两国刑法都规定了法人故意犯罪和法人过失犯

① 参见黎宏著：《单位刑事责任论》，清华大学出版社 2001 年版，第 297 页；赵秉志主编：《犯罪总论问题探索》，法律出版社 2003 年版，第 175 页。

罪，正确反映了法人犯罪的实际状况。但法国刑法在总则中对此作出了明确的规定，有利于指导司法实践；而中国则仅在刑法分则条文中规定了某些具体的单位过失犯罪的罪名，且缺乏明确性，总则对此采取回避的态度。为了有效地惩治单位犯罪，应当借鉴法国的做法，在总则中增加有关单位犯罪罪过形式的条文。

3. 法人犯罪客观方面之比较

犯罪客观方面包括危害行为及其方式、行为对象、危害结果和危害行为的时间、地点等。由于法人毕竟是个无血无肉的社会组织体，其行为都要通过自然人来实施，从这个角度而言，法人犯罪与自然人犯罪在上述方面没有任何差异。之所以研究法人犯罪的客观方面，是因为在自然人的行为中，有些可以归于法人，有些只是其个人的行为而已，这是由法人犯罪的特殊机制所决定的。自然人的行为在何种范围之内可以归于法人，即成为这里研究的重点。

如前所述，法国新刑法明确规定机关或代表对其“为了法人的利益”所实施的犯罪行为承担刑事责任，即只有法人的机关或代表之行为是“为了法人利益”时，法人才对此承担刑事责任。在这里，“为了法人利益”之界定遂成为关键。然而，不但刑法没有给出解释，议会在讨论中也没有提及，司法部也仅仅对不构成“为了法人利益”的行为作了初步说明，即机关或代表为了个人利益所实施的行为不能归咎于法人。[①] 在此，有必要提及法国1978年刑法草案，因为学者们普遍认为该草案的规定更加严格——“以法人名义”并“为了法人利益”，而新刑法仅规定“为了法人利益”的做法则极大地扩大了法人对其机关或代表之行为负责任的范围。法国最高法院审核官德波特先生认为，这“使法人不仅

① GUILLAUME KRAFFT, (1998), Corporate Criminal Liability For Manslaughter In France And In England And Wales, Dissertation as part of Master of Laws Degree in International Criminal Law, University of Sussex. p. 39.

对故意犯罪负责，也同样对过失犯罪负责”。① 在法国的司法实践中，“为了法人利益”之行为的存在范围非常广泛，不但包括为了法人“财政的、经济的利益”的行为，而且也包括不能使法人获得任何利润的仅仅是“发挥法人职能”的行为，如在工作中基于性别或种族差异而进行歧视的行为也被认为是“为了法人利益。”刑事判例甚至“暗含地”认为在由疏忽、轻率等所致的过失犯罪中，也存在“为了法人利益”之情形。另外，对于机关或代表超出其权力范围的行为也归咎于法人。②

中国刑法没有“为了单位利益”的规定，普遍认为立法采取了回避的态度。但理论界对此的讨论却很热烈。多数学者认为，要将自然人的行为归于法人，不但要求要“为了单位利益”，而且须经“单位集体研究决定或由负责人决定所实施”，亦有学者认为须“以单位的名义”。③

我们认为，要正确地划定法人对其自然人负刑事责任的范围，不能离开对法人犯罪机制的分析。法人是由众多部门组成的有机整体，这些部门相互配合使法人作为一个独立的整体进行活动，实现自己的目的。因此，追究法人的刑事责任虽然离不开对自然人行为的分析，但归根结底应当以法人这一组织体本身的特点作为考察的依据。毕竟，直接追究的是“法人”而不是“自然人”的刑事责任。这从两国对法人犯罪的法条表述即可看出：两国都是先规定犯罪的主体为法人，然后再表明负有责任的自然人也应当同法人一起

---

① JCN Pénal - version 1/2004, Art. 121-2, 183.

② JCN Pénal - version 1/2004, Art. 121-2, 186-193.

③ 参见刘白笔主编：《法人犯罪论》，群众出版社 1992 年版，第 113 页；杨敦先、张成法主编：《刑法的修改与适用》，中国人民公安大学出版社 1997 年版，第 47 页；吴金水：《论单位犯罪的概念》，载《法学》1998 年第 1 期，第 26 页。

受到处罚。[1] 说明两国都认为法人犯罪是法人自己的犯罪，应追究法人自身的刑事责任。弄清了这一点，我们再来看法人是怎样做出行为的：在法人中，首先由法人的中枢机构制定法人的章程、目标、结构和议事程序等，而这些制度一经制定，就作为客观的存在反过来指导、影响法人的活动。由于章程、目标、结构和议事程序等的差异，每个法人都具有与众不同的特点，形成法人自己的文化。从上述分析也可以看出，在多数情况下，法人的行为都要通过其中枢机构以法人名义亲自实施或发出指令由其一般成员来实施，在这种情况下，法人的行为无疑是法人意志的真实反映；但在少数情况下，法人的中枢机构完全可以不以法人名义而由自己实施或指令其一般成员实施不法行为，同样是为了法人的利益，只是利用别的名义来钻法律的空子而已，这种行为也是法人意志的真实反映，而法人领导人盗用法人名义为自己某利益的行为则不是法人意志的真实反映；还有一些情况，法人制定的目标过高或者议事程序存在漏洞，从而导致其一般成员在日常工作中虽然严格按照单位规章办事，但仍不可避免地造成了危害后果，这种情况下的责任仍应归于法人；最后，如法国学者所言，在劳动生产企业中，由于法人本身缺乏严格的规章制度，领导人没有尽到监管义务，工人在生产中造成严重危害的行为也应由法人来承担刑事责任。如果说在第三种情形下法人制定过高目标等尚勉强算是“为了法人利益”的话，那么，在第四种情形下无论如何也不能说是“为了法人利益”，甚至可以说这是同法人的利益相悖的。[2]

---

① 这也是中法两国在法人犯罪中的共同之处。在日本和美国的法律中，都是直接规定法定代表人或代理人等是法人犯罪的主体。参见黎宏著：《单位刑事责任论》，清华大学出版社2001年版，第244页。

② GUILLAUME KRAFFT，(1998)，Corporate Criminal Liability For Manslaughter In France And In England And Wales，Dissertation as part of Master of Laws Degree in International Criminal Law，University of Sussex. p. 40.

综上所述，无论是“以法人名义”、“为了法人利益”还是“单位集体研究决定或由负责人决定所实施”，都只能概括法人犯罪的大部分行为，以此为标准来界定法人对自然人行为负刑事责任的范围，会不当地扩大或缩小法人犯罪的范围。法国的司法实践对法人刑事责任的追究应当说是比较合理的，但将上段第四种情形下的行为也牵强地解释为“为了法人利益”，就连有些法国学者也认为是“有点荒唐”的。[①] 通过比较，也可以看出中法两国对于法人犯罪态度之差异：法国积极地追究法人的刑事责任，而我国则采取回避、暧昧的态度。

### （三）处罚制度之比较研究

中法两国在法人犯罪的处罚制度上不乏共同之处，如在法定刑中都规定了罚金刑，对法人和自然人都采取两罚制等。但法国在罚金刑之外又规定了许多其他刑罚措施，在两罚制方面亦有不同于我国之处。

1. 法定刑之比较

我们先来看法国刑法的规定。法国刑法对于法人的刑罚，除了罚金刑外，还分重罪、轻罪和违警罪分别规定了其他的措施。对于重罪和轻罪之刑罚，第 131-37 条至 131-39 条分别作出如下规定：

第 131-37 条

适用于法人重罪和轻罪的刑罚有以下几种：

（1）罚金。

（2）在法律规定的情况下，第 131-39 条列举的刑罚。

第 131-38 条

适用于法人的罚金最高数额等于由刑事法律规定的适用于自然人的罚金最高数额的 5 倍。

① JCN Pénal - version 1/2004, Art. 121-2, 192.

第 131-39 条

在法律规定的情况下，法人犯一个重罪或者轻罪，可被处以一个或几个下述规定的刑罚：

(1) 在法人是为了实施重罪而成立，或者涉及一个对自然人而言应被判处 3 年以上监禁的情况下，违背其宗旨实施被指控的行为予以解散。①

(2) 永远禁止或 5 年以内禁止直接或者间接从事一项或者若干项职业的或者社会的活动。

(3) 5 年之内置于司法监视下。

(4) 彻底关闭或者 5 年之内关闭协助实施被指控行为的企业或者企业的一个或几个部门。

(5) 永远或者 5 年之内不得进入公共市场。

(6) 永远或者 5 年之内禁止公开募集资金。

(7) 5 年之内禁止签发支票和使用银行信用卡，但允许出票人在自己开户的银行取款或者使用经银行认证的发票。

(8) 没收用于或者准备用于实施犯罪行为的物品以及该犯罪行为所得的物品。

(9) 通过报刊或者通过所有视听信息传递方式，张贴或者传播作出的判决。

上述第（1）项和第（3）项规定的刑罚不适用于可能承担刑事责任的公法法人，也不适用于政党、政治团体或者行业协会。上述第（1）项规定的刑罚不适用于职工代表机构。

对于违警罪之刑罚，第 131-40 条至 131-44 条作出如下规定：

第 131-40 条

适用于法人的违警罪刑罚有：

(1) 罚金。

(2) 第 131-42 条所列的各种剥夺或者限制权利的刑罚。

① 本款曾经在 2001 年经第 2001-504 号法令修改。

这些刑罚不能排除第 131-43 条所列的一个或几个附加刑。

第 131-41 条

适用于法人的罚金最高数额等于由刑事条例规定的适用于自然人的罚金最高数额的 5 倍。

第 131-42 条

对属于第五等级的违警罪，罚金刑可被以下一个或几个剥夺或者限制权利的刑罚所代替：

（1）1 年之内禁止签发支票和使用银行信用卡，但允许出票人在自己开户的银行取款或者使用经银行认证的发票。

（2）没收用于或者准备用于实施犯罪行为的物品以及该犯罪行为所得的物品。

第 131-43 条

刑事条例可以对触犯违警罪的法人判处第 131-16 条第（5）项所列之附加刑。对属于第 5 等级的违警罪，刑事条例也可以判处第 131-17 条第（1）项所列之附加刑。

第 131-44 条

由于一个违警罪可根据第 131-43 条被判处一个或几个附加刑，故法庭可单独决定判处适宜的一个或几个附加刑。

法国刑法随后又在第 131-45 条至第 131-49 条中规定了某些刑罚的具体内容和执行措施。

可见，法国刑法在法人犯罪法定刑的规定上可谓达到了相当完备的程度。不但针对危害性程度不同的重罪、轻罪和违警罪分别规定了轻重不同的主刑，还对违警罪规定了附加刑和一定范围内的罚金刑作为替代措施。在对个罪规定具体的法定刑时，一般的做法是先规定判处罚金，再从其他刑罚中选择该罪具体适宜的刑罚或者判处全部刑罚，如第 221-5-1 条规定对犯故意杀人罪的法人判处罚金并处第 131-39 条第（2）、（3）、（8）、（9）项所规定的刑罚，即禁止从事某些职业或社会活动、置于司法监督之下、没收犯罪物品和张贴判决书。

再来看中国的情况。中国仅在《刑法》第31条规定："单位犯罪的，对单位判处罚金……"同法国相比，详简立显。

我们认为，虽然不一定非要像法国那样对法人犯罪规定如此细密的刑罚措施，但我国刑法仅规定罚金刑一种处罚措施的做法无论如何也是不完备的，应当借鉴法国的某些做法。

首先，罚金刑尽管因具有诸多优点而被广泛应用，但其本身也具有缺陷。对此，法国学者有很清醒的认识：①罚金的标准怎样确定？如果太低则缺乏威慑力，太高又会使无辜的股份持有者、雇员和消费者受到损失。②可能导致法人将其作为一项机会成本打入预算，在其行为被发觉并受到处罚的情况下，该笔罚款从其风险基金中直接缴纳，之后想方设法将其转嫁给消费者。③罚金刑作为一项财产刑，对不同的法人效果差异很大，同样的一笔罚金对财力雄厚的大企业影响甚微，却可能使一个小企业倒闭。[①] 因此，法国在罚金刑之外，又规定了许多其他的刑罚措施与之相互配合。

其次，法国刑法明确规定了对法人判处罚金刑的具体标准——自然人最高罚金数额的5倍，如根据第311-9条等的规定，自然人犯强盗罪处罚金150000欧元，法人犯该罪最高即可判处750000欧元。这样规定，可操作性较强。我国刑法中没有判处法人罚金标准的原则性规定，分则条文中的做法有限额罚金制、倍比罚金制、比例罚金制和无限额罚金制。应当说，前三种做法充分考虑到了个罪的具体情况，从而有较法国的规定更合理之处（法国刑法将适用于法人的罚金一味规定为自然人的5倍，连法国学者也认为是犯了"教条主义"的毛病，因为法人并不一定比自然人富5倍[②]）。但无限额罚金制显然不利于司法人员操作，会产生对相同罪行判处罚金

---

① GUILLAUME KRAFFT, (1998), Corporate Criminal Liability For Manslaughter In France And In England And Wales, Dissertation as part of Master of Laws Degree in International Criminal Law, University of Sussex. pp. 23-25.

② 同上。

畸轻畸重的现象，有损司法的严肃性。中国刑法学家赵秉志教授更指出：这是中国刑法中罪刑法定原则贯彻不彻底的表现。①

最后，中法两国刑法对自然人的量刑标准不同。法国刑法对法人中之自然人的处罚规定了统一的标准，即等同于普通自然人犯罪的处罚标准，如《法国刑法》第 222-33 条规定自然人犯性侵扰罪处 1 年监禁并处罚金 15000 欧元，如果法人犯性侵扰罪则对其自然人处同样的刑罚。我国刑法没有在总则中对此作出原则性的规定，从分则条文来看有两种做法：一是对单位中之责任人规定与自然人犯罪相同的法定刑，如《刑法》第 150 规定对单位犯第 140 条至第 148 条之罪的，对其直接负责的主管人员和其他直接责任人员按照各条的规定处罚；二是对单位中之责任人规定比自然人犯罪较低的法定刑，如《刑法》第 387 条单位受贿罪规定对直接负责的主管人员和其他直接责任人员判处 5 年以下有期徒刑或者拘役，而自然人受贿的最高可处死刑，差异之悬殊可见一斑。两种方式孰优孰劣？我们认为，从客观情况出发，由于单位的物质基础一般较个人雄厚，其经济行为之规模也较个人大，因此同样的数额、结果所反映的两者的主观恶性并不相同，故应对单位中直接负责的主管人员和其他直接责任人员规定比普通自然人犯该罪略低的法定刑，但也不能差距过大，如我国《刑法》第 387 条之规定，明显违反了我国刑法的罪责刑相适应原则和刑法面前人人平等原则。

当然，法国刑法规定的其他刑罚措施也并非尽善尽美。第 131-39 条第（1）项规定的解散，虽然不适用于公法人，但解散某些私法人也是弊大于利的，如生产某种独特药品的药厂被解散则会对社会公众的健康造成影响，产品占很大市场份额的钢铁厂被解散则会引起经济的混乱等。

---

① 参见赵秉志主编：《刑法基础理论探索》，法律出版社 2003 年版，第 402 页。

2. 两罚制之比较

中法两国刑法对法人犯罪都规定了两罚制。两罚制，是指对法人和直接负责的主管人员及其他直接责任人员（在法国为法人的机关和代表）都判处刑罚。相对于直接处罚法人中有关自然人的转嫁制和仅处罚法人组织本身而不处罚法人中自然人的代罚制而言，两罚制能够更好地达到刑罚的目的，有效地预防犯罪，因而也被世界上大多数规定有法人犯罪的国家所采用。根据《法国刑法》第121-2条第（3）项的规定，追究法人刑事责任的同时也要追究其自然人的刑事责任，这是一条原则性的规定，实践中一般都照此执行。而我国《刑法》第31条在规定追究单位直接负责的主管人员及其他直接责任人员之后，又增加一句："本法分则和其他法律另有规定的，依照规定。"可见，中国刑法对单位犯罪实行的是以双罚制为主，单罚制为辅的处罚原则。

关于中国刑法对单位犯罪例外实行单罚制的原因，一般认为是由于有些犯罪虽然是以单位的形式实施的，但实际上社会危害性主要体现在个人的行为上，且在有些情况下，如《刑法》第161条规定的提供虚假财会报告罪，股东本身就已经是受害者，没有必要再惩罚单位，进一步损害股东的利益。[①] 中国刑法实行单罚制的单位犯罪主要有资助危害国家安全犯罪活动罪、工程重大安全事故罪、提供虚假财会报告罪、妨害清算罪等，且都规定对单位直接负责的主管人员和其他直接责任人员进行处罚。因此，在中国，仅有转嫁制而不存在代罚制。

我们认为，应当在中国刑法中增加代罚制的处罚方法。在经济高速发展的今天，一些单位的规模日益增大，内部关系错综复杂。一项决定的作出往往经过许多部门的参与或许可，很难将其归因于某一个或几个领导人；而一个造成危害结果的行为也可由许多部门的多个人合作来完成，追究某一个或几个人员的责任非常困难，而

① 参见张明楷著：《刑法学》（上），法律出版社1997年版，第186页。

且在许多情况下这些人只是按照单位的政策、程序来行动，主观上没有也不可能认识到自己的过错；还有一种情况就是某一个危害结果是由单位前后几任领导人造成的，而每一个领导人的行为单独来看却难以认定为犯罪。在某些情况下，单位整体存在过错却不能将其归咎于其中任何一个自然人时，仍然采取双罚制或转嫁制是不可能的。在法国，学者们对此展开了深入的探讨，并最终促使最高法院在2000年10月24日的一份判决书中承认："在法人负刑事责任的过失伤害[①]案件中，其代表在没有过错的情况下免于刑事起诉。"[②] 我们应当借鉴法国的做法，直接规定在此种情况下，仅对单位进行处罚。

### （四）刑罚制度之比较研究

法国刑法对法人犯罪的刑罚制度规定得较为详细，为合理确定法人的刑事责任、严密刑事法网提供了明确的标准。由于中国的单位犯罪制度是在缺乏深入理论研究的情况下匆匆上马的，整个刑事法律体系仍以自然人犯罪为基础，在对单位犯罪的刑罚制度上鲜有可操作性的标准，因此借鉴法国的有关规定也就显得意义非凡且非常迫切了。下面介绍法国法人犯罪的累犯制度、缓刑制度和追诉时效制度，并对我国刑法相关制度的完善抛引玉之砖。

1. 法人犯罪累犯制度

累犯制度最初是作为一项惩罚自然人的量刑制度被提出来的。一个人在第一次犯罪之后，在一定时期内再一次触犯刑律，其主观恶性与人身危险性表露无遗，因此，世界各国刑法一般都将其规定为累犯并判处较重的法定刑。随着法人犯罪的出现，人们逐渐认识

---

① 法国的过失伤害罪同我国的概念不同，在大多数情况下相当于我国的重大责任事故罪等罪名。

② J. Pradel / A. Varinard, Les grands arrêts du droit pénal général, Quatrème édition, DALLOZ, 2003, p. 493.

到，对于一再触犯刑律的法人，也应当判处较重的法定刑，否则不足以惩治和预防其再次犯罪，也有违刑法面前人人平等和罪责刑相适应的刑法基本原则。鉴于此，法国刑法于第132-12条至132-15条详细地规定了法人犯罪累犯制度，具体规定如下：

第132-12条

当一个法人由于犯重罪或轻罪已经受到过处罚，并且该罪在自然人犯罪情况下应处罚金为100000欧元，则其再犯重罪时，对其判处的罚金最高可达法律规定该重罪应处罚金的10倍。在这种情况下，如果仍符合第131-39条最后一段的规定，则该法人仍应受到第131-39条所列的处罚规定。

第132-13条

当一个法人已经受到过与重罪或轻罪有关的处罚，并且该罪在自然人犯罪情况下应处罚金为100000欧元，在前判刑罚执行完毕或赦免后的10年内，又犯应判处同样刑罚的轻罪时，对其判处的罚金最高可达法律规定该轻罪应处罚金的10倍。

当一个法人由于犯重罪或轻罪已经受到过处罚，并且该罪在自然人犯罪情况下应处罚金为100000欧元，在前判刑罚执行完毕或赦免后的5年内，又犯在自然人犯罪情况下应处罚金为15000之轻罪时，对其判处的罚金最高可达法律规定该轻罪应处罚金的10倍。

第132-14条

当一个法人由于触犯轻罪而受到处罚，在前判处罚执行完毕或赦免之后5年内，又触犯同一轻罪或者根据累犯规则被该轻罪所吸收的轻罪时，对其判处的罚金最高可达法律对该轻罪判处罚金的10倍。

第132-15条

当一个法人由于触犯条例规定的属于第5等级的违警罪而受到处罚，在前判处罚执行完毕或赦免之后1年内，又犯同一违警罪的，对其判处的罚金最高可达条例对该违警罪判处罚金的10倍。

由上述条文可见，法国刑法对法人犯罪累犯制度的罪过条件、刑罚条件和时间条件等都作出了具体的规定。

中国刑法在第347条规定了单位走私、贩卖、运输、制造毒品罪的累犯，而对于刑法总则中是否存在单位累犯制度即是否存在单位普通累犯制度，学者们观点不一。有人认为，《刑法》第65条没有排除单位普通累犯的适用，理由是“……对犯罪单位的直接负责的主管人员和其他直接责任人员判处的刑罚，都只能意味着是对单位整体判处的刑罚，而不能看作是对上述各有关自然人作为一个独立的刑罚主体判处的刑罚。由于不论是采用双罚制还是采用单罚制，对犯罪单位的有关自然人都有可能判处有期徒刑以上刑罚，因此，这势必意味着对犯罪单位整体可以判处有期徒刑以上刑罚”。[①] 我们认为，这样解释是非常牵强的。刑法的解释不能超出法律条文所可能包含的意思，否则便是类推。在我国刑法明文规定对单位只能判处罚金的情况下，认为“势必意味着对犯罪单位整体可以判处有期徒刑以上刑罚”明显有违罪刑法定原则；况且，从有利于被告的角度，也不能认为单位可构成累犯。因此，笔者认为，应当借鉴法国的规定，增加中国的单位普通累犯制度，并提出以下构想：

（1）单位普通累犯的罪过条件。

自然人累犯制度要求前后两罪都为故意犯罪，是否单位普通累犯制度也应作此规定？我们认为，应当结合单位犯罪的本身特征进行考察。正如本书的第三部分所述，许多单位过失犯罪是由单位本身的目标、规章、议事程序以及企业文化等所致，由于组织体本身的这些特征，导致其屡屡造成严重危害社会的后果，可以说，这类犯罪的社会危害性丝毫不亚于单位故意犯罪，而对其增加单位累犯制度，更可有效地防止其再犯，促使其更积极地对组织体本身进行改造。因此，不应当将单位普通累犯的罪过条件仅仅局限于故意。

---

① 杨凯：《单位普通累犯理性研究》，载《浙江社会科学》2001年第6期，第76~79页。

前后罪无论是故意还是过失，都不影响单位普通累犯的成立。法国的规定可供借鉴。

（2）刑罚条件。

应当从单位本身来考虑，可对前后罪的罚金规定一个数额，这样操作起来比较方便直接。参照直接负责的主管人员和其他直接责任人员所处刑罚的方法虽然在大多数情况下不存在问题，但如前所述，有时候确定自然人主体是非常困难的，这使得处罚单位普通累犯在有些时候无章可循。

（3）时间条件。

考虑到构成单位普通累犯时仍需对单位和自然人实行双罚制，为了配合自然人累犯的规定，仍应以 5 年为宜。

（4）从重处罚的限度。

对于单位中的自然人，可按照自然人累犯的规定；对于构成累犯的单位，为了同自然人累犯的处罚相适应，可以考虑在应处罚金的 2 倍以下进行处罚。法国 10 倍于原判罚金的做法不适宜我国采用。

2. 法人犯罪缓刑制度

缓刑作为一项针对罪刑轻微的犯罪的执行制度，对于有效地改造罪犯，使其重新回归社会有着非常重要地意义，反映了行刑社会化、轻刑化的刑事政策，为世界各国所广泛采用。将缓刑适用于罪刑轻微的法人，对于促进其反思过错，努力对组织体进行改造，亦有着不容忽视的作用。

法国刑法分别于第 132-30 条第 2 段、第 132-32 条、第 132-33 条第 2 段和第 132-34 条第 2 段对其作了规定，具体规定如下：

第 132-30 条第 2 段

法人于同一时期内所犯普通重罪或轻罪之罚金在不超过 6000 欧元时得适用缓期宣判。

第 132-32 条

法人被判处罚金并处第 131-39 条第 2、5、6、7 项之刑罚时得适用普通缓刑。

第 132-33 条第 2 段

法人于同一时期内犯普通重罪或轻罪之罚金在不超过 15000 欧元时得适用普通缓刑。

第 132-34 条第 2 段

法人被判第 131-42 条和第 131-41 条规定的禁止使用支票或者信用卡之刑罚时得适用普通缓刑。普通缓刑也适用于法人被判处属于第 5 级违警罪的罚金时。

中国刑法在第 72 条至第 77 条分别规定了缓刑的适用条件、考验期限、对累犯不适用缓刑、缓刑犯应遵守的规定、缓刑的考验及其积极后果和缓刑的撤销及其处理等，构成了我国完整的缓刑制度。可以看出，中国的缓刑制度只适用于自然人。因此，这里对建立中国的单位缓刑制度提出初步构想：

第一，适用条件。罪刑比较轻微的犯罪，如对单位判处的罚金不超过 5 万元罚金等。

第二，考验期限。可以等同或略高于自然人缓刑的考验期限，如 2 年以上 5 年以下等。

第三，对累犯不适用缓刑、缓刑犯应遵守的规定、缓刑的考验及其积极后果和缓刑的撤销及其处理等，均可参照自然人缓刑的规定来确定。

3. 法人犯罪追诉时效制度

法国刑法于第 133-2 条至第 133-6 条规定了追诉时效制度，按照其规定，重罪的追诉时效为 20 年，轻罪的追诉时效为 5 年，违警罪的追诉时效为 3 年。由于重罪、轻罪和违警罪的划分同样适用于法人犯罪，因此将追诉时效制度适用于法人不存在任何困难，且操作起来简洁明了。

中国《刑法》第 87 条对追诉时效期限的规定都是以犯罪被判处的刑种及有期徒刑的长短为根据来确定的，显然不适用于单位犯罪。但如果不对单位犯罪规定追诉时效制度，就会使单位的刑事责任始终处于不确定状态，不利于社会的稳定。而我国又不存在法国那样重罪、轻罪和违警罪的划分，因此，只能根据单位因犯罪所应判处罚金数额的多少来确定其追诉时效的期限。例如，罚金最高为不满5万元的，追诉时效为5年；罚金最高为5万元以上不满20万元的，追诉时效为10年；罚金最高为20万元不满50万元的，追诉时效为15年；罚金最高为50万元以上的，追诉时效为20年；如果20年以后认为必须追诉的，须报请最高人民检察院核准。

另外，《法国刑法》第133-7条和第133-8条所规定的行刑时效制度也可适用于法人犯罪，但由于我国刑法没有行刑时效的规定，这里不作探讨。

（五）小结

从1987年至今，中国的单位犯罪制度已经走过了近30个春秋。在此期间，学者们以极大的热情对此展开了热烈的讨论，发表了数以万计的论文，并出版了少数的专著，可谓仁者见仁，智者见智，为中国单位犯罪制度的发展做出了很大的贡献。然而，作为单位犯罪之基础的市场经济制度在我国正处于建设完善之中，经济制度的不成熟必然导致相关法律制度的不完善。在经济日益全球化的今天，从有着几百年市场经济发展经验的西方国家吸收其法人犯罪制度之成功经验并使之在中华大地生根发芽，对于加快完善我国的单位犯罪制度，其积极意义自不容说，此亦为我辈所不贷之责。古人曰："登高而招，臂非加长也，而见者远；顺风而呼，声非加疾也，而闻者彰。"罗斯科·庞德曾说："一种法律制度的历史在很大程度上乃是向他国法律制度借用材料以及将法律之外的材料加以同化的历史。"[①] 以此为宗旨，这里对与中国同样有着成文法传统的法国之法人犯罪制度进行了初步的介绍并同中国的单位犯罪制度

① 转引自潘勇锋：《法律移植面面关》，载《福建法学》2001年第4期。

在立法概况、立法模式、主体范围、主观方面、客观方面、法定刑、两罚制等方面进行了比较研究，对完善中国的相关制度提出了初步的建议，并在最后介绍了法国法人犯罪的累犯制度、缓刑制度和追诉时效制度，以期引起同人之注意，最终将其引入中国。

## 三、共同犯罪成立要件新解

共同犯罪的理论是犯罪构成理论的延续和发展，且为犯罪构成理论的“试金石”。[①] 为此，犯罪构成理论不仅应当公平、公正地解决直接实行犯的定罪与量刑问题，更应能够合理地阐释共同犯罪领域中的相关难题。

我国《刑法》第 25 条规定，共同犯罪是指二人以上共同故意犯罪。我国犯罪构成理论通说认为，一行为若要成立犯罪，必须同时具备犯罪构成四要件。为此，共同犯罪的自然人主体必须是符合犯罪主体要件的人，即具有刑事责任能力之人；具有刑事责任能力之人与没有刑事责任能力的人共同实施危害行为，不构成共同犯罪。由于将共同犯罪的自然人主体定位于“需罚性”，我国共同犯罪理论将无刑事责任能力之人及其行为排除在共同犯罪成立研究之外。这种解释结论可能导致“实行犯”、“主犯”、“从犯”或“胁从犯”的缺失，从而产生刑罚处罚上的间隙以及量刑上的不合理。

### （一）我国共同犯罪理论可能产生刑罚处罚上的间隙

在共同犯罪中，数行为人之间相互联系、相互配合，共同导致了法益被侵害或被威胁，数行为与危害结果之间具有共同的因果关系，这是共同犯罪人承担刑事责任的基础。也正因为如此，共同犯罪往往相对于单个人犯罪具有更为严重的社会危害性，一直是刑法

① ［日］松宫孝明：《日本的犯罪体系论》，冯军译，载《法学论坛》2006 年第 1 期。

严厉打击的重点。[①] 我国通说的共同犯罪理论由于将无刑事责任能力之人及其危害行为排除在共同犯罪成立研究之外，导致当无刑事责任能力之人与具有刑事责任能力之人实施“共同犯罪”且无刑事责任能力之人为“实行犯”时，无法为追究其他犯罪人的刑事责任提供理论依据。

在共同犯罪中，帮助行为和教唆行为虽具有相对的社会危害性和可罚性，但是离开实行犯的实行行为和犯罪形态，帮助行为和教唆行为则无力说明自己的犯罪性质和犯罪形态，如放风行为，既可以是盗窃、抢劫的帮助行为，也可以成为强奸、故意杀人等的帮助行为。诚如陈兴良教授所言：“教唆行为、帮助行为经由刑法总则规定，是教唆犯与帮助犯的构成要件的行为，只不过它必须与一定的正犯行为相结合才能构成完整的共犯形态。”[②] 若无刑事责任能力之人为“实行犯”时，当我们把无刑事责任能力之人及其实行行为排除在共同犯罪成立之外，帮助犯的罪名以及犯罪形态也就成了无本之木、无源之水，从而产生刑罚处罚上的间隙。因此，大陆法系犯罪论体系建立之初，针对主观违法论将无刑事责任能力之人及其行为排除在违法与共同犯罪成立之外所可能产生刑罚处罚上的间隙，古典犯罪论的代表者李斯特、贝林格等人严格区分了违法性和责任，认为即使没有责任也是违法的，从而避免了刑罚处罚上的间隙。[③]

我国通说认为，如果帮助者认为所帮助的对象具有刑事责任能力，但实际上所帮助的对象不具有刑事责任能力，则帮助者应作为从犯处罚；如果帮助者认为所帮助的对象无刑事责任能力，而实际

① 左坚卫、黄祖帅：《雇凶杀人案死刑适用问题探讨》，载《法学杂志》2009 年第 5 期。

② 陈兴良：《共同犯罪论》，载《现代法学》2001 年第 3 期。

③ 参见赵秉志主编：《外国刑法原理（大陆法系）》，中国人民公安大学出版社 2000 年版，第 71 页。

上所帮助的对象具有刑事责任能力，则帮助者应按间接实行犯论，可按从犯处罚。[①] 其实，这一观点背后隐藏着一个理论前提，即无刑事责任能力之人与具有刑事责任能力之人亦可以构成共同犯罪，否则何来从犯？然而，在阐述共同犯罪的成立要件之时，该观点却又认为："从犯罪主体来看，行为人必须是二人以上……同时二人以上的共同犯罪人必须都是达到刑事责任年龄、具有刑事责任能力的人。一个有刑事责任能力的人与一个没有刑事责任能力的人共同实施危害行为，不构成共同犯罪。"[②] 显然，从其关于共同犯罪的构成并不能必然地推断出该结论，理论前提和结论在逻辑上是自相矛盾的，我国许多学者亦对此提出了批评意见。[③] 此外，根据该观点，帮助者认为当所帮助对象无刑事责任能力而实际上却具有刑事责任能力时，对帮助者按间接实行犯论，同时又按从犯论处，也难免牵强。

### （二）传统共同犯罪理论产生量刑上的不合理

我国《刑法》第 61 条规定，人民法院应当根据犯罪的事实，犯罪的性质、情节和对于社会的危害程度等来决定对犯罪分子施以何种刑罚。量刑是实现刑罚目的的重要手段和前提，畸轻与畸重的量刑不仅对于被告人来说是不公平、不合理的，而且有损于刑法目的及各项机能的实现。

共同犯罪人在共同犯罪中所起的作用以及在共同犯罪中的地位直接而明确地反映了共同犯罪人行为的社会危害程度及人身危险

---

① 参见马克昌主编：《犯罪通论》，武汉大学出版社 1995 年版，第 580 页。

② 参见马克昌主编：《犯罪通论》，武汉大学出版社 1995 年版，第 479 页。

③ 参见李凤梅：《教唆行为：共犯行为抑或实行行为》，载《法学杂志》2009 年第 1 期。

性。因此，对共同犯罪人按地位作用分类法进行划分的目的在于确定各共同犯罪人刑事责任的大小，以便合理地对共同犯罪人进行量刑。但是，我国通说的共同犯罪理论将无刑事责任能力之人排除在共同犯罪成立之外，导致一些本应按共同犯罪处理的案件，只能按单独犯罪处理，或者说导致主犯、从犯、胁从犯的缺失，使得某些“共同犯罪人”应当按照某些法定情节进行量刑而按单独犯罪却无法进行，有违罪责刑相适应原则。下面分述之。

1. 无刑事责任能力之人为“主犯”时

随着我国未成年人犯罪的低龄化、智能化的发展趋势，[①] 无刑事责任能力之人与具有刑事责任能力之人共同实施犯罪的现象必将日趋增多。例如，无刑事责任能力之人组织、胁迫其他具有刑事责任能力之人实施犯罪，对具有刑事责任能力之人按单独犯罪加以处罚，还是按“从犯”或“胁从犯”加以处罚？如果按“从犯”或“胁从犯”处罚，理论依据是什么？如果按单独犯罪加以处罚，“从犯”或“胁从犯”的法定量刑情节又如何在量刑中加以体现？

在无刑事责任能力之人与具有刑事责任能力之人实施的“共同犯罪”之中，具有刑事责任能力之人并不一定就是主犯，甚至有可能出现无刑事责任之人为“主犯”，具有刑事责任能力之人为“从犯”或“胁从犯”的情况。[②] 而对被胁迫参加“共同犯罪”的行为人只能按单独实行犯的法定刑进行量刑且行为人并不享有“胁从犯”的法定量刑情节，显然与我国《刑法》第 61 条的立法精神相违背。

---

① 张远煌、姚兵：《从未成年人犯罪的新特点看宽严相济刑事政策的全面贯彻》，载《法学杂志》2009 年第 11 期。

② 例如，有些 14 至 16 周岁的人实施犯罪的手段极为残忍，其程度往往超过成年人，对其应按照主犯论处。参见陈运红：《绑架罪若干立法问题辨析》，载《法学杂志》2009 年第 10 期。

2. 无刑事责任能力之人为“从犯”、“胁从犯”时

我国《刑法》第26条第3款和第4款规定，对于组织领导犯罪集团的首要分子，按照集团所犯的全部罪行处罚；对于其他主犯，应当按照其所参与的或者组织、指挥的全部犯罪处罚。

如果具有刑事责任能力之人组织、指挥一批无刑事责任能力之人成立“犯罪集团”或“犯罪团伙”，要求无刑事责任能力之人为其实施“犯罪”，如成年人甲组织一批11周岁到15周岁的流浪儿成立盗窃犯罪集团，按我国的共同犯罪理论，行为人之间不构成共同犯罪。[①] 那么，对甲能否适用我国《刑法》第26条第3款或第4款之规定？如果不能，如何合理地解决当事人的量刑则成为问题。

3. 对某些案件中的行为人不能适用加重情节

有一起案件，被告人李某伙同申某某（13周岁）将幼女王某领到某村玉米地里，先后对王某实施轮奸，后因被害人亲属报案，李某被抓获。对于被告人李某能否适用“轮奸”的加重情节，意见不一。按照我国通说的共同犯罪理论，李某与申某某不构成共同犯罪，为此，李某的行为属于单独犯罪。既然李某为单独犯罪，也就谈不上“两人以上轮奸”，只能在3年以上10年以下有期徒刑的幅度内对李某进行量刑。但从本质上说，轮奸是指“在一较短时间内先后轮流强奸同一妇女或者幼女”，至于两个以上的行为人是否具有刑事责任能力则不应影响对轮奸行为性质的认定。

法院经审理后认为：立法规定轮奸这一量刑情节，表明立法者认为轮奸比单独实施的强奸犯罪更为严重，对被害人的危害更大。如果坚持“轮奸”的行为人必须构成强奸罪的共同犯罪，参与轮

① 此处仅指甲组织流浪儿单纯从事盗窃行为，如果组织内容包含有教唆14岁以上16岁以下流浪儿实施《刑法》第269条所规定的转化行为，则仍可构成故意伤害罪或故意杀人罪的共同犯罪。参见李希慧、徐光华：《论转化型抢劫罪的主体——以已满14周岁不满16周岁的人为视角》，载《法学杂志》2009年第6期。

奸的人都必须具备犯罪主体要件，显然不利于打击犯罪。为此，即使行为人不构成共同犯罪，只要客观上有轮奸的行为，就可以适用轮奸的加重情节。依此解说，法院对李某适用了轮奸的加重情节。[①] 法院将行为与行为人的刑事责任分阶段予以考察，对李某适用轮奸的法定加重量刑情节的做法无疑是正确的。如此看来，似乎有必要对我国的共同犯罪理论进行反思。刑法规范应通过个案事实衍生出规范适用的经验规则，[②] 刑法理论更应当通过实践获得新的发展。不妨认为，在上述案件中被告人李某与申某某可以构成共同犯罪，只是此处的“共同犯罪”不同于传统理论的“共同犯罪”。

### （三）其他国家共同犯罪理论关于犯罪主体的要件

1. 大陆法系共同犯罪理论关于犯罪主体的要件

德国学者迈耶从共犯的从属性出发，提出共犯的四种从属形式：①最小限度从属形式；②限制从属形式；③极端从属形式；④夸张从属形式。[③] 由于认定共犯的范围过于宽泛或苛刻，最小限度从属形式和夸张从属形式一般不被学者和法院采纳。1943 年以前，极端的从属形式在德国处于通说的地位，要求正犯必须实施“应受处罚的行为”。为了弥补可能产生的处罚性漏洞，1943 年 5 月 29 日的德国法律公报增加了限制从属形式。[④] 在日本，1983 年以前，

---

① 参见《李尧强奸案——与未满刑事责任年龄的人轮流奸淫统一幼女的是否成立轮奸》，载中华人民共和国最高人民法院刑事审判第一、二、三、四、五庭主办：《刑事审判参考》（第 36 集），法律出版社 2004 年版，第 30 页。

② 张心向：《论个案事实在刑法规范解释中的作用》，载《法学杂志》2009 年第 1 期。

③ 参见马克昌主编：《近代西方刑法学说史略》，中国检察出版社 2004 年版，第 225 页。

④ 参见［德］耶赛克、魏根特著：《德国刑法教科书（总论）》，徐久生译，中国法制出版社 2001 年版，第 792~795 页。

判例一般采用极端从属形式来认定共犯的范围，但是，1983 年 9 月 21 日最高法院刑集第 37 卷第 7 号认为，即便是利用刑法上的未成年人的场合，也可能构成教唆犯，显示了向限制从属形式倾斜的态度。为此，限制从属形式在德日刑法理论界处于通说的地位，正犯是否具有有责性不影响共同犯罪的成立，无刑事责任能力之人亦可以成为正犯或共犯。

意大利刑法学者杜里奥·帕多瓦尼认为共同犯罪由典型行为、客观违法性和罪过三部分组成。共同犯罪的典型事实包括：①主体的多重性；②实现了与单个主体相同的典型事实。其中，主体的多重性是指要求有两个以上的自然人存在。“在多个自然人主体中，如果有人不具备刑事责任能力，或主观上没有罪过，或具备可原谅的理由，或者其它排除可罚性的个人原因，并不排除共同犯罪的成立。”①

2. 英美法系共同犯罪理论关于犯罪主体的要件

英美刑法的犯罪论体系大致相同，即按犯罪本体要件（犯罪行为与犯罪心理）——抗辩事由加以建构。共同正犯是指两人以上，在一定的犯罪意图支配下实施不同的行为，这些行为结合在一起足以构成犯罪行为；帮助、唆使、劝诱或促成犯罪实施的人，为从犯。② 在认定共同犯罪的成立上，英美刑法理论以违法行为的类型作为论证起点，至于共同犯罪人是否承担刑事责任，则属于责任充足要件考察的问题。美国刑法学者弗莱切指出：“所有的刑法文化都安排了违法行为和归责的理论。它们可以不使用这种精确的语

---

① ［意］杜里奥·帕多瓦尼著：《意大利刑法学原理》，陈忠林译，法律出版社 1998 年版，第 319 页。

② ［英］鲁珀特·克罗斯著：《英国刑法导论》，中国人民大学出版社 1990 年版，第 403~404 页。

言，但是，这些理论都暗含在它们使用的信条之中。”① 因此，无刑事责任能力之人亦可以成为共同犯罪的主体，即使主犯不负刑事责任，依然可以对从犯进行定罪量刑，如行为人帮助或唆使具有可宽恕性辩护理由的行为人进行犯罪。

（四）小结

正如赵秉志教授所言，“刑法典的完善是一个不断发展的过程”，② 以刑法及刑法规范为研究对象的中国刑法学更需要具有知识品格和实践能力，不断地完善自己。刑罚作为最严厉的制裁手段，不仅可以剥夺犯罪人的财产以及人身自由，甚至其生命。为此，以刑罚为研究对象的刑法理论应当为司法实践提供最为精确的理论，以保障被告人的人权及法定权益，以彰显法的精神。我国传统的共同犯罪理论将无刑事责任能力之人及其危害行为排除在共同犯罪成立之外，导致在适用具体的刑法条文上存在诸多困惑。张智辉教授指出：“在刑法上判断行为是否违法的目的在于该行为能不能成为刑事责任的基础，以决定要不要对其进行追诉活动，而不是最终决定一个人对自己的行为是否承担刑事责任。所以，违法判断的对象（即人的行为）应当包括一切人的行为，而不应当在判断之前就把某些人的行为排除在外。按照主观违法性论的观点，必然否定未成年人实施的违反法律规范的行为具有违法性，这显然是违反常识的。”③

为此，我们主张在认定共同犯罪成立之时，将与具有刑事责任

① ［美］乔治·P. 弗莱彻著：《刑法的基本概念》，蔡爱惠等译，中国政法大学出版社2004年版，第108页。

② 赵秉志、王燕玲：《改革开放30年刑法立法基本问题研究评述》（下），载《法学杂志》2009年第3期。

③ 张智辉著：《刑事责任通论》，警官教育出版社1995年版，第140页。

能力之人共同故意实施危害行为的无刑事责任能力之人纳入共同犯罪的成立范围，无刑事责任能力之人亦能够成为能共同犯罪的主体；在考察共同犯罪人责任阶段，排除无刑事责任能力之人不负刑事责任。通过对行为和行为人的刑事责任应当分阶段予以考察，我们才能合理地解决上述案件中当事人的量刑问题。

## 四、过失共同正犯[1]

是否承认过失共同正犯是共同正犯研究中无法避开的疑难问题。境外学者对此已讨论多年，而我国刑法学界也逐渐加大了对其的关注与研究力度，但争论依旧激烈，一时难以形成定论，[2] 值得进一步研究。已有的研究路径主要有两条，即解释论和立法论，此二者皆为刑法学研究的重要方法。

法律需要解释，这是因为司法是以法为前提的，所以找法是必不可少的环节。其实任何法律都需要解释，否则就无法适用。德国学者考夫曼曾经指出：法律使用清楚的概念的情形，而且真正的清楚，不需要解释，也根本不能解释的只有数字概念（18 岁）。所有其他概念都是有扩张可能的，而且也常常需要解释。[3] 解释论作为一种重要的刑法学方法，主要是在已有的法律规定可能存在缺陷的情况下，试图运用各种解释方法来肯定或否定某一情形是否适用该法律规定。对于解释论的意义和价值，张明楷教授一直给予很高的

---

① 本部分内容系本人与邹兵副教授合作研究和撰写，曾发表于《中国刑事法杂志》2009 年第 7 期，后本人根据我国刑事法律的立法进展和理论界的最新研究状况作了修改和补充，对有关内容进行了一定的调整。

② 参见陈家林著：《共同正犯研究》，武汉大学出版社 2004 年版，第 171~205 页。

③ 参见［德］考夫曼著：《法律哲学》，刘幸义等译，法律出版社 2004 年版，第 94~95 页，转引自陈兴良：《刑法教义学方法论》，载梁根林主编：《刑法方法论》，北京大学出版社 2006 年版，第 8 页。

评价，他主张与其批评法律，还不如在正义原则下运用智慧解释好法律，以适应现实之需。于是，在是否应当承认过失共同正犯的问题上，有为数不少的学者是从解释论的角度提出肯定或否定论的。与此相反，持立法论的学者则认为，从解释论肯定过失共同正犯走不通，那么就只能通过主张立法上加以修改来弥补法律规定的不足。在过失共同正犯问题上究竟何去何从？下面详述之。

### （一）问题之所在

数人在实施一定行为之际，由于共同过失而引起了某种过失犯的犯罪结果的场合，是作为过失犯的共同正犯处理，还是作为过失犯的同时犯处理？判例与学说上皆有肯定与否定之立场存在，疑问颇多。而且这些疑问的产生还不能仅仅视为理论上思辨的结果，更为重要的是，此为司法实践中出现的相关疑难案例使然。对此，黎宏教授作了论述：①

在司法实践中，需要用过失共同正犯理论处理的问题，不外乎以下三种情况：

一是二人以上共同作业，不慎引起了危害结果，但能查清是共同行为所引起的场合。案例一：X 和 Y 共同在高楼的施工现场抬着铁材的两端扔到楼下去的时候，不注意将铁材扔到了正在楼下经过的行人 A 的头上，将其砸死。这种场合，对 X、Y 的行为该如何处理，成为问题。对于这种情况，肯定说认为 X、Y 二人成立过失共同正犯，否定说主张成立过失犯的同时犯。由于 X、Y 二人共同作用于同一载体（铁材），然后由此唯一的载体将被害人砸死，所以最后在处理阶段要求 X、Y 都要对过失致被害人之死负刑事责任并无疑问。就司法适用而言，按照过失犯的同时犯处理已足矣。此

① 黎宏：《过失共同正犯质疑》，载《人民检察》2007 年第 14 期。

时，认定过失共同正犯并无任何实益。[①]

二是二人以上共同作业，由于同时不注意而引起了危害结果，但能查清是谁的行为引起了危害结果的场合。案例二：猎人X和Y一起在森林中打猎，听见树丛中有声音，以为是熊藏在里面，就同时开枪，结果X发射的子弹打中了行人A，致使A死亡。这里的问题是，没有射中的Y是不是也要对A的死亡结果负责？对此，肯定说认为，虽然只有X发射的子弹打中了A，Y的子弹并没有打中，但对Y也成立业务过失致人死亡罪。因为，X和Y之间能够认定存在作为部分行为全部责任基础的相互利用、补充关系，因此，X和Y成立业务过失致死罪的共同正犯。相反地，按照否定说的观点，X和Y是过失同时犯，和死亡结果之间具有相当因果关系的X成立业务过失致死罪，而Y由于和死亡结果之间没有相当因果关系，结果不可能归责于他，所以，他不可罚。因此，在这种情况下，是否肯定过失共同正犯事关重大。

三是二人以上进行危险行为，由于都没有注意而引起了危害结果，但到底是谁的行为引起了该结果，无法查清的场合。案例三：养路工人X和Y一起，一起将被大雨冲到公路上的石头往路边的悬崖下扔，砸中了正在悬崖下路过的A，致使A死亡，但X和Y之中，到底是谁扔的石头打中了A，无法查明。这时候，对X、Y该如何处理？对此，肯定论认为二被告人构成过失共同正犯，应依照“部分实行全部负责”之原则来处理；而否定论则主张二者只能成立过失犯的同时犯。此处的问题是，在过失同时犯的场合，对因果关系的举证必须个别进行，不能举证的话，就只能构成过失致人死亡罪的未遂犯，由于现行法律并不处罚过失犯的未遂犯，因此，结局上只能说X、Y无罪。于是，在此情形下，认定过失共同正犯的犯罪类型存在即有其实益性。

---

① 余振华著：《刑法深思·深思刑法》，台湾元照出版社2005年版，第194页。

以上疑难，尤其是案例三所展示之无法查明各自因果关系之情形均客观存在，作为审判者却不能以此作为拒绝审判的理由。“任何审判者都会遇到的两个问题，首先是，在未参与事件全过程因此不了解事实真相的情况下如何依据现有的并不充分的证据作出判断并据此行动。………前者是一个无法解决的认识论问题；但还不仅如此，更重要的是加了着重号的问题，即司法是要行动的，常常要在信息不完全的条件下行动，决定他人的身家性命。裁判者不可能等到一切都弄清楚了——这一天也许永远不会来到——再行动。”①在此前提下，法官应当根据什么来进行判断，是按照过失共同正犯还是过失犯的同时犯来处理，的确是个问题。只有在理论上厘清了该问题，才能尽可能通过司法制度和法律规定的设置来减少法官所面临的压力以及出错之可能性。

### （二）概念辨析

#### 1. 过失共同正犯与共同过失正犯

过失共同正犯（犯罪）与共同过失正犯（犯罪）有无区别?或者有无区别之必要?对此，有不同观点。

肯定论者认为，共同过失犯罪与过失共同犯罪两者是有区别的，不仅仅是词序排列位置的变化，两者的内容和外延都是不同的。首先，共同过失犯罪是指二个以上的行为人的过失行为共同造成了一个危害结果，但是，在各行为人之间不存在共同注意义务和违反共同注意义务的共同懈怠。从以下案例中可以直观地体会到共同过失犯罪的构成：司机甲开车不慎把一个行人撞倒在地，司机乙开车时精神也不集中，没有发现前方有人被撞，待发现时已刹车不及，车从那个人身上轧过，把人轧死了。在这一案例中，司机甲和司机乙属于共同过失犯罪而不属于过失共同犯罪。因为，甲和乙不

① 苏力著：《法律与文学：以中国传统戏剧为材料》，生活·读书·新知三联书店2006年版，第294页。

存在共同的注意义务，其各自的注意义务是独立的，只有对自己的行为加以注意的单独的义务，相互之间不存在相互促使对方加以注意的义务，即注意义务不具有共同性。其次，过失共同犯罪与共同过失犯罪的区别还体现在过失行为人的范围的确定性。[①]

否定论者认为，在汉语中，“共同过失犯罪”与“过失共同犯罪”两个概念，实际上没有区别，就像人们常说的故意共同犯罪与共同故意犯罪一样。[②] 而且，“不管是日本的学者还是国内的学者，对于共同过失犯罪和过失共同犯罪的概念使用上没有作过多的区分，实际上也是难以区分的，故仍然可以沿用传统共同过失犯罪的概念”。[③]

我们认为否定论是基本合理的。首先，就我国《刑法》第25条之规定来看，前后的“共同故意犯罪”与“共同过失犯罪”在语句的逻辑上应被视为对称的。两个“共同”的含义应当是一致的：各行为人具有相同的主观罪过（都是故意或过失，且故意或过失的内容要一致），共同（一起）实施了构成要件客观方面之行为，而且，彼此间对一起实施构成要件客观方面（危险）行为有认识和意思的联络。既然在理论上否认犯罪故意内容不一致的行为不属于共同故意犯罪没有太大障碍，那么，也就应该在逻辑上将“共同过失犯罪”理解为各行为人共同违反共同注意义务之情形，而不宜将实际上当归属于竞合过失的诸情形也统统纳入共同过失犯罪（正犯）的概念里去，而主张所谓解释论上的“混合型过失犯罪”。其次，也不宜置法条内在的逻辑于不顾，而活生生地将共同

---

① 文雯、喻玫：《肯定过失共同犯罪有积极意义》，载《检察日报》2007年1月26日。

② 张明楷：《共同过失与共同犯罪》，载《吉林大学社会科学学报》2003年第3期。

③ 参见袁登明、吴情树：《论竞合过失与共同过失》，载《云南大学学报（法学版）》2003年第2期。

过失犯罪在解释论上等同于竞合过失，且另外用过失共同犯罪（正犯）来涵括本来共同过失犯罪所指之情形。很显然，此举意在从解释论上肯定我国《刑法》第25条并未否定过失共同正犯。但是否定过失共同正犯的实质在于是否承认过失共同正犯属于共同犯罪之范畴，而该条规定已明确将共同犯罪等同于共同故意犯罪，“因此，试图从解释论上肯定过失的共同犯罪，几乎不可能”。[①] 再次，考虑到过失共同犯罪（正犯）与共同过失犯罪（正犯）在日常理解和运用上实在没有太大差别，强行区分未免有点勉强。最后，考虑到共同正犯作为一个完整概念的价值，故称过失共同正犯，而与故意共同正犯相对，似更妥当。

2. 过失共同正犯与竞合过失犯罪

所谓的竞合过失犯罪，其实就是传统刑法理论上所论的共同过失犯罪现象，是指二个以上的行为人的过失行为共同造成了一个危害结果，但是，在各行为人之间不存在共同注意义务和违反共同注意义务的共同心情。[②] 而共同过失犯罪或者是过失共同犯罪则是指二人以上的行为人负有防止危害结果发生的共同注意义务，由于全体行为人共同的不注意，以致发生危害结果的一种共同犯罪形态。

对于二者进一步的区别，有论者作了相应分析：首先，在主观上，对行为人所要求的注意义务内容不相同。在过失共同正犯中，各行为人的注意义务是相同的；而在竞合过失中，“各个行为人之间没有、也不可能形成意思联络，不存在实际的分工、协作关系，只是由于某种巧合，才使几个人的行为共同造成了一个危害社会的结果”。[③] 前述“肯定论”所举案例即为其适例。其次，在客观上，

---

① 张明楷：《共同过失与共同犯罪》，载《吉林大学社会科学学报》2003年第3期。

② 参见冯军：《论过失共同犯罪》，载高铭暄等著《西原春夫先生古稀祝贺论文集》，法律出版社、日本成文堂1997年版，第171页。

③ 姜伟著：《犯罪形态通论》，法律出版社1994年版，第220页。

二者对各行为人所实施的行为方式的要求不一样。共同过失犯罪（正犯）均在进行同一个实行行为，而竞合过失则不然。最后，在归责原则上，共同过失犯罪（正犯）适用“部分实行全部负责”之原则，定一个罪名；而竞合过失则分别单独处罚，罪名也不必相同。①

### （三）立法例、判例与学说见解

司法判决必须以法律规定为依据，故立法对于司法判例有极为重要的影响。但因各国情势不一，理论与实践未必呈绝对的、一成不变的态势。而且学说见解也须以立法和判例为基础，故考察各国过失共同正犯之立法例、判例及学说见解，对于了解各国如何处理相同或相似问题实为必要。

大陆法系国家和地区众多，此处选取瑞士、德国、日本、我国台湾地区等作为考察对象。之所以作此选择，是因为瑞士因“滚石案”而使过失共同正犯开始受到世人关注；德日过失共同正犯刑法理论与实践深厚；我国台湾地区承袭德日大陆法系刑法理论，与我国内地存有诸多联系。

1. 瑞士

（1）判例立场。

瑞士联邦法院于1987年针对两行为人过失致人死亡案件，判决成立过失致死罪的共同正犯。判例如下：A与B二人于1983年4月21日下午6时55分许，自X森林小屋返家途中，发现T河右岸之山坡上有两块大石，后A提议，将大石推落山坡下。A与B二人非常熟悉该处所之地理环境，特别系对T河岸经常有渔夫出现之事实相当了解，且认识到大约50公斤或100公斤以上之大石块于滚落之际所产生之危险范围内偶尔可能有人出现之事实。B接

① 参见袁登明、吴情树：《论竞合过失与共同过失》，载《云南大学学报（法学版）》2003年第2期。

受A之建议，为确认坡道上或T河岸是否有人，乃移近绝壁数步，大声喊叫："有谁在下面吗?"此时由B之所处之处，并无法一眼看清T河岸之全部景观。B在未听到有任何回应声之后，回到A所在之处，以手将超过100公斤重之大石块推动使其滚落坡道下。随后，A亦以同样方式将重达52公斤之大石块推落坡道。两块大石之一适巧击中于坡道上之渔夫C，而导致C死亡之结果，然究竟系其中哪一块大石击中C，根本无法区别。苏黎世州高等法院于1983年7月3日第二审判决A成立过失致死罪（刑法第117条），判处有期徒刑3个月，并宣告缓刑。A以高等法院认定其行为与C之死亡结果间具有因果关系系属不当为由，向联邦法院撤销判决并提出上诉。

后来，联邦法院基于"行为人若不遵守注意义务，且依其不注意之行为形态，已充分符合构成要件时，均成立过失犯之正犯。至其他行为人以同样方式共同实行犯罪行为时，亦适用之。换言之，基于过失而引起同一结果之多数行为人，皆应依过失犯之正犯而予以处罚"之理由，驳回被告A之上诉。

在判决书中，法院针对该事件提出见解：在本事件中，被告二人共同将两块大石推落坡道之事实明确，此种事态所应论断者，并非该二人之个别行为与构成要件结果之间是否具有因果关系，而系是否能肯定其共同实行之全体行为与发生结果之间具有因果关系此点上。在本事件中，至少被告二人系共同决意实行不注意之行为，且于场所及时间极为接近之情形下共同遂行该行为，故当时究竟系由谁推落哪一块大石，应属于偶然之分工而已。倘若可肯定两块大石之中至少有一块大石导致被害人死亡之结果，则可充分确定上诉人之行为与发生死亡结果之间具有因果关系。至于被告二人若系实行相互间无关系之行为时，则属另外之判断。

（2）学说见解。

针对该判决，有唐纳奇（Donatsch）及许茨（Schutz）两位学者提出批判性见解。前者认为，在故意犯中，故意、行为与结果之间具有直接的关系；至于过失结果犯，则欠缺此种关系。对于过失结果犯而言，无法认定可以成立共同正犯，只能成立同时犯而已。在本案中，可以因A和B各自均违反其注意义务，而基于该违反注意义务与C之死亡结果具有因果关系，肯定被告二人应负过失致人于死的罪责。后者认为，既然无法证明A与B之个别行为与C之死亡结果间具有因果关系，则A与B皆应免除罪责。当然，也有肯定见解。在德国学说上以“过失犯中，虽无共同故意，唯有共同之意识”为由而肯定过失成立共同正犯，亦属有力的见解。也有学者基于共同违反义务之理由而采肯定说之立场，如罗可辛（C. Roxin）与奥托（H. Otto）之见解即是。另外，我国台湾学者余振华教授亦采肯定说。①

2. 德国、日本、我国台湾地区

（1）立法例。

德国现行刑法第25条第（2）项规定：“数人共同实施犯罪的，均依正犯论处。”② 在此之前，德国1913年修正案第38条及1919年修正案第31条规定：“数人共同或相继以过失实现一个可罚行为之构成要件时，皆视为正犯而处罚。”然而，该修正条文虽其立意缜密，仍未得到支持，而于1935年修正案以后，已不复见该类条文之修正案。③《日本刑法》第60条规定：“两人以上共同实行犯罪的，都是正犯。”我国台湾地区“刑法”经最新修订后于第28条规定：“两人以上共同实行犯罪之行为者，皆为正犯。”从字面上看，以上立法例对过失能否构成共同正犯，未置可否，属于

---

① 以上关于“滚石案”的判决及相关的学说见解，均参考了余振华教授的著作。参见余振华著：《刑法深思·深思刑法》，台湾元照出版社2005年版，第221~238页。

② 《德国刑法典》，徐久生译，中国法制出版社2000年版。

③ 参见余振华著：《刑法深思·深思刑法》，台湾元照出版社2005年版，第199~200页。

"空白例"。[①] 在解释论上证成过失共同正犯之成立似不无空间。根据本书对中国共同正犯立法例的考察不难看出，德国和我国台湾地区"刑法"都经历了在立法例上否认过失共同正犯之过程。只不过，前者是对修正案的否定，后者是对已有条文的删除。对此，一般认为是立法对过失共同正犯的否定。但也有学者提出新的见解："事实上，就立法层面而言，暂行新刑律、旧刑法之所以加以规定自然有其现实之需要，而现行刑法之所以加以删除，却未必没有现实之必要。换言之，或可理解为第二十八条之规定内容亦涵盖过失共同正犯，从而没有另行规定之必要。"[②] 若果然能从学理上证成共同正犯包括故意共同正犯和过失共同正犯，则此论似乎不无道理。

（2）判例立场。

在德国，处理相关问题的是如下案例：原审法院针对使用某公司所制造的喷雾式皮鞋亮光器，造成身体伤害之事件，基于该事件发生之当时，制造公司及贩卖公司等接获因使用该产品而致身体伤害结果（呼吸困难、呕吐等）之报告，却未采取回收该产品之措置，而认为被告等人应成立过失伤害罪（《德国刑法》第230条）及危险伤害罪（《德国刑法》第223条之a）。联邦法院认为全部新给人均应负共同正犯之罪责。此判决系于实质上肯认过失犯可成立共同正犯之看法。[③]

在日本的审判实践中，对过失共同正犯的运用，战前采否定论，战后则改采肯定论，但亦间有否定论之判决。否定论的判例，

---

① 陈家林著：《共同正犯研究》，武汉大学出版社2004年版，第173页。

② 陈子平：《过失共同正犯概念之争议》，载蔡墩铭主编：《刑法争议问题研究》，台湾五南图书出版公司1989年版，第293页。

③ 余振华著：《刑法深思·深思刑法》，台湾元照出版社2005年版，第203页。

如战前的大审院明治四十四年三月十六日判决、大审院大正三年十二月十四日判决、大审院大正十一年十月二十三日判决，以及战后的广岛高等法院昭和三十二年七月二十日判决、秋田地方法院昭和四十年三月三十一日判决；肯定论的判例主要集中在战后，如最高法院昭和二十八年一月二十三日判决、名古屋高等法院昭和三十一年十月二十三日判决、京都地方法院昭和四十年五月十日判决、名古屋高等法院昭和六十一年九月三十日判决等。[①]

我国台湾地区的司法实践对过失共同正犯多采否定论。例如，其“最高法院”二十七年附字第九三四号判例：“刑法第二十八条之共同正犯，以实施犯罪行为者有共同故意为必要，若二人以上共同过失罪，从应就其过失行为共同负责，并无适用该条之余地。”“司法院”三十一年院字第二三八号解释：“二人以上因共同之过失发生犯罪者，应各科以过失罪之刑，不适用刑法第二十八条条文，其判决主文毋庸为共同过失宣示。”“最高法院”四十四年台上字第二四二号判例：“……惟查刑法第二十八条之共同正犯，以二人以上实施犯罪有共同故意为要件，若二人以上同有过失行为，纵于其行为皆应负责，亦无适用该条之余地。”[②]

（3）学说见解。

面对相似的立法例和不太一致的司法判例，德国、日本、我国台湾地区的学者纷纷阐述了自己的见解。角度众多，观点纷呈，都有肯定论和否定论之争。因三者在刑法理论和体系上所具有的内在传承关系，所以各学者观点间也多有交叉与借鉴。

德国学说在肯定过失共同正犯上，大致有三个思考方向：第一，区别“意思”与“意识”的基本概念，学者宾丁（K. Binding）采此

① 具体案情详见廖正豪著：《过失犯论》，三民书局 1993 年版，第150~152 页。

② 参见甘添贵：《过失共同正犯与过失共犯》，载《月旦法学教室》2004 年第 18 期，第 84 页。

种思考；第二，（各行为人间“相互了解”的认识内容）无须针对特定之犯罪结果，学者弗兰克（R. Frank）、梅茨格（E. Mezger）、勒伯（A. Lobe）、埃克斯纳（F. Exner）、切米德哈尔（Eb. Schmidhauser）等采此说；第三，违反共同义务，学者罗可辛、奥托等采此种见解。否定论者的立论依据主要在于欠缺对结果之认识说，即认为在共同正犯之意思联络中，必须在主观上具有对犯罪结果之认识，因此共同正犯仅限于故意犯，而由于过失犯在主观上欠缺对结果之认识，充其量仅可成立同时犯。学者梅尔（M. E. Mayer）、阿尔弗尔德（Allfeld）、韦尔策（H. Welzel）等均采此种见解。①

日本学者在肯定论上的解释路径主要包括共同正犯理论的主观说、无视共同正犯的特性说（将共同正犯与单独正犯等量齐观）、意思联络说（认为过失共同正犯亦有意思联络）、过失犯本质说，②还有学者从犯罪共同说、行为共同说与过失共同正犯成立与否，过失犯之意识部分、无意识部分与过失共同正犯成立与否的角度，认为“无论系从‘共犯论’或从‘过失犯论’之观点，肯定过失犯之共同正犯，理论上明白地系妥当的见解”。③ 当然也有不少日本学者采否定论，主要包括“基于犯罪共同说之否定论”、“基于过失犯本质之否定论”、“基于共同意思主体说之否定论”。④

我国台湾地区持肯定论者如陈子平教授、廖正豪教授、余振华教授、张丽卿教授等，持否定论者如蔡墩铭教授、杨建华教授、洪福增教授等。肯定论与否定论者各自所持理由也大致没有超出德日

---

① 参见余振华著：《刑法深思·深思刑法》，台湾元照出版社 2005 年版，第 200~203 页。

② 参见廖正豪：《过失犯论》，三民书局 1993 年版，第 147~150 页。

③ ［日］川端博著：《刑法总论二十五讲》，甘添贵监译，余振华译，中国政法大学出版社 2003 年版，第 356~364 页。

④ 参见余振华著：《刑法深思·深思刑法》，台湾元照出版社 2005 年版，第 212~213 页。

刑法理论已有的理论路径。①

上述国家和地区的各种学说见解纷繁复杂。为了能形成一个整体的认识，本书将借鉴我国张明楷教授对各种学说的总结：

肯定说肯定过失的共同正犯，基本理由有两个方面：第一是行为共同说，认为共同正犯只要求构成要件之前的自然行为的共同，只要各行为人对自然的行为有共同的意思，就构成共同正犯。第二是以目的行为论为基础，认为过失行为是一种不注意的目的行为，当然是一种意思行为，故二人以上能够共同实施过失行为。过失犯中的实行行为，是违反客观的注意义务，具有引起构成要件结果的现实可能性的非故意的形态，二人以上完全可能共同实施这种行为，因而肯定过失的共同正犯。

否定说不承认过失的共同正犯。第一，共同正犯的综合要素是各行为人具有相互利用、补充的行为导致结果的决心，这种相互理解的心理状态，只能存在于故意行为中。第二，过失犯的本质要素是违反注意义务，这就决定过失犯的所谓意思联络，只是一种非犯罪意思的联络，而不可能是犯罪意思的联络。因此，肯定过失的共同正犯，与过失犯的本质是相矛盾的。

限定的肯定说认为，从过失犯的性质上看，对二人以上的过失行为导致结果的，通常不能认为是共同正犯。但当法律对共同行为人科以共同的注意义务，共同行为人共同违反了该注意义务时，就应当肯定过失的共同正犯。其理由是：第一，当法律对各行为人科以共同的注意义务时，各行为人不仅自己要遵守义务，而且要使其他行为人遵守义务。共同违反这种注意义务时，就不只是违反了自己的注意义务，对其他行为人违反注意义务的行为也应当承担过失责任。这里就产生了共同实行意思。第二，在因果关系不能查明的场合，如果不承认过失的共同正犯，就显得不合理。日本学者大塚

① 参见陈子平：《过失共同正犯概念之争议》，载蔡墩铭主编：《刑法争议问题研究》，台湾五南图书出版公司1989年版，第287~291页。

仁认为，符合下面两个条件时产生共同的注意义务：一是二人以上共同实行某种具有导致结果发生的高度危险性的行为时，从社会观念上看，各行为人不仅要自己注意防止结果的发生，而且也具有防止其他行为人的行为发生结果的注意义务。二是各行为人必须处于同一的法律地位。[①]

3. 中国内地的理论与实践

由于我国刑法并无正犯之规定，所以刑法学界对过失共同正犯的关注和研究多以“共同过失犯罪”或“过失共同犯罪”面目出现。[②] 但是，也有少数论者直接以“过失共同正犯”或“共同过失正犯”为题展开的。[③] 但一般都认为“共同过失犯罪”或“过失共同犯罪”仅指过失共同正犯，不包括过失教唆犯和过失帮助犯。[④] 因此，多数相关论著都可大致认为是对过失共同正犯的探讨。

---

① 张明楷著：《外国刑法纲要》，清华大学出版社 1999 年版，第 302 页。另参见［日］大塚仁著：《刑法概说（总论）》，冯军译，中国人民大学出版社 2003 年版，第 252~255 页。

② 张明楷：《共同过失与共同犯罪》，载《吉林大学社会科学学报》2003 年第 2 期；冯军：《论过失共同犯罪》，载《刑法问题与争论》（第 3 辑），中国方正出版社 1999 年版，第 329 页；赵志轩：《论过失共同犯罪》，中山大学 2003 年硕士学位论文；陈才天：《共同过失犯罪探讨》，载《法学》1999 年第 1 期；童德华：《共同过失犯初论》，载《法律科学》2002 年第 2 期。

③ 参见陈家林著：《共同正犯研究》，武汉大学出版社 2004 年版，第 171~205 页；黎宏：《过失共同正犯质疑》，载《人民检察》2007 年第 14 期；刘永贵：《过失共同正犯研究》，载《刑法问题与争论》（第 3 辑），中国方正出版社 1999 年版，第 367 页；吴刚：《论共同过失正犯》，载《南京工业大学学报（社会科学版）》2007 年第 1 期。

④ 参见黎宏：《过失共同正犯质疑》，载《人民检察》2007 年第 14 期；陈家林著：《共同正犯研究》，武汉大学出版社 2004 年版，第 194 页。

（1）立法例。

在中国历史上，虽然不乏明确规定并承认“过失共同正犯”之立法例，但新中国两部刑法都明确规定共同犯罪由二人以上共同故意构成，从而排除了过失犯罪成立共同犯罪的可能性。我国《刑法》第25条规定：“共同犯罪是指二人以上共同故意犯罪。二人以上共同过失犯罪，不以共同犯罪论处；应当负刑事责任的，按照他们所犯的罪分别处罚。”此为立法上之“排斥例”。[①] 该规定肯定了“共同过失犯罪”（现象）的存在，但不承认其是共同犯罪，只可分别处罚犯罪人，这避免了理论上的争论，却也阻碍了刑法理论的发展。[②]

（2）判例立场。

立法上的断然否认并不必然阻止实践中出现相关疑难案例。但客观地说，此类判例不多。现举一很多论者都引用过的案例——雷某某、孔某某在旅游区开枪射击致人死亡案。

1993年11月初，重庆中洲实业总公司在未经公安机关批准的情况下，委托被告人雷某某从云南省购回JW－20型半自动运动步枪一支（枪号：834051），子弹200发。该公司将枪弹交给雷某某保管。1994年4月26日，雷某某将所保管的该运动步枪和子弹从本公司带到九龙坡区南温泉碉堡山皂桷湾39号重庆中洲实业总公司招待所，存放在该所客厅的壁柜内。同年5月1日晚，被告人雷某某、孔某某与其公司领导人等到该招待所度假。次日（5月2日）午后3时许，孔某某到招待所客厅，见半开着的壁柜内有一支运动步枪及子弹，便取出玩耍，但不知如何装弹。此时雷某某也来到客厅，从孔某某手中接过枪，将子弹装入枪膛，随即两人相约

① 陈家林著：《共同正犯研究》，武汉大学出版社2004年版，第173页。

② 张明楷：《共同过失与共同犯罪》，载《吉林大学社会科学学报》2003年第2期。

至阳台上，选中离阳台8.5米左右处一个树干上的废瓷瓶为目标比赛枪法，谁输了谁拿出一包香烟。接着两人轮流各射击子弹3发，均未打中瓷瓶。其中一发子弹穿过树林和花溪河上空，飞向距该招待所阳台约133米远的南泉解放桥至南泉镇公路人行道138号电杆附近，恰逢行人龙某某（男，21岁）途经该处，致龙某某右肩中弹，倒地身亡。但无法查清是该子弹系二人中何人所发射。

重庆市九龙坡区人民法院经公开审理认为，被告人雷某某、孔某某应当预见在旅游区开枪射击可能危害公共安全，因射击瓷瓶玩乐时疏忽大意而未能预见，造成龙某某中弹死亡的结果，其行为均已构成以在旅游区开枪射击的危险方法致人死亡罪，依法应予处罚；对因误伤致死被害人龙某某所造成的经济损失应予赔偿。重庆市九龙坡区人民法院经公开审理后，对被告人雷某某和孔某某均判处：以在旅游区开枪射击的危险方法致人死亡罪，判处有期徒刑4年；一次性赔偿附带民事诉讼原告人龙某的经济损失5000元。后被告人雷某某上诉，重庆市中级人民法院维持原判。①

此案与瑞士的“滚石案”有相通之处：即二人以上共同为危险行为，导致危害结果发生，但不能查明个别因果关系。对于最后的判决结果，张明楷教授认为：“既然否认过失的共同正犯，就不能适用部分实行全部责任的原则。上述判决没有承认雷某与孔某成立过失的共同正犯，却又适用了部分实行全部责任的原则。在此意义上说，该判决存在缺陷。另一方面，我们也可以认为，该判决实际上承认了过失的共同正犯，因而适用了部分实行全部责任的原则。但由于刑法明文否认过失的共同犯罪，所以，该判决没有适用刑法总则关于共同犯罪的规定。”因此，这是“在审判实践中也存

① 最高人民法院中国应用法学研究所编：《人民法院案例选·刑事卷》（1992年~1999年合订本），中国法制出版社1997年版，第46页。

在悄悄地按共同犯罪的原则处理共同过失犯罪的情况”的表现之一。[①] 虽然中国的刑事判决书少有充分说明理由者而广受诟病，但同时也给研究者留下了较大的解释空间。但我们只能部分接受该观点。具体理由，容后文详述。

（3）学说见解。

中国内地刑法学界在过失共同正犯问题上的争论颇多，其激烈程度可能丝毫不亚于其他国家和地区。下面分述之。

其一，肯定论。肯定论内部又可以分为解释论上的肯定论与立法论上的肯定论。前者认为我国刑法已经承认了“共同过失犯罪”这一概念，只不过我国刑法对共同过失犯罪不以传统的共同犯罪（即共同故意犯罪）论处罢了。后者则更多地从立法论的角度出发，认为应当在刑事立法上承认共同犯罪包括共同过失犯罪，以便适用“部分实行全部负责”来解决实践中的疑难案件。[②] 至于其他肯定论的理由，如“过失共同犯罪客观存在”、“理论研究不能局限于现行刑法的规定”、“是刑事政策上有效遏制越发频繁的责任事故犯罪的需要”等，实质是从立法论的角度来谈的。若非如此，则即使这几条理由都成立，但其自身并不能证明现有立法就已经承认过失共同正犯构成共同犯罪了。在这点上，黎宏教授的批评是有道理的。[③]

由于是否承认过失共同正犯的实质是是否承认它属于共同犯罪，因此就我国现行刑法将共同犯罪等同于共同故意犯罪的规定来看，很难说在现行刑法已经承认了过失共同正犯而仅仅是不按共同故意犯罪处理而已。因此，在我国现有的立法条件下，试图从解释

---

① 张明楷：《共同过失与共同犯罪》，载《吉林大学社会科学学报》2003 年第 2 期。

② 张明楷：《共同过失与共同犯罪》，载《吉林大学社会科学学报》2003 年第 2 期。

③ 参见黎宏：《过失共同正犯质疑》，载《人民检察》2007 年第 14 期。

论上得出我国刑法并未否认过失共同正犯是不现实的。而立法论意义上的肯定论的希望是合理的，但是理由值得考虑。因为，在现有立法条件下，希望立法上承认过失共同正犯是因为过失共同正犯本来就应该属于共同犯罪的范畴，而不是以为了能够适用“部分实行全部责任”之原则来处理疑难案件而为之。这是因为，在我国现有立法规定下，同样能够以该原则来处理相关案件。①

其二，否定论。传统刑法理论持否定论。主要理由是“共同犯罪的特点是二人以上通过共同的犯罪故意，使各人的行为形成一个共同的有机整体，因而具有更大的社会危害性。而共同过失犯罪，双方缺乏意思联络，不可能形成共同犯罪所要求的有机整体性。”② 不仅如此，黎宏教授针对肯定论者所持的论据，提出了反驳：结果加重犯存在共同正犯，不能成为肯定过失共同正犯的根据，交通肇事罪的相关司法解释③不是肯定共同过失正犯的根据。此外，黎教授还提出了另外的担心：“按照肯定说的理解，如在十个人共同进行射击训练，其中一人所发射的流弹造成了他人死亡结果，但到底是谁发射的子弹，无法查清的时候，让其他九个人都承担过失致死罪的刑事责任，尽管能有效地弥补刑罚处罚上的空当，但也会引起肆意扩大刑罚处罚范围的不足，有实行早已为近代刑法所排斥的连坐刑的嫌疑。”④ 另外，陈家林博士也站在否定论的立场，同时主张“过失同时犯解消说”，即认为无须设定共同义务这

① 具体分析，容后文详述。

② 参见高铭暄、马克昌主编：《刑法学》，北京大学出版社、高等教育出版社2000年版，第170页。

③ 最高人民法院2000年11月20日在《关于审理交通肇事刑事案件具体应用法律若干问题的解释》第5条第2款中规定：“交通肇事后，单位主管人员、机动车辆所有人、承包人或者乘车人指使肇事人逃逸，致使被害人因得不到救助而死亡的，以交通肇事罪的共犯论处。”由于交通肇事罪是过失犯罪，所以有人认为该司法解释实际肯定了过失共同正犯。

④ 参见黎宏：《过失共同正犯质疑》，载《人民检察》2007年第14期。

一概念。数个行为人在共同实施具有危险性的行为时，各行为人不仅负有防止自己的行为产生危害结果的义务，同时还负有读出共同行动的他人注意防止危害结果发生的义务。①

对于传统刑法所持的否定论所主张的理由站不住脚。② 而黎宏教授对结果加重犯及司法解释两个问题的批评是有道理的。但是，黎教授同时又提出“出现这种情况（因不能查明各自独立的因果关系而都不能处罚之情形）确实是人们所不愿意看到，但也是一种无可奈何的选择”。按照黎宏教授的意思，不能处罚尽管无奈，但也可以接受。对此，我们不能认同。此处的关键问题是，当法益受到侵害时，刑法应当首先站到优先保护法益的立场上。换言之，有人死了，就要尽可能在合法合理的范围内找到负责之人。在能够认定共同行为是造成危害结果的唯一原因，且各行为人皆有共同违反共同的注意义务之过错的情况下，令其负过失共同正犯之责任，是合理的。这跟单独正犯因证据不足而根据“疑罪从无”不处罚的情况不一样。至于陈家林博士提出的“过失同时犯解消说”，也值得商榷。其对行为人的义务构成情况的说明，由于各行为人所负的义务是相同的，所以其实与过失共同正犯肯定论中的“共同注意义务的共同违反说”没有实质区别，其最终的结果不仅没有让自己“解消”出来，反而可能更不清楚。

### （四）小结

对于过失共同正犯，我们持肯定论，赞同大塚仁教授的“共同注意义务的共同违反说”，③ 但理由不仅限于此；而且，在中国

---

① 陈家林著：《共同正犯研究》，武汉大学出版社 2004 年版，第 203 页。

② 具体分析，容后文详述。

③ ［日］大塚仁著：《刑法概说（总论）》，冯军译，中国人民大学出版社 2003 年版，第 264~265 页。

现有的立法规定下，进一步主张立法论的肯定论而非解释论上的肯定论，仅仅是因为过失共同正犯理应属于共同犯罪之范畴，而不是为了应对司法实践中的疑难案件之需，因为中国现行《刑法》第25条在处理案件上并无障碍。以下重点对后者进行阐释。

我国现行《刑法》第25条的规定，在解释上应当认为是：共同犯罪只能是共同故意犯罪，换言之，不承认共同过失犯罪属于共同犯罪。此处的共同在前后词语构造上看来，其内涵应一致，即主观罪过的形式和内容相同（各自均为故意或过失，且故意的内容及过失的内容相同）、行为相同，还有就是实施构成要件客观危害行为上存在意思的联络。在现有的立法条件下，对共同过失犯罪不以共同犯罪即共同故意犯罪论首先在逻辑上没有问题——刑法已经将共同犯罪等同于共同故意犯罪，共同过失犯罪显然不能等同于共同故意犯罪，所以刑法规定共同过失犯罪不按共同犯罪处理，在这样的逻辑结构中是合理的，其实质就是且仅仅是对共同过失犯罪不能按照共同故意犯罪处理。

共同故意犯罪的归责采用“部分实行全部责任”原则。但现在的问题是，对共同过失犯罪不能按照共同故意犯罪处理，那么对共同过失犯罪能否采用该原则？我们认为，“部分实行全部责任”并不为共同故意犯罪所独享，对共同过失犯罪同样也能适用。理由如下：各行为人行为之整体在主观有意思联络的情况下而共同导致危害结果发生的过程，对共同故意犯罪和共同过失犯罪都是适用的。其实就过失犯罪而言，处罚的根据在于客观上对注意义务的违反，并且行为人就实施危险行为本身有认识即可；那么各行为人在客观上对共同注意义务的共同违反，在主观上对实施危险行为本身有认识——故意实施，且相互间有联络（如瑞士“滚石案”中的行为人），即可认为二人共同构成犯罪，是二人以上的行为整体导致了危害结果的发生。如果此时还以共同过失行为人对危害结果没有认识或追求而否认共同过失可以构成共同犯罪的话，那么单独过失正犯的处罚根据都会动摇，因为对单独过失正犯的处罚同样不会也不可能要求过失行为人对危害结果要有认识或追求。

在相同情况下，根据共同故意犯罪中不管是否能查明各行为人单独与被害结果是否有因果关系都要全部负责的道理，整体行为中的部分行为都是不可或缺的成分，即使其中只有一颗子弹打死了被害人（如重庆九龙坡一案），另外人的行为也是增加了对方的信心、不注意的程度，而且也在概率上增加了危害结果发生的概率，这点共同故意和共同过失都是一样的——尤其是同时或轮换开枪的情形，因此，共同过失整体行为中的部分行为也要对危害结果负全责。所以，"部分实行全部责任"的归责原则完全可以适用于共同过失犯罪，而不能说仅仅有共同故意犯罪才能适用该归责原则。这正如张明楷教授所言："故意犯与过失犯都有各自的实行行为，从现实上看二人以上既可能共同实施故意犯罪，也可能共同实施过失犯罪，既然对故意犯的共同实行行为能够适用该原则，就没有理由否认对过失犯的共同实行行为适用该原则。"[①] 换言之，尽管中国现有立法将共同犯罪狭隘地等同于共同故意犯罪，但"部分实行全部责任"之原则并不为共同故意犯罪所独享。这也就意味着，在现有立法条件下处理共同过失犯罪案件时，可以径直适用"部分实行全部则责任"之归责原则，而与"共同犯罪是共同故意犯罪，共同过失犯罪不能按照共同（故意）犯罪处罚"之规定并不矛盾，且没有逻辑上和理论上的障碍。因此，完全可以令共同过失行为人承担过失正犯之责任，因此，旧刑法"二人以上共同实行犯罪，皆为正犯"或"二人以上于过失罪有共同过失者，皆为过失正犯"之规定是合理的。从这点来看，共同过失犯罪应当统一属于共同（主观罪过相同、行为相同、有意思联络）犯罪。

综上，可得出如下结论：

第一，运用现有中国立法规定处理实践中的案例在逻辑上没有

---

① 张明楷：《共同过失与共同犯罪》，载《吉林大学社会科学学报》2003 年第 2 期。

问题。既然已经明确规定了共同犯罪仅指共同故意犯罪，那么对于共同过失犯罪不按与共同故意犯罪等同的故意犯罪处理也合乎逻辑。具体而言：首先，立法中规定“应当负刑事责任”。共同过失行为整体上造成了危害结果，当然要负刑事责任。其次，“按照他们所犯的罪”定罪，此处立法规定的是“他们”而非“各自”，这表明定罪应从整体角度着手，定罪上完全可以适用“部分实行全部责任”的归责原则来进行，统一按照过失正犯来定罪。① 而且这还表明其后规定的所谓“分别处罚”并不是从定罪阶段就开始的，还是按照相同的、统一的罪名来处理，分离可以理解为只是要在量刑的时候再分开，分别处罚。这一司法处理的方式无论是共同故意犯罪还是共同过失犯罪都应是一致的。所以，在现有中国立法情况下，在处理司法实践中的共同过失的疑难案件时适用现有规定并无障碍。

第二，对于本书开始提到的几个案件，以及重庆九龙坡一案都应按照“部分实行全部责任”的归责原则来处理，不会违反我国现有刑法总则关于共同犯罪的规定。其中，有两个问题值得进一步分析。首先，就案例二来说，故意共同正犯中哪怕一方未遂，也要承担责任。相比之下，单独过失正犯如果没有发生危害结果，那就无所谓责任，但此处既然可以认定为过失共同正犯，那么也应该令其承担过失共同正犯之责任，也要负过失致人死亡之罪责。只不过即使是共同正犯，也不必处以完全相同之刑罚，对于开枪未致被害人死亡之行为人，完全可以因其并未直接开枪打死被告人而从宽处理。其次，反过来看，在不能分清究竟是谁开枪所射出的子弹将被害人打死的情况下（如案例三和重庆九龙坡案），该如何量刑？共同正犯内部定罪具有统一性，但量刑则个别论之，此不同于民法当

① 例如，可以定在旅游区以开枪的危险方法致人死亡罪（“重庆九龙坡案”）、过失致人死亡罪（枪击熊或滚石案——或许也可以以过失、以危险方法危害公共安全罪——如果瑞士刑法有的话）等。

中的共同危险行为而要承担的连带赔偿责任。后者是在赔偿额总数一定的情况下，事实上将其分担到各共同被告人身上。假设要赔偿100元，共5个连带赔偿责任，每个人最终承担20元即可。但刑法不同，不能说单独正犯实施同样的罪行可能被判处4年有期徒刑，现在共有2个被告人，那么就“五五开”，每个人只需承担2年有期徒刑，而应根据各人的责任而分别量刑。在各自行为对危害结果发生的参与度不能精确量化的情况下，推定一样，不分主次，是可以理解的。所以，在重庆九龙坡一案中，由于过失以危险方法危害公共安全罪的法定刑幅度是3年以上7年以下有期徒刑，所以2个被告人最后所承担的罪责完全一样——同为（成立）以在旅游区开枪射击的危险方法致人死亡罪，判处有期徒刑4年；一次性赔偿附带民事诉讼原告人的经济损失5000元。因此，我们认为，其处理并未违反刑法总则对共同犯罪的规定。

第三，是否承认过失共同正犯问题的实质和症结在于，是否应将过失共同正犯纳入共同正犯（犯罪）的统一概念中来认识。从立法论来讲，我国《刑法》第25条将共同犯罪限定为共同故意犯罪的做法是不妥的，应当规定共同犯罪是二人以上共同实行犯罪。

## 五、预备犯的处罚界限

我国《刑法》第22条规定：“为了犯罪，准备工具、制造条件的，是犯罪预备。对于预备犯，可以比照既遂犯从轻、减轻处罚或者免除处罚。”① 由此，预备犯作为具有总则性意义的法定语词，成为司法依据与学理说辞，对预备犯的研究，也因此具有了渊源意

---

① 需要说明的是，区别于已被分则设置了罪刑规范的实质的犯罪预备，如对于具有预备性质的组织、领导、参加黑社会性质组织行为的构罪规定等，《刑法》第22条针对的是形式的犯罪预备。由于实质的犯罪预备已被拟制为实行行为并具有完整的犯罪构成，本书的研究范围仅限于后者。

义上的立法理由。问题在于，自预备开始至着手实行，在犯罪预备的整个阶段，对于因行为人意志以外的原因而停止下来的犯罪预备，由于停止时间点或者所针对实施的犯罪的不同，各预备行为对法益的侵害危险并不相同，处罚的必要性也就有所差异，尤其是对于处于初始预备阶段或者针对轻罪而进行的犯罪预备而言，在未例外地表现出严重法益威胁的情况下，承认其刑事可罚性显失公平。基于刑罚权的自律性与刑法辅助性法益保护功能的考虑，对具有可罚性的预备行为的范围进行界定，以避免处罚不当罚的行为，并就其与现行构成理论之间的抵牾予以释清，是预备犯理论必须直面的问题。

### （一）预备犯处罚范围界定的客观条件

#### 1. 客观主义立法观下处罚范围的限定性要求

就预备犯是否可罚以及如何处罚这一本体性问题而言，各国立法的态度并不相同，主要包括三种模式，一是不予处罚模式，如1810年的《法国刑法》、1954年的《意大利刑法》等；二是对预备犯原则上予以处罚模式，如1960年的《苏俄刑法》，以及朝鲜、蒙古等国的刑法等；三是原则上不予处罚，只对严重犯罪的预备犯予以处罚模式，如日本现行刑法等。[①] 不同立法模式的背后，折射的是不同立法观。基于客观主义的立法观认为，“犯罪是实施足以引起损害的符合构成要件的行为，而犯罪事实的预备行为不可能直接引起损害结果，也不是某种具体犯罪事实的构成要件行为，因而不应当作为犯罪事实予以处罚”；[②] 而主观主义的刑法规则以犯罪人的人身危险性为由，认为预备犯因充分表征了行为人的危险人格而当然具有可罚性。相对而言，认为预备犯原则上不予处罚的立法

① 参见王志祥、郭健：《论犯罪预备行为的处罚范围》，载《政治与法律》2005年第2期。

② 马克昌著：《刑法理论探索》，法律出版社1995年版，第313页。

例，则是在坚持客观主义立场下，基于个别预备行为因具有严重法益侵害危险而有必要予以刑法规制的现实主义的体现。

我国现行《刑法》第 22 条的规定沿袭于 1979 年《刑法》第 19 条。1979 年刑法虽然坚持了主客观相统一原则，但类推制度的确立、目的犯的过多规定以及对于惯犯、累犯等人身危险性较大者所规定的特殊预防措施等，都说明该法实质上采取的并非真正中性的主客观相统一，而是具有浓厚的主观主义倾向。然而，现行刑法中罪刑法定原则的确立、以客观描述的方式实现对犯罪主观要素的限定以及注重客观构成要件的建构等基本转变，都“明显反映出向客观主义倾斜的态度”。[①] 因而可以认为，现行《刑法》第 22 条虽然是对原主观主义立法的承继，但在法条规定的背后，立法理念与价值取向已发生了重大变化。

如果说 1979 年刑法基于主观主义而确立的普遍处罚原则是正确的，那么，在现行立法的语境下，客观主义所强调的只有在法益受到侵害或者实际威胁情况下才能动用刑罚的限定性惩罚观，则明确宣布了普遍处罚预备犯的不适当。因为，预备行为停止于为实施犯罪而准备工具、制造条件的前实行行为阶段，不可能对法益形成侵害，而只表现为对法益的侵害危险。只有在这种客观危险达到一定程度，确切地说，是具有值得刑罚处罚的实质可罚性时，才能适用《刑法》第 22 条的规定。反之，在预备行为的客观不法性较轻的情况下，如果承认其可罚性，唯一的依据就是行为人主观不法的严重性。然而，主观不法需要客观不法的表征，且并非所有预备者都具有严重的主观不法，基于此，区分可罚的预备行为与不可罚的预备行为，将刑事处罚限定在具有实质可罚性的预备行为的范围内，是客观主义的内在要求，也符合刑法的谦抑性。

2. 预备犯处罚刑事政策根据的内在要求

由于缺少罪责体系下的定型性与类型化特征，预备行为自身不

① 张明楷：《现行刑法与客观主义》，载《法学研究》1997 年第 6 期。

具备导致刑罚必然化的当然属性，并从而引发“预备犯因其未能着手实行犯罪而缺乏刑事法理上的正当性，这在当代不法论的语境中应是一个不争的事实”[①] 的慨叹。尽管如此，在多数立法仍承认预备犯至少部分可罚的现实情境下，探求预备犯的处罚根据的努力始终未停止。其中较为典型的观点，包括认为犯罪预备行为是作为接近构成行为的危害或者接近构成行为并动摇法律的违反规范的联合理论；认为犯罪准备虽然未至规范违反的程度，但其发生的危险已经借由行为人的行为展示而使得规范的效力受到损害，并因此破坏了民众对于规范信任的行为预期理论；[②] 从刑事政策角度寻求处罚理由的（部分）预备行为可罚说等。[③]

然而，由于联合理论在不适当未遂理论问题上的纠葛，导致其在适用于犯罪预备时面临更大的困境，对于较之于犯罪未遂而言具有更轻法益侵害危险的犯罪预备，动用刑罚的理由就变得更为牵强。行为预期理论以行为的准备者蔑视规范并使民众对于以法律形式确定的行为预期可能落空为理由，所建构的预备犯可罚理论则无法回答为什么不遵守规范是不法的[④]这一根本问题，且有导致极权法律的危险。上述理论的共同之处在于，两者都无法说明，对于紧接于犯意确定的明显不具有实质当罚性的初始预备行为应予非刑罚化的理由。

在刑事政策角度下，预备犯可罚说认为，在预备行为已使得重大法益处于危险境地的场合，对预备犯的处罚是“在刑事法理的正当性与刑事政策的必要性之间，实际上也就是作为现代刑法正当性基本根据的辅助性法益保护机能与立法者无法回避的有效地保护

① 梁根林：《预备犯普遍处罚原则的困境与突围—〈刑法〉第 22 条的解读与重构》，载《中国法学》2011 年第 2 期。

② Jalobs, Strafrecht AT, 2. Aufl., 25/21, 1/6, 2/2.

③ 参见前引。

④ Fieber, Die Verbrechensverabredung, § 30 Abs. 2, 3. Alt. StGB, S. 117.

法益的现实要求之间达成某种妥协与平衡”,[1] 是立法者的一种无奈。然而，该理论关于预备犯的可罚性根源在于使法益面临危险的论断，无疑与刑法的法益保护机能的要求相吻合，并为可罚的预备犯的判断提供了技术可能。

在客观主义已受到普遍认可的当今情势下，关于预备犯处罚根据的见解，无疑也都是基于预备行为的可罚性而展开的。考虑到我国现行立法总体上所表现出来的客观主义立场，在以我国现行立法为研究模本的前提下，坚持修正的“刑事政策说”，将满足刑事政策对实施了具有严重法益威胁行为的预备犯进行刑事规制的要求作为预备犯处罚的根据，既兼顾了客观主义立法的整体需要，也兼顾了《刑法》第 22 条的具体立法现状。较之于其他观点而言，无疑具有更具优势的合理性。如此，根据宽严相济刑事政策关于“虽然具有一定的社会危害性，但情节显著轻微危害不大的行为，不作为犯罪处理”的规定，对于距离“着手”较远、对实质法益的威胁较小的预备行为，或者虽然接近于“着手”实行行为，但所针对的犯罪本身并不严重的预备犯，显然不具有刑事政策上的处罚理由，在自身因缺少实行行为性而无法根据构成理论获得处罚理由的情况下，上述行为既缺乏处罚的必要性，也缺乏处罚的正当性根据。研究预备犯的处罚范围，应当说也是预备犯处罚在刑事政策说语境下兼顾司法公正的结果。

3. 刑法社会规范功能的发挥需要

作为社会调节手段之一，刑法的强制性、严厉性及最后手段性等特征，为其蒙上了神秘而万能的面纱，泛刑法化不时成为社会转型期各种矛盾激烈对抗解决途径的应时之需。犯罪预备的处罚范围如何，不仅事关刑法人权保障功能的发挥，也直接影响到刑法社会规制功能的发挥。预备犯处罚范围过宽，可能会不当侵入公民的私权利领域，危害社会秩序的稳定运行；处罚范围过度限缩，则无法

---

① 参见前引。

有效惩治威胁社会基本利益的不法行为，维护国家与社会利益的保护机能难以充分发挥。合理界定可罚预备行为与不可罚预备行为之间的界限，是刑法衡平人权保障与社会保护功能、寻求规范社会秩序的较优途径的必然举措。

静态的刑事立法通过法官的刑事司法活动来实现其社会规范功能的发挥，法官对案件与法律规范的比照过程，也是其自由裁量权的享有与行使过程，对可罚行为与不可罚行为界限的把握与适用，尤其是对临界于可罚与不可罚之间的行为性质的认定，直接关系到刑法作为一种特殊社会规范的作用发挥程度及社会效用的实现程度。法官对预备行为是否可罚的认定，也会影响到民众的规范意识以及是否遵守的决定，并最终影响刑法社会规范功能的发挥。因为，民众的规范意识源于其对刑法的忠诚与信任，而刑法文本本身显然无法通过自身来完成对民众的规范训练，只有通过法官之手的法律适用，才能实现民众对于生活利益重要性的直接感知与对刑法规范重要性的抽象体认。合理界定可罚的预备行为的范围，有利于避免在司法中过度刑法化对民众规范意识产生的不良影响，促升刑法社会规范功能的有效发挥。

### （二）前设理论证成：预备犯刑事处罚的构成理论分析

研究预备犯的处罚范围，其实质在于对具有刑事可罚性的预备行为的界限进行认定，以明确刑罚处罚的范围。然而，在罪刑法定的严格限制下，行为只有符合犯罪构成，才能成为承担刑事责任的根据，而预备行为只具有“准备工具、制造条件”的事前特征，显然无法充足犯罪构成对行为实行性的要求。如果不能有效解决预备行为实行性缺乏与构成要件理论之间的冲突，那么，为确立预备犯的处罚范围，而将可罚的预备行为从大量的社会生活事实与一般的预备行为中界分出来的研究无论做得如何精致，都会面临价值存在论的考问。以构成要件理论的视角检视可罚的预备行为，也有利于对具有可罚性的预备行为的合理界定。

1. 修正的构成要件的移植及其争议

在刑法分则将单独既遂犯作为标准立法模式，并将犯罪构成作为判断行为是否构成罪唯一规格的既定情况下，为解答预备犯及未遂犯、中止犯、共同犯罪的构成要件符合性问题，修正的犯罪构成被移植入域并成为与基本的犯罪构成具有列肩等齐意义的重要构成形式。然而，在普遍认为单独既遂犯为犯罪构成符合性判断即是否构成罪判断标准的主流话语下，以修正犯罪的主体形式或犯罪形态的修正犯罪构成的正当性问题，则日趋成为争论的焦点，并直接导致对预备犯处罚立法根据的疑问。

否定修正构成要件的理论认为，将实行行为的既遂形态视为一切犯罪形态的标本……是修正的犯罪构成理论预设的前提，但是，在诸如适应使犯罪明确化和个别化，限制刑法处罚范围需要，保证行为要素的完整性、法益侵害的直接性与严重性等被作为实行既遂犯合理性直接证据等问题上，这种前提性预设明显缺乏根据。[①] 一个犯罪只能有一个犯罪构成，[②] 以具体犯罪的全部构成要件是否齐备作为区分完成罪与未完成罪的标准，违背了我国刑法的犯罪构成理论，存在逻辑错误。[③]

肯定者则认为，如果否认刑法分则所规定的以单独实行的既遂犯为模式的理论前提，那么，符合刑法分则规定的犯罪构成要件所成立的就不可能仅限于既遂形态的犯罪；修正的犯罪构成是要件完整齐备的犯罪构成；基本的犯罪构成与修正的犯罪构成在具体要件的内容上是有所不同的；区别犯罪完成形态与未完成形态的标志是

---

① 陈璇:《修正的犯罪构成理论之否定》，载《法商研究》2007 年第 4 期。

② 参见肖中华著:《犯罪构成及其关系论》，中国人民大学出版社 2000 年版，第 271 页。

③ 参见李洁著:《犯罪结果论》，吉林大学出版社 1994 年版，第 225 页下。

犯罪实行行为是否具备了犯罪构成的全部要件，犯罪未完成形态虽然不具备完成形态犯罪构成的全部要件，但具备了法律规定与要求的各自犯罪构成的全部要件。①

2. 现行构成理论框架下可罚行为概念的引入及问题的消解

在我国刑法学理论中，犯罪构成是“决定某一具体行为的社会危害性及其程度而为该行为构成犯罪所必需的一切客观和主观要件的有机统一”。② 作为“犯罪成立的最低标准”，我国的犯罪构成“更侧重于强调行为成立犯罪所需要的社会危害性的基本限度，而不是像德、日等国刑法学理论中的构成要件那样重视行为形态的典型性与中心性”。③ 也就是说，我国犯罪构成的标志性功能，在于为罪与非罪的界定提供纵向的而非全方位的判断标准。对法益侵害性是否达到刑法规制界限的判断，要求犯罪构成仅以作为罪与非罪及此罪与彼罪的最低限度的判断标准为满足。如此而言，我国的犯罪构成本身就具有充裕的包容空间，刑法分则中设定的单独既遂犯的构成模式，以及总则中规定的预备犯、中止犯、未遂犯等构成模式都有理由被囊括其中。

在针锋相对的相互论争中，修正构成要件的支持者与反对者所聚焦的无非是现有的单独既遂犯的设罪模式应否作为基本的犯罪构成的问题。诚如否定论者所坚持的关于一个犯罪只能有一个犯罪构成的辩驳所言，构成要件是判断行为是否成立犯罪的规格或曰标准，对于某一行为是否构成犯罪的判断，只能依据一个标准进行。我国刑法分则所采用的单独既遂式的立法模式，只是为具体个罪所进行的理想型构，旨在以此设定标准犯罪形态下的法定刑刑种及刑

① 王志祥、曾粤兴：《修正的犯罪构成理论之辨正》，载《法商研究》2003 年第 1 期。

② 高铭暄、马克昌主编：《刑法学》，北京大学出版社、高等教育出版社 2011 年版，第 49 页。

③ 参见前引。

度规格，为司法实务中符合该类型化特征的各种形态的犯罪提供量刑参考。总则中第22条、第23条关于犯罪预备、未遂形态下，对犯罪人“比照既遂犯”从轻、减轻、免除处罚的规定，以及第24条在犯罪中止形态下应当减轻的规定等，都足以证明这一结论的合理性。如此，关于修正的犯罪构成是否是对“基本犯罪构成”的修正、是否齐备法定的构成要件、能否作为犯罪判断标准在释义论层面的种种纠缠即可迎刃而解。

由此引出的问题是，“在以‘实行行为的开始’作为可罚行为的起点，是一种从拿破仑刑法典开始，并为许多国家刑法典所采用的立法模式”① 的现实环境下，即便存在刑事政策上的处罚理由，又当如何理解本身不具备实行行为性的预备行为的构成符合性问题？换言之，应当如何看待并协调处罚预备犯与以实行行为为核心的犯罪构成理论之间的冲突？就我国目前的立法而言，由于实质预备犯已通过分则的罪责规范设定而被拟制为实行行为，一般的犯罪预备行为可通过《刑法》第13条“但书”的过滤而被认定为情节显著轻微、危害不大的非犯罪行为，所以关于预备行为实行性缺乏的问题，主要针对的是缺乏分则规范的类型化犯罪构成与独立罚则，又具有严重的法益侵害性的预备行为，而该类行为的共同点则在于紧邻或者无限接近于作为实行行为开端的“着手”。由此看来，解决问题的关键，在于对“着手”点的界定与理解。

事实证明，以“着手”为始点的实行行为理论，存在诸多难以破解的题结，这种以自然科学的思维模式解决社会科学问题的逻辑起点，使得“刑法理论陷入一个不断寻求精确但却适得其反的恶性循环”。② 因为就规范学意义而言，精确的“着手”点的描述

① ［意］杜里奥·帕多瓦尼著：《意大利刑法学原理》（评注版），陈忠林译，中国人民大学出版社2009年版，第308页。

② 高艳东：《着手理论的消解与可罚行为起点的重构》，载《现代法学》2007年第1期。

几乎是不可能的，且对于千差万别的个案而言，要准确界定具有严重法益侵害性的、临界于实行行为的预备行为与实行行为之间的界点，类型化的“着手”点的描述就显得更为虚无。也正因为如此，施特拉腾维特与库伦指出：“到目前为止所提出的规则都不能真正准确地区分预备与未遂，而只能大约说明两者的界限。这已是一个不断被证实的论断。”[①] 通过建立案例群来说明预备行为与实行行为的界限的主张，也逐渐成为德国刑法学界的通识。1930 年生效并沿用至今的《意大利刑法》则“抛弃了以实行行为的起点为核心的立法模式，将认定犯罪未遂的标准定义为‘以相称的、明确的方式指向实施犯罪的行为’”,[②] 这种独辟蹊径的做法无疑为陷入预备行为构成要件符合性尤其是实行行为缺乏困境的我国刑法学界提供了可资借鉴的有益路径。在消除了预备犯处罚须借助存在较大争议的修正构成要件的障碍后，以在时间、场所、手段、效果方面与经验逻辑上的实质实行行为存在高度密接性与连续性，并因此具有高度危险性的预备行为作为构成要件中的可罚行为，两相结合，不失为破解预备犯构成要件符合性这一“无解”难题的有效途径。值得一提的是，这种可罚行为包括了传统意义上的实行行为与临界于实行行为的、非动用刑罚资源不足以遏制其恶性的部分预备行为，其具体范围需借助经验法则与规范进行判断。预备可罚行为虽然表象性地扩充了传统实行行为的范畴，突破了罪刑法定的樊篱，然而，在立法明确规定、司法实质性地予以处罚而法理却苦于处罚的正当性根据缺乏的我国现实语境下，却在无悖于法理、现实及刑事政策基本理念的同时，满足了刑法预防功能的发挥。

① ［德］冈特·施特拉腾维特、洛塔尔·库伦著：《刑法总论 I——犯罪论》，杨萌译，法律出版社 2006 年版，第 250 页。

② 参见前引。

### （三）可罚性预备行为的设层分析与限定

1. 外延界分：与正常社会行为的剥离

由于犯罪预备行为在通常情况下并不具有实行行为所具有的类型化特征，也未表现出具有明显可量性的法益侵害危险或者直接的实然法益侵害，故要从大量存在的日常行为中析出“准备工具、制造条件”的预备行为，显然并非易事。然而，作为进一步判断预备行为是否具有可罚性的前提，将预备行为与正常的社会行为分离，是界定预备犯处罚范围的必须之举，其依据则完全在于《刑法》第22条规定的在“为了犯罪”的主观目的支配下的“准备工具、制造条件”。

（1）疑似预备行为的确定。

就基本的行为样态而言，行为人为实施犯罪而进行的预备行为，大致可分为两类：一是明显具有规范违反性的行为，如为了杀人而实施的购买枪支、管制刀具或者剧毒性物品等的行为，由于行为本身即被法律所禁止或者至少与一般的生活常识相违背，因而仅凭行为的客观侧面即可初步确定或者拟定其预备性；二是在行为客观侧面具有与正常的社会行为高度类似甚至相同特征的预备行为，如为了抢劫银行而多次以存取款名义前往踩点、为了杀人而购买菜刀、为了诈骗而有计划地接近被害人等场合，仅凭对行为本身的观察，往往很难准确判定行为的实际性质。

疑似预备行为，是指根据生活经验与常理，初步认定为具有预备可能性的行为。在上述两类行为中，第一类行为由于具有明显的规范违反性，刑法分则或者非刑事的行政法规等对行为本身已进行了类型化规定并设置了相应的罚则，在没有证据证明行为人实施该行为是基于自身的非规范性需要，如购买各类枪支、刀具是因为喜欢收藏，购买剧毒物品是为了研究毒品的特性等排除进一步实施犯罪可能性的场合，该类行为即具有基于自身可罚性与为了实施其他犯罪而具有的预备可罚性之间的竞合，也当然可确定为疑似预备行为。对第二类行为而言，由于行为本身具有纯客观侧面的规范符合性，因而不能贸然对其预备可罚性进行认定。只有在有司法经验或者相关线索佐证的情况下，才能将该类行为确定为疑似预备行为，但与此同时，必须对其主观的不法性进行认定，以最终确定行为性质。

（2）主观不法的判断。

“不管预备行为所可能侵害的法益有多么重要，在还没有办法确认一个人是否果真存在有不法意志的情况下，就以刑罚相应，恐怕是对于人毫无节制的工具化。”[①] 因此，只有查明主观上确实是为了实施犯罪，才能使某种在客观上表现正常的社会行为转变为犯罪的预备行为。与通常情况下由客观行为表征犯罪主观方面的逻辑推理相区别，在对预备行为的认定中，对行为人主观不法的判断在大多数情况下往往决定了对客观行为是否不法的行为定性。

由于具有较大的模糊性与不可知性，行为人主观状态的认定被认为是“刑事证据上的盲点”,[②] “在多数情况下是不能够加以证明的”。[③] 事实上，如果以事后查明的客观事实群而非具体的单个行为为依据，仍可一般性地对行为人的主观状态进行推定。例如，在购买水果刀或者交通工具等符合日常生活规范的场合，假如行为人在购买水果刀的同时有多次跟踪他人的行为，且有证据显示两人之间存在纠葛，即可一般性地推定行为人有实施不法的意图；在被发现之后，行为人的反应及言行也可作为对其主观不法进行推定的佐证。另外，跟踪的次数、频率及水果刀本身的特征等事实，[④] 也都

① 黄荣坚著：《基础刑法学》（下），中国人民大学出版社 2009 年版，第 310 页。

② 林山田著：《刑法总论》，台湾兴丰印刷厂 2008 年版，第 452 页。

③ ［德］耶塞克、魏根特著：《德国刑法教科书（总论）》，徐久生译，中国法制出版社 2001 年版，第 627 页。

④ 如果仅凭购买水果刀的行为即断定行为人具有主观不法要素，则难脱思想治罪之嫌。

可以成为推定行为人主观不法的依据。例如，在购买摩托车这一本身符合生活规范的场合，如果有证据显示行为人与他人有预谋抢劫、抢夺或者其他犯罪的事实，则行为人实施购买行为时可能存在旨在为犯罪做准备的主观不法。一般而言，客观行为与社会规范的背离程度越高，疑似性越大，主观不法的意图也就越明显，行为的可罚性也就越大。

2. 内部析分：与一般预备行为的界分

（1）处罚范围限定性的法律依据。

预备犯的可罚性边界直接关涉国家公权力对于私权利的干涉程度。在我国现实语境下，学者们多从释义学的角度出发，认为总则第22条关于预备犯的规定“将所有‘为了犯罪，准备工具、制造条件’的行为都界定为预备行为，则无论是否具有社会相当性，是否符合正常社会生活规范，是否属于不可罚的正常社会活动，都尽可纳入预备行为范畴”。[①] 或者“从我国刑法的规定来看，处罚故意犯罪的预备行为乃是一项基本原则。也就是说，一切故意犯罪的预备行为，都为刑法严加禁止，并要承担刑事责任”，[②]“只要证明被告人实施的是为实行犯罪创造条件的预备行为，就应当令其承担刑事责任”。[③] 由此得出的结论是，我国刑法一般性地处罚预备犯不仅违背了基本法理，也可能导致现行刑法陷入国家主义的工具论泥潭，个人的轻微不法甚至合法行为都将面临刑罚危险。上述解读无疑存在文本主义之嫌，应当以体系解释的视角对《刑法》第22条进行解读。因为，总则体系中被公认为具有出罪机制功能的第13条关于犯罪定义后半段的“情节显著轻微，危害不大的，不

① 参见前引。

② 谢望原主编：《台、港、澳刑法与大陆刑法比较研究》，中国人民公安大学出版社1998年版，第193页。

③ 陈兴良著：《刑法适用总论》（上卷），法律出版社1999年版，第410页。

认为是犯罪”的规定说明，即使行为人在主观上具有“为了犯罪”的不法目的，在客观上实施了“准备工具、制造条件”的行为，在情节显著轻微、危害不大的情况下，也完全具有出罪的合理理由。

虽然，目前理论界与实务界仍存在关于第13条“但书”规定是在形式化的犯罪构成判断之后所进行的、具有违法阻却功能的实质判断，① 还是在对行为是否符合犯罪构成进行判断时必须与形式的犯罪构成合并进行判断的实质判断的争议，② 以及由此奠定的我国刑法既定性又定量的犯罪认定模式合理性的质疑，③ 但对于其有效限制刑法干预范围、保证刑事处罚范围的妥适性，则给予了一致性肯定。究其实，无论是将“但书”作为继之以形式的构成要件判断之后的实质判断，还是将“但书”所排除的“情节显著轻微，危害不大”的实质出罪事由作为与形式的构成要件并行的判断依据，都是对刑法规定的逻辑性与合理性的争论，就具体判断结果而言，对具体行为是否构成犯罪的认定结果是一致的。关于我国刑法所采用的以定罪加定量的犯罪构成模式是否妥当的问题，则是关涉刑事政策与刑法功能定位的基础性问题，较之立法定罪、司法定量的犯罪认定模式，在司法能动性尚需提高、司法运行仍徘徊在一个差强人意状态的我国现实语境下，可能更具实效性。

由于预备行为的危险性具有引发可能导致现实危险性或者危害性的实行行为的可能性，从构成要件中的结果来看，属于间接的危

---

① 参见储槐植、张永红：《善待社会危害性观念—从我国〈刑法〉第13条但书说起》，载《法学研究》2002年第3期；陈兴良主编：《刑法总论精释》，人民法院出版社2010年版，第6页。

② 参见张明楷著：《刑法学》，法律出版社2007年版，第62页。

③ 参见储槐植、汪永乐：《再论我国刑法中犯罪概念的定量因素》，载《法学研究》2000年第2期。

险性，[①] 因而，即便是在事后查明具有犯意的预备行为，这种基于间接危险所产生的、较之于一般实行行为而言较低的法益威胁性或侵害性，也会因“情节显著轻微，危害不大”而在大多数情况下阻却违法。这是基于现行刑法体系性解释所得出的必然结论。

（2）处罚范围的具体限定。

对于犯罪预备行为，除了刑法总则第22条所规定的形式预备犯外，对部分具有引发严重犯罪可能的实质预备犯，分则进行了独立的构成性规定。对于该类犯罪，应依照分则具体条文规定定罪量刑。具体包括：将阴谋与预备行为拟制为独立的实行行为的背叛国家罪中的“勾结”，分裂国家罪、武装叛乱、暴乱罪中的“组织、策划”等危害国家安全罪的规定；将犯罪组织行为拟制为独立的实行行为的组织、领导、参加恐怖活动组织罪，组织、领导、参加黑社会性质组织罪，入境发展黑社会组织罪等；将涉及枪支、弹药、爆炸物、危险物质、管制刀具、危险物品的不法行为拟制为独立的实行行为的非法制造、买卖、运输、邮寄、储存枪支、弹药、爆炸物罪等；将经济犯罪的前期预备行为拟制为独立的实行行为的虚开增值税专用发票用于骗取出口退税、抵扣税款发票罪等；将伪造、变造、买卖、盗窃、抢夺公文、证件、印章等诈骗类犯罪的预备行为拟制为独立的实行行为的伪造、变造、买卖国家机关公文、证件、印章罪等。[②] 下文论述将着重于对第22条所涉及的形式预备犯的处罚范围的界定。

第一，决定形式预备犯可罚性范围限定的要素分析。较之犯罪未遂或者实行行为，犯罪预备往往缺少明显的反规范特征，加之主观不法在证明上的困难及因此而导致的对行为人主观恶性程度认定的困难，要将具有实质可罚性的预备行为从一般预备行为中分离出

① 参见［日］小野清一郎著：《犯罪构成要件理论》，王泰译，中国人民公安大学出版社2004年版，第130页。

② 参见前引。

来，需要从以下方面加以考虑：一是预备行为是否以实施严重犯罪为目的，如严重危及国家安全、公共安全、人身安全或者社会秩序的犯罪；二是行为人在行为时是否具有与特定犯罪的实行相联系的直接犯罪意图；三是预备行为本身是否具有一般观念意义上的、与特定犯罪紧密相接的显性特征；四是预备行为的实施是否已具有引发特定法益侵害的直接危险。在完全具备了上述要素的情况下，可考虑预备行为的刑事可罚性；反之，缺少其中的任何一个要素，预备行为都会因法益侵害危险的紧迫性或者严重性不足而缺乏刑罚处罚的实质理由。

第二，基于犯罪类型的分析。法益是刑法所保护的人的生活利益，[①] 包括个人利益及与个人发展相联系的社会利益与国家利益。随着人权观念的深入发展，强调刑法对个人权益的保护，使个人法益优先于社会法益与国家法益，表明了“在特定时期一个国家里公认的根本价值”的观念转变。[②] 在我国刑法分则所涉十个类罪中，侵犯公民的人身权利、民主权利罪，侵犯财产罪被认为是与个人法益直接相关的类罪而日益受到重视。[③] 危害公共安全罪、破坏社会主义市场经济秩序罪和妨害社会管理秩序罪被认为是侵害社会法益的类罪，贪污贿赂罪、渎职罪、危害国家安全罪、危害国防利益罪、军人违反职责罪被认为是侵害国家法益的类罪。[④] 侵犯公民

① 张明楷著：《刑法分则的解释原理》，中国人民大学出版社 2011 年版，第 345 页。

② 《法国刑法典》，罗结珍译，中国人民公安大学出版社 1996 年版，序第 1 页。

③ 例如，在关于刑法分则类罪的排列顺序上，部分教材突破了以往将危害国家法益与社会法益的典型类罪安排在侵害个人法益犯罪之前的传统，转而将侵犯个人法益的类罪安排在其他类罪之前，代表作如周光权所著《刑法各论》（中国人民大学出版社 2011 年版）等。

④ 参见周光权著：《刑法各论》，中国人民大学出版社 2011 年版，目录页。

的人身权利与财产权利的犯罪，由于事关生命权、健康权与财产权等个人生存的基本权利，对该类法益的侵害将直接威胁到作为社会法益与国家法益基础的个人法益的安全与稳定，因而针对该类犯罪的预备行为就具有了更为重要的预防价值。虽然侵犯公民民主权利的犯罪也直接侵犯了个人法益，但作为更高层阶的发展权，民主权利受到侵犯的危害显然较小，也正是基于此，分则第 5 章将侮辱罪，诽谤罪，煽动民族仇恨、民族歧视罪，出版歧视、侮辱少数民族作品罪，非法剥夺公民宗教信仰自由罪，侵犯少数民族风俗习惯罪，侵犯通信自由罪等排列在侵犯人身权利的犯罪之后，所设置的法定刑也相对较低。无论是基于《刑法》第 13 条“但书”的规定，还是基于刑法谦抑性的考量，如果行为人实施的是针对侵犯公民的民主权利犯罪的预备行为，则可以一般性地认为不具有刑事可罚性。[①]

社会法益与国家法益作为超逸于个人法益的集合性利益，具有较之个人法益而言更为广泛的外延。就法益的重要程度而言，危害国家安全罪及危害公共安全罪由于涉及作为个人生存基本秩序保障的国家利益与社会公共利益，除破坏交通工具、交通设施、电力设备、易燃易爆设备尚未造成严重后果等个别故意犯罪外，其他犯罪

---

① 我国刑法在分则体系的设计上，基本遵循了依照犯罪所侵害的法益严重程度，对罪名进行顺序排列的规则。由此可以认为，凡在类罪中排列较前端的个罪，其法益侵害性一般相对较重。但是，由于罪刑体系的复杂性及立法者基于立法结构的严谨所作的不得已的归类性安排等原因，这一标准并未得到严格遵守，具体体现在被经验性地认为具有较重法益侵害性的犯罪也可能被排列在具有较轻法益侵害性的犯罪之后。然而从分则个罪的规定来看，基于罪刑均衡的考虑，无论个罪在整个罪刑体系中的定位如何，立法者基本都对具体的罪行配置了与其所应承担刑责相匹配的法定刑（参见李洁：《法定最高刑与最低刑之设定研究》，载《河南省政法管理干部学院学报》2008 年第 3 期）。

都严重危害到社会的稳定与发展,[①] 刑法也为其设定了较为严重的法定刑，基于刑罚的预防性功能考虑，对该两类犯罪的预备行为，应在考虑行为人主观不法与预备程度的基础上，承认其可罚性。另外，在破坏市场经济秩序的八类犯罪中，走私类犯罪关涉国家的外贸管制、国家安全（如走私枪支等）、财政收入、国家检疫检验安全、社会治安等，一旦构成，危害甚大。金融诈骗类犯罪也随着我国金融体制改革的深入而呈现出专业化、职业化及官商结合的紧密化特征，导致了该类犯罪的侦破难、取证困难，往往对作为市场经济体系核心地位的金融市场造成极大的破坏，损害了作为市场运行基础的信用制度。为防患于未然，对该两类犯罪的预备行为进行必要程度下的刑法干预，就有相当的必要性。

第三，基于法定刑的分析。预备犯之所以可罚，是因为其对法益造成了侵害（实质预备犯）或者侵害危险（形式预备犯）。在排除了所处预备阶段时点差异的情况下，对法益侵害越大的犯罪，其犯罪预备的刑事可罚性也就越大。因而可以从法定刑的角度入手，参考分则中法定刑配置的状况及学界、实务界关于罪刑的经验性通识，将十年有期徒刑作为重罪与轻重的界分标准，对重罪的预备行为原则上考虑可罚性。可分为两种情况：一是刑法分则明文规定法定刑为十年以上有期徒刑的，如故意杀人罪、绑架罪、劫持航空器罪、暴动越狱罪、聚众持械劫狱罪等，应直接考虑其预备行为的刑事可罚性；二是对于在情节严重或有特定情节、特定结果情况下被设定了十年以上有期徒刑的，如第 263 条规定的在入户抢劫、在公共交通工具上抢劫、抢劫银行或者其他金融机构、多次抢劫或者抢劫数额巨大等八种情节加重或者结果情况下，处十年以上有期徒刑、无期徒刑或者死刑的，如果确有证据证明行为人是为实施上述样态之一的抢劫而进行犯罪预备，且有法益侵害紧迫危险的，或者

① 由于过失犯罪不可能存在停止形态，故本书所讨论类罪或个罪均限于故意犯罪。

第122条劫持船只、汽车罪，在情节严重情况下处十年以上有期徒刑的，应根据预备的实际情况原则性地考虑其刑事可罚性。

需要说明的是，对预备行为是否具有可罚性的认定，是一个复杂的系统工程，不仅需要根据预备行为所针对犯罪本身的法益侵害度、行为人主观恶性与人身危险性的表现度等外在要素进行分析，还要根据预备行为本身距离着手点的距离、预备行为的周全性、对犯罪实行与既遂的促成可能性等行为的自身要素进行判定。对归类化的犯罪预备行为可罚性的研究，只是从一般抽象层面所作的界定，个体化的预备行为是否可罚，还需要根据实际情况进行具体认定。以法定刑为界标，对重罪的预备行为进行一般层面可罚性的探讨，实质上也是对以犯罪类型为标准对预备行为是否具有可罚性的补充与纠偏，即对不属于应具有可罚性的犯罪类型的预备行为的，如果符合重罪标准，可考虑其可罚性；反之，即使属于一般具有可罚性的犯罪类型的预备行为，如果没有达到重罪标准，也可将其除罪化。

### （四）重罪约定的预备性质及可罚性研究

重罪约定指的是两人以上以明示或者暗示的方式达成严肃的一致：以共同正犯的形式去实施重罪，或者教唆第三人共同去实施重罪。[①] 区别于严格意义上的犯罪预备，重罪约定者只是就实施的犯罪内容进行了较深层次的沟通、交流并达成一致，但并未为实施犯罪进行各种显性的物理性准备。也正是基于此，重罪约定被认为是不具有刑事可罚性的犯意表示，如德国学者菲伯（Fieber）就认为，在共同正犯的犯罪中，几个行为人需要一起形成共同的犯意，共同犯意就是共同的犯罪计划，形成共同的犯意自然需要他们之间的交流，尽管如此，刑法是不能仅仅因为他们有犯意就进行处罚

---

① Kindhäuser, Lehr-und Praxiskommentar zum StGB, 1. Aufl, § 30 StGB Rn. 20.

的，这样无疑是陷入思想刑法的泥潭。所以，如果把约定视为犯罪准备的话，实际上是把约定人的思想看成犯罪准备。[①]

重罪约定是否为犯罪预备，取决于对约定者行为的不法性认定。与表现为内心活动的犯罪起意和以口头、文字或者其他方式对犯意单纯流露的传统意义上的犯意表示相比，重罪约定的特征在于当事人就犯罪的时间、犯罪地点、行为方式、行为对象等内容进行了郑重约定，很显然这种约定是在各行为人就抽象的犯意进行了表示之后的进一步行为，是在犯意表示的基础上，以实施犯罪为目的进行的正式的商讨与策划行为。对于犯罪的最终完成而言，这种事前约定在当事人之间产生了一个类似合同一样的义务，让当事人产生一种心理压力，从而很难退缩。[②] 由此，重罪约定使犯罪意图具有了明确的目的性与实现的可能性，在缺少外力介入的场合，将促成犯罪的实施及至顺利完成。虽未着手犯罪的实行，但以便利犯罪的实施为目的，并且将法益置于可能受侵害的危险之中，是确定重罪约定为犯罪预备的重要理由。

我国刑法中没有关于重罪约定的明确规定。根据通说，第 22 条中的“准备工具”是指为实施犯罪准备犯罪工具的行为，包括准备用以杀伤被害人或者排除被害人反抗的器械物品，用以破坏、分离犯罪对象物品或者破坏、排除犯罪障碍物的器械物品等五种行为；“制造条件”则是指其他为实施犯罪创造使得条件的行为，包括“（1）为实施犯罪事先调查犯罪的场所、时机和被害人的行踪，……（6）勾引、集结共同犯罪人，进行犯罪预谋；（7）拟定实施犯罪和犯罪后逃避侦查追踪的计划，等等”。[③] 其中，关于“制造条件”的解释中第 6 项所表述的进行犯罪预谋和拟定计划，

---

① Fieber, Die Verbrechensverabredung, § 30 Abs. 2, 3. Alt. StGB, S. 175.

② Schünemann-Leibziger Kommentar zum Strafgesetzbuch, § 30 Rn. 11.

③ 参见前引。

实质是对犯罪的一种约定。然而，区别于重罪约定，通说中所说的约定：一是涉及对所有犯罪的事前约定；二是约定者分工不限，既可以表现为正犯之间的约定，也可以表现为正犯与教唆犯、帮助犯之间的约定；三是对约定的严肃性未加限制。而重罪约定仅表现为各行为人以正犯的姿态进行的约定，且约定的内容也仅限于重罪范畴。就二者的关系而言，通说中的犯罪约定是一般的犯罪约定，重罪约定则是涵括前者的一种特殊形态的犯罪约定。虽然都因具有制造犯罪条件的性质而被认定为犯罪的预备行为，但就刑事可罚性而言，重罪约定与一般的犯罪约定显然不同。

重罪约定必须符合的条件是，约定者必须是以真诚实施所约定犯罪为目的进行犯意的沟通与交流，并就犯罪的实施进行了实质性的、具体的计划与安排，一般的犯罪约定因不具有可行性而不足以对法益形成重大威胁，基于刺激心理而以匿名的方式与他人进行重罪约定也一般性地不具有可罚性。① 不仅如此，无论是共同实施犯罪，还是教唆他人实施犯罪，重罪约定都要求行为人之间是以严肃而正式的态度达成一致，放弃约定者即被视为一种背信。将约定限制在重罪范围内，不是因为轻罪约定对法益没有造成威胁或者造成威胁的紧急程度低于重罪约定，而是由于较之重罪约定对重大法益所形成的危险，轻罪约定的危险性在刑法看来或许仅具有行政性法律层面的价值。要求行为人之间的约定具有严肃性与正式性，是出于对行为人可能产生的刑事义务的考虑，在随意的、偶然的或者非正式约定的场合，刑法的强行介入，可能会导致惩罚思想犯甚至误伤无辜的结果。正是在这种严格的限制下，将重罪约定归入可罚性预备行为，不仅符合刑法对行为实质当罚性的要求，也能够满足可罚行为的构成要求。

---

① 如果行为人的匿名只是基于保护自己的目的，对于其他约定者来说，该行为人的匿名并不足以影响到整个犯罪的约定实施，则匿名者的行为原则性地具有不法性。

应当严格区分重罪约定与一般犯罪约定，避免处罚的扩大化。区别于重罪约定的刑事可罚性，一般犯罪约定只要行为人就共同犯罪进行了预谋即可构成，对法益的侵害危险较小，因而原则上达不到刑事处罚的界限。诸如行为人之间已约定实施妨害公务、引诱未成年人聚众淫乱等轻罪，或者虽然约定实施的是故意杀人、抢劫等重罪，但只是对犯罪意向的初步统一，虽然构成犯罪约定，但这种一般的犯罪约定的刑事可罚性显然不足。因为，在轻罪约定的场合，即便形成了正式约定，并具有针对法益的侵害危险，但由于轻罪罪质本身的性质所决定，对法益的侵害也就相对较轻，较之准备犯罪工具或者跟踪、调查受害人行踪等而言，对犯罪实行前阶段的具有更轻法益侵害危险的约定行为进行刑罚处罚，显然有违刑法的谦抑性原则。即便是在约定实施重罪的场合，由于约定行为处于整个犯罪过程的最前端，距离实行行为较远，对法益的侵害危险明显不足，在约定未达严肃一致的情况下，也就不具有可罚性。由此，只有在正犯者就重罪达成一致的情况下，才能承认其可罚性，除此之外的犯罪约定行为，都因其情节显著轻微而不宜纳入刑罚范畴。谨慎区分两者之间的界限，既要避免将一般的犯罪约定认定为重罪约定，扩大刑罚处罚范围，同时也要避免将重罪约定一般化，削弱了刑罚的必要性甚至放纵了犯罪的最终发生。

# 第四章 刑法的改进与完善

## 一、中国行政刑法的立法缺憾与改进①

自德国学者郭特希密特（J. Goldschmidt）于1902年提出行政刑法（Verwaltungsstrafrech）这一概念以来，距今已有百余年的历史。法国学者将其直译为"droit pénal administratif"，意大利学者亦直译为"diritto penale amministrativo"。在欧陆国家和日本，行政刑法的研究已经十分发达，有些国家已经制定了独立的行政刑法典、经济刑法典等。第14届国际刑法学大会更是将行政刑法列为大会的中心议题。相比来说，中国行政刑法的研究尚处于初级阶段，甚至对于何谓行政刑法，学者们之间也是见仁见智。与此同时，中国一些与行政刑法相关的制度却在国际上饱受诟病。因此，进行行政刑法的研究，对于中国法治的完善和中国刑法同国际的接轨均有着重要的意义。这里试从中国行政刑法的范畴之界定入手，进而研析中国行政刑法中存在的若干缺憾，并在此基础上提出解决问题方案之构想和建言。

① 本部分内容系本人与赵秉志教授合作研究和撰写，曾发表于《河北法学》2006年第8期，后本人根据我国刑事法律的立法进展和理论界的最新研究状况作了修改和补充，对有关内容进行了一定的调整。

### （一）行政刑法范畴之辨析

欲阐明中国行政刑法的立法缺憾，首先必须界定行政刑法的概念，明确其外延。而这又必须对行政刑法的产生及其发展作一简要的考察。

1. 行政刑法的缘起——德国行政刑法的特点

德国是公认的行政刑法的发源地。18 世纪，德国警察权力日渐增强，其活动范围也不断扩大，于是“警察犯”的概念开始出现，并和“刑事犯”相对应。德国学者们认为，刑事犯是指对法益造成侵害的犯罪，警察犯则是对法益造成危险的行为。随之在 19 世纪，德国法学中基本上形成了“警察刑法”的概念，其中如黑森州等几个州还先后制定了“警察刑法典”。这一时期的“警察犯”基本上等于“违警罪”，也就是后来行政刑法中行政犯罪或“行政违法行为”的原型。因此，这一时期自成一体的“警察刑法典”也可以说是行政刑法的最早立法例。[①] 然而，对于究竟何为“警察犯”，何为“刑事犯”，却是学者们争论不休的问题，有学者甚至称其为“导致法学者绝望的问题”。[②] 因此，德国 1871 年刑法典的制定者们干脆仍参照法国 1810 年刑法典的做法，依照行为危害的轻重程度，将犯罪行为区分为重罪、轻罪和违警罪三种，将违警行为规定在刑法典之中，并处以自由刑、罚金刑与拘役等刑事刑罚。[③] 但争论并未因该法典的出台而停止。这部刑法典出台之后，

---

① 参见卢建平著：《刑事政策与刑法》，中国人民公安大学出版社 2004 年版，第 220 页。

② 参见黄河著：《行政刑法比较研究》，中国方正出版社 2001 年版，第 6 页。

③ 事实上，德国第一部刑法，即 1813 年拜耶王国的刑法典亦采取了犯罪的三分法。但当时德意志各地王国林立，各自为政，且警察权高涨，不少王国在刑法之外，均另订有“警察刑法典”，用以作为违警罪的依据。参见林山田著：《刑事法论最》，自版 1997 年版，第 60 页。

一直受到不少学者的批评和反对。著名学者冯·李斯特、卡尔、葛来斯葩等均认为违警罪系纯正的秩序违反行为，因而建议将违警罪自刑法法典中划分出来。1911 年与 1919 年的刑法草案亦采取相同的主张。

德国学者郭特希密特针对上述争论，在 1902 年首倡“行政刑法”一词，认为在传统的刑事刑法之外，应另行制定行政刑法，以规范违警罪的问题，其本人也因此被称为行政刑法之父。郭特希密特认为：司法的目的在于保护法益与人的意思领域，为达此目的，其所采用的手段是持续的宣示与法律的规定等；在这些宣示与规定中，一定要有具有强制力的刑法，作为达成司法目的的强制手段，这就是“司法刑法”之意旨；相对地，行政的目的在于促进国家与社会的福利，其促进手段是行政作为，在此行政作为中同样需要具有强制力的法规，用以确保行政作为之畅行无阻，此即为“行政刑法”之意旨。郭特希密特的理论获得德国学者沃尔夫的肯定与认同，后者运用法哲学、法理论与法政策的观点，将郭氏的理论与主张加以发扬光大，后再经德国刑法学者希密特的努力，使行政刑法的理论得以付诸实施，如德国 1949 年的《经济刑法》和 1952 年的《秩序违反法》等。特别是后者的颁行，使得自刑法中划分出违警罪的主张成为可能，即逐一审查违警罪，若认为具有刑事不法本质者，将其提升为轻罪，继续规定在刑法典之中；其余有继续处罚必要者，则将其移转规定在《秩序违反法》之中。1975 年 1 月 1 日生效的联邦德国新刑法典即以此为原则，将旧刑法分则第 29 章的违警罪全部删除，而将其中具有行政不法本质的行为，另行规定在《秩序违反法》之中。[1] 受德国立法的影响，奥地利、前捷克斯洛伐克、匈牙利、罗马尼亚、波兰、葡萄牙、前苏联、意大利和以色列等国也都制定了规范行政刑法运作的框架法。行政刑法的蓬勃发展也引起了各国学术界的密切关注。第 14 届国际刑法

① 参见林山田著：《刑事法论最》，自版 1997 年版，第 62 页。

学大会的中心议题之一，便是“刑法与行政刑法之间的差异”，并在最后形成了“关于刑法与行政刑法之间的差异所导致的法律和实践问题的决议”。[①]

由以上分析可知，德国学者所首倡的行政刑法，虽有刑法之名，但就其实质而言，指的却是秩序违反法。相当于中国的治安管理处罚、曾经的劳动教养以及相关治安处分措施，属于行政法的范畴。

2. 行政刑法的继受——日本、台湾地区“行政刑法”的特点

日本自明治维新开始大量移植德国的法律，同德国一样，警察权力也逐步膨胀。第二次世界大战之后，由于深受英美法系的影响，“法治国家”的观念深入人心，必然要求通过司法途径限制行政权力。对于公民的制裁，最终也就必然通过司法途径来解决。目前，日本主要是把行政刑法作为特别刑法来研究，即从刑事法的角度，研究附属于行政法中的刑事规范。例如，著名学者福田平就认为：“行政刑法是国家为达到行政上的目的，课人民以作为或不作为的义务，而于其违反义务时，课以刑罚制裁的行政刑事法规的总称。”[②] 在我国台湾地区，也有类似的观点。例如，台湾学者林山田就认为，“行政刑法实系指附属刑法”，“附属刑法与核心刑法同样以刑事刑罚为制裁手段，其本质为刑事不法，而非行政不法”。[③]

3. 行政刑法的本土化——建立有中国特色的行政刑法体系

按照西方学者对于行政刑法的界定，中国的行政刑法从清末修律制定《违警罚法章程》等法律至今也有近百年的历史，其间历任政府为维持社会治安均颁布了类似的法律。但直至 1989 年第 14

① 参见卢建平著：《刑事政策与刑法》，中国人民公安大学出版社 2004 年版，第 222 页。

② ［日］福田平著：《行政刑法》（新版），有斐阁 1978 年版，第 74 页；转引自黄河著：《行政刑法比较研究》，中国方正出版社 2001 年版，第 25 页。

③ 参见林山田著：《刑事法论最》，自版 1997 年版，第 67 页。

届国际刑法学大会召开后，中国法学界才真正注意到行政刑法的系统理论研究，先后有学者发表了一定数量的论文，[①] 同时也有有关行政刑法的书籍问世。[②] 这些论著对于建立中国的行政刑法体系，无疑都起到了积极的作用。

然而，中国学者关于行政刑法的概念却有不尽相同的观点，有些甚至完全相悖：有学者认为，行政刑法是国家为维护社会秩序，保证国家行政管理职能的实施而制定的有关行政惩戒的行政法律规范的总称，[③] 这实际上等同于德国行政刑法的概念；有学者认为，行政刑法是国家为了维护正常的行政管理活动，实现行政管理目的，规定行政犯罪及其刑事责任的法律规范的总称，中国的行政刑法规定于刑法、单行刑事法规以及行政法律中；[④] 有学者认为，中国的行政刑法就是国家为了实现行政管理的目的，维护正常的行政管理秩序，规定行政犯罪及其刑罚的法律规范和劳动教养法律规范的总和；[⑤] 还有学者认为，中国的行政刑法是规定什么是行政犯罪以及具体的行政犯罪罪证或犯罪构成，最终依据什么样的罪责关系确定行为人应承担何种行政刑法责任的特殊法律规范的综合。[⑥]

---

① 较有代表性的论文有卢建平教授的《论行政刑法的性质》、张明楷教授的《行政刑法辨析》和周佑勇教授与刘艳红教授合写的《行政刑法性质的科学定位》等。

② 例如，张明楷教授主编的《行政刑法概论》、黄河博士所著的《行政刑法比较研究》和李晓明教授所著的《行政刑法学导论》等。

③ 参见卢建平著：《刑事政策与刑法》，中国人民公安大学出版社 2004 年版，第 222 页。

④ 参见张明楷：《行政刑法与辨析》，载《中国社会科学》1995 年第 3 期，第 95~96 页。

⑤ 参见黄河著：《行政刑法比较研究》，中国方正出版社 2001 年版，第 58 页。

⑥ 参见李晓明著：《行政刑法学导论》，法律出版社 2003 年版，第 77 页。

我们认为，对于行政刑法概念的界定必须以中国的法律体系为基础，否则，盲目引入外国的概念只会徒增理论的混乱。我们知道，德国等欧陆国家秉承罗马法的传统，“法律至上”的观念深入人心。反映在犯罪观上，凡是违反法律的禁止性规定或命令性规定的行为都是犯罪，犯罪的概念既包括刑事不法又包括行政不法，因此也就有了司法刑法与行政刑法的区分。而在中国，并非所有违反法律的禁止性规定或命令性规定的行为都是犯罪，其中只有具有严重社会危害性的行为才构成犯罪，由刑法调整，其余的则由行政法调整。因此，德国的行政刑法只相当于中国的行政处罚法。从这个意义上说，有学者以行政刑法一词容易产生歧义为由而主张废弃不用的见解也是有一定道理的。① 但我们也要看到，行政刑法一词有其独特的内涵与外延，且也已逐渐为中国学界所接受，断然将其废弃不用并不利于中国法学的发展。我们认为，中国行政刑法体系的建立应当本着有利于完善中国法律体系和法学体系的原则来进行。中国的犯罪概念既有定性因素又有定量因素，这就必然会产生犯罪与行政违法之间的模糊地带，如对于刚刚被废止的劳动教养的界定就存在不同的观点，因此如何把刑事违法和行政违法进行衔接在中国便有了特殊的意义。与此同时，中国刑法又将大量的严重违反行政法的行为规定为犯罪并纳入刑法及单行刑法之中，② 这些条款与规定自然犯及其刑事责任的传统刑法条款相比，毕竟有其不同的特点，如具有较强的目的性、较弱的伦理性和较大的变异性等。将这些特殊的不纯正的行政不法行为纳入行政刑法的研究视野，在中国

① 参见陈兴良：《刑法谦抑的价值蕴含》，载《现代法学》1996 年第 3 期。

② 这些行为实际上是行政不法行为同刑事不法行为的交叉，称为不纯正行政不法行为，原则上既承担刑事责任也承担行政责任。不纯正行政不法行为在中国台湾地区被规定在“附属刑法”之中；在中国内地，随着 1997 年刑法将行政法规中的刑事责任条款和单行刑法悉数纳入其中，刑法即成为中国行政刑法的基本渊源。

也有着重大的理论与现实意义。行政刑法应当研究行政法与刑法的这些交叉区域，对两个部门法的边缘性问题给予关注。因此，我们同意中国学者关于行政犯罪行为的双违性特征的界说，即认为行政犯罪既违反刑法又违反行政法，是介于犯罪行为与行政不法行为之间的不纯正行政不法行为，行政刑法即为规定不纯正行政不法行为的法律规范的总称。[①] 由中国的立法所决定，这部分规范都属于刑法的组成部分。另外，劳动教养制度虽被废止，但仍存在相类似的收容教育制度，其虽不属于中国传统刑法研究的领域，但由于其特殊的性质，也应纳入行政刑法的研究范围，对此下文将进行详细论述。

因此，我们认为，中国的行政刑法就是国家为了维护正常的行政管理活动，实现行政管理目的，规定行政犯罪及其刑事责任的法律规范和劳动教养法律规范的总称。行政刑法的概念在中国有着既不同于其在西方也不完全等同于其在日本的内涵与外延。

1979 年中国第一部刑法的制定时值“文化大革命”结束不久，百废待兴的社会迫切地需要规则来支持以顺利完成转轨的过程，一部适时的刑法对于完成中国基本刑事立法从“无法可依”到“有法可依”的质的飞跃，从而使经济体制改革卓有成效地进行无疑会发挥至关重要的作用。然而，单一的经济制度和社会管理制度并不能为一部详备的刑法的制定提供必要的社会条件，而相对较为粗疏的立法技术更加使得“宜粗不宜细”的立法原则成为必然。在此立法原则的指导下，虽规定了许多行政犯罪诸如走私罪、非法狩猎罪等，但许多严重危害社会的行政违法行为都没有在这部刑法中进行规定，如造成重大环境污染的行为、严重侵犯发明权和著作权

---

① 双违性中的行政违法行为，应指实质性地侵犯行政秩序的行为。例如，一般的盗窃行为虽然也违反了《治安管理处罚条例》，但严重的盗窃行为即盗窃罪并不属于行政犯罪。参见李晓明著：《行政刑法学导论》，法律出版社 2003 年版，第 290 页。

的行为等。另外，还通过规定投机倒把罪这一口袋罪名，对刑法没有明文规定的许多破坏经济秩序的行为进行惩治，以此来弥补立法的不足。但随着社会主义市场经济的不断发展和完善，一些新型的犯罪尤其是行政犯罪诸如证券犯罪、期货犯罪、环境犯罪、计算机犯罪等层出不穷，口袋罪名并不能完全涵盖这些新型的罪名，立法机关遂又陆续出台了一系列单行刑法和附属刑法规范，如《关于惩治违反公司法的犯罪的决定》、《关于惩治破坏金融秩序的犯罪的决定》等。这一时期，我国行政刑法规范散见于刑法、单行刑法与行政法律之中。但是随着社会主义市场经济的建立和不断完善，立法的滞后性与日益深化的社会政治、经济改革愈来愈不适应，而一部适应时代发展的刑法——1997 年刑法便应运而生了。1997 年刑法将旧刑法的 192 个条文扩展到 452 个条文，对原来笼统、比较原则的规定，尽量作出具体而明确的规定。此外，单行刑法和行政法规中有关刑事责任规定也被悉数纳入新刑法之中，大部分规定在第 3 章和第 6 章之中。新刑法分则第 3 章破坏社会主义市场经济秩序罪为 8 节 92 个条文，第 6 章妨害社会管理秩序罪为 9 节 91 个条文，2 章共计 183 个条文，占全部分则条文的 52%。1997 年刑法这两章的规定，绝大部分都是属于行政刑法的内容。因此，在中国，刑法成为中国行政刑法的基本渊源。另外，1998 年全国人民代表大会常务委员会制定的《关于惩治骗购外汇、逃汇和非法买卖外汇犯罪的决定》作为迄今唯一的单行刑法，也是中国行政刑法的渊源。

### （二）中国行政刑法之立法缺憾

我们认为，中国的行政刑法立法尚存在以下缺憾，需加以改进：

1. 缺乏与一般行政法条款的衔接

中国行政违法的形式是多种多样的，但作为严重行政违法行为的行政犯罪在一些规定上缺乏与一般行政违法行为的协调性。例如，违法征收税款的行为是多种多样的，但中国刑法在第404条仅规定了徇私舞弊不征、少征税款罪，对于危害性同样严重的超征税费和其他违法征收行为却缺乏刑法的规制。又如，对于行政机关公务人员在适用法律过程中为一方当事人的利益故意错误适用法律、法规的行为，行政法律作了规制，但刑法却缺少相应的罪名。

2. 对于行政违法责任与行政犯罪责任的竞合缺乏明确的规定

行政违法责任与行政犯罪责任的竞合，是指行为人的一个行为既违反行政法中某个法条的规定同时又触犯刑法某个法条的规定，从而构成行政违法行为与犯罪的竞合。在实践中，一行为同时触犯行政法和刑法的情况大量存在，如偷漏税、走私、破坏公共秩序等行政违法行为，在行为构成犯罪的同时还触犯了有关行政法的规定。原则上，行为人应当既受到行政处罚又受到刑事处罚，这是由行政责任与刑事责任的不同性质所决定的。但在某些情况下，对行为人既处以行政制裁又处以刑事制裁则缺乏必要性与合理性，如既处以罚款又处以罚金或者没收财产的情况。对于如何协调这两种不同性质的法律责任，中国法律作出了某些规定，如对于情节严重的走私行为，根据《刑法》第64条和第153条的规定，不但要没收其违法所得和供犯罪使用的物品，还要进行刑事处罚；但对于其他情况下这两种责任的协调，中国法律缺乏明确规定。

3. 法定刑设置过高

根据中国刑法，被规定为犯罪的行为均具有严重的社会危害性。中国的行政犯罪既然属于犯罪，无疑也有着严重的社会危害性，应当受到刑罚这种最严厉制裁措施的惩处。然而，与传统的犯罪相比，行政犯罪毕竟有着较弱的反伦理性和较强的易变性。在西方法学理论中，传统犯罪大多属于自然犯罪，而行政犯罪大多属于法定犯罪，有的学者甚至将行政犯罪等同于法定犯罪。对于自然犯罪，一般要受到严厉的刑事制裁，法定犯罪受到的刑事制裁则相对较轻。而中国刑法对于行政犯罪的制裁显然过重，重刑主义的倾向非常明显。以走私罪为例，由于走私犯罪对于国家造成的危害十分严重，各国刑法都规定要对其进行处罚。在美国，走私罪为联邦犯罪，对于走私行为均要处以没收财产，而进行虚假陈述、从事虚假活动或使用虚假器具的，可处5000美元罚金或2年监禁，或二者并罚；[①]《法国海关法》规定的走私犯罪及相关犯罪最高监禁刑为6年，同时可没收非法所得并处违法或试图违法金额1至5倍的罚款；[②]《德国税法》第373条规定了对与走私犯罪有关行为的处罚，最高为5年监禁；《俄罗斯联邦刑法》第188条对走私罪规定的最高刑为12年监禁；《日本海关法》规定走私鸦片、淫秽物品、枪弹等行为可被处以5年以下惩役或50万日元的罚金，也可以并处，而《日本刑法》第138条亦规定海关职员走私鸦片的，最高可被判处10年的惩役。由此可见，各国对于走私犯罪虽然均予以重视并作了全面的规定，但其处罚并不十分严厉，剥夺自由的监禁刑用得较少，而更加注重财产刑和资格刑的适用。[③] 相比之下，中国刑法对走私犯罪适用了大量的长期自由刑、无期徒刑甚至死刑，重刑主义倾向十分明显。

4. 对于法人犯罪的刑罚措施过于单一

法人犯罪在中国往往也被称为单位犯罪，但两者并非等同的概念。中国的单位犯罪之主体不仅包括法人，也包括一些非法人组织，这里为了论述的方便而将两者同用。随着社会的发展，法人与民众的生活、健康和福利的关系日益密切，与此同时，法人的非法活动对国计民生造成损害的危险性和可能性也随之增长，这也就需要国家加强对法人的行政管理。而对于法人严重危害社会的行为，

---

① 参见储槐值著：《美国刑法》，北京大学出版社1996年版，第282页。

② 参见《法国海关法》第414、415条。

③ 参见卢建平、陈宝友：《中国走私犯罪死刑问题研究》，发表于2004年12月26日北京“中英限制死刑适用范围合作项目系列专题论坛”第三次论坛。

一些国家也开始寻求利用刑法措施来进行规制。尽管有国家（如法国）将法人犯罪的范围等同于所有自然人可构成的范围，但一般来讲，法人犯罪所针对的对象还是以行政犯罪居多，这与法人犯罪的特点及其产生和发展都是分不开的。例如，中国 1997 年刑法规定了单位犯罪，涉及的罪名达 121 种，大部分都集中在破坏市场经济秩序罪和妨害社会管理秩序罪两章中。随后又通过单行刑法及刑法修正案的方式增加了骗购外汇罪、资助恐怖活动罪及走私废物罪等几种可由单位构成的罪名。这几个新增加的罪名显然也都属于行政犯罪之列。

尽管中国刑法规定了大量的法人犯罪罪名，但仅规定了罚金刑这一种刑罚措施。而罚金刑虽具有诸多优点，但也同样存在许多缺陷，对于遏制日益增加的法人犯罪趋势显得力不从心。

5. 饱受诟病的劳动教养制度虽被废止，但仍存在相类似的收容教育等制度

曾在中国实行长达半个多世纪的劳动教养制度，作为对被劳动教养的人实行强制性教育改造的行政措施，对于改造被教养者思想、化解社会矛盾、安置被教养者就业等都发挥了很大的作用。然而随着形势的发展，劳动教养制度逐渐演变成为对违法行为人进行限制人身自由的一种严厉的行政处罚。特别是在执法过程中，往往容易忽略教育改造的挽救目的，而仅强调其处罚性。劳动教养被认为与治安处罚、劳动改造相呼应，已共同构成了中国法律制裁的一个重要部分。[①] 随着时代的发展与人权观念的勃兴，劳动教养制度因其具有实体及程序上的弊端而开始受到批判，主要集中在对象的标准和要件不明确、期限过长而处罚过重、缺乏有效的程序保障且缺乏法律依据等方面。近年来，废止劳动教养制度的呼声日益高涨。鉴于此，2013 年 12 月 28 日全国人大常委会通过了关于废止

① 参见杨建顺：《劳动教养法律规范的缺陷与辨析——兼评劳动教养废止论》，载《法学》2001 年第 6 期。

有关劳动教养法律规定的决定，终于宣告了这项制度的寿终正寝。然而，我国却仍存在相类似的收容教育制度。由于近期某些演艺界人士相继因嫖娼等行为被收容教育，这一制度继劳动教养之后又被推到了风口浪尖上。

所谓收容教育，是指专门针对卖淫嫖娼人员集中进行法律教育和道德教育，组织参加生产劳动以及进行性病检查、治疗的一种强制措施。20 世纪 80 年代，随着改革开放的进行和经济的高速发展，卖淫嫖娼现象愈演愈烈，为此，1991 年颁布的《全国人民代表大会常务委员会关于严禁卖淫嫖娼的决定》提出：对卖淫、嫖娼的，可以由公安机关会同有关部门强制集中进行法律、道德教育。随后，国务院于 1993 年 9 月 4 日据此出台了《卖淫嫖娼人员收容教育办法》（以下简称《办法》）。根据该办法，对卖淫、嫖娼人员，除依照《中华人民共和国治安管理处罚法》第 66 条的规定处罚外，对尚不够实行劳动教养的，可以由公安机关决定收容教育，期限是 6 个月至 2 年。

我国《行政处罚法》第 9 条明确规定，限制人身自由的行政处罚，只能由法律设定。规定收容教育制度的《办法》仅属于行政法规，而非由全国人大通过的法律，不应具有规定限制人身自由的处罚的效力。与劳动教养制度一样，收容教育制度规定在没有检察院和法院介入的情况下由公安机关决定对被收容教育对象长期限制自由，显然具有侵犯公民人身自由权利之嫌，且公然违反了《立法法》、《行政处罚法》、《行政强制法》等上位法，也与宪法精神相违背。

### （三）中国行政刑法之立法改进

针对中国行政刑法立法中所存在的缺憾，我们认为应从如下方面加以改进：

1. 在立法上做到行政刑法规范与行政法规范的衔接

行政犯罪与行政违法既有共同点，也有相异之处。某一行政违法行为，随着危害性的增加，也会转化为犯罪行为，这就决定了必须将两种违法行为及其责任机制有机地结合起来，也即将两种违法行为的构成要件和处罚措施衔接起来。凡是行政法规规定为违法的，只要其危害性达到一定的严重程度，原则上都应当规定为犯罪。不应出现某一行政违法行为尽管严重，但却不构成犯罪的情形；或者出现行政法本应对某一行为进行规制却直接交由刑法进行处罚的情形。在中国，由于行政法规多种多样，远较刑事规范细密，因此第二种情形并不常见，但是第一种情形却应当引起我们的注意。正如前文所举的徇私舞弊不征、少征税款罪的例子，应当将超征税费和其他违法征收行为都入罪，作为违法征收税款罪的行为方式之一。否则，就不能做到应有的公正和公平。在处罚措施上，也存在类似的情形。例如，中国刑法中的资格刑仅规定了剥夺政治权利和驱逐出境两种。驱逐出境不适用于中国公民，而剥夺政治权利的政治性很强，对于很多行政犯罪行为缺乏针对性。因此，可以考虑增加一些新的剥夺资格刑，如剥夺从事某项职业的资格或者作出某项行为的权利等。

2. 明确行政违法责任与行政犯罪责任竞合时的处理办法

一般来讲，行政责任和刑事责任是不同性质的两种法律责任，若某一行为既触犯行政法又触犯行政刑法，则行为人原则上对两种责任都要承担，不得以刑事责任代替行政责任或者相反。这是因为，两种责任有着不同的性质与功能，可以在不同领域发挥作用。但在某些情况下，同时承担两种责任既不必要，也起不到教育改造行为人的作用。如前所述，对于根据刑法处以罚金的行为，在行为人缴纳罚金后，就不应再处以属于行政处罚的罚款了；而被判处拘役或者有期徒刑的罪犯，也不应再对其进行劳动教养。对于其他性质相似的刑罚措施和行政处罚措施，也应采取相同的做法。我们认为，应当采取法律明文规定的方式将这些例外情况确定下来。

3. 降低行政犯罪的法定刑并废止其死刑

由于行政犯罪较传统犯罪有较弱的伦理性、较强的易变性等特征，对其适用重刑并不能像惩罚自然犯罪那样满足人们的报复性观念；而从预防犯罪的角度来看，更应当从社会管理上寻找原因，事后的重罚并不能起到有效预防行政犯罪的效果。刑罚轻缓化的世界潮流对于行政犯罪来说，比对自然犯罪有着更为充足的理论依据和更加重大的现实意义。因此，要改变中国刑法对行政犯罪处罚较重的现状。例如，中国刑法对于侵犯知识产权的犯罪，在许多罪名中都规定了最高 7 年的有期徒刑，应当将这类罪名的法定刑确定为 3 年以下有期徒刑或者拘役，并处或者单处罚金，这也同国际上的一般做法相一致。就现有资料来看，绝大多数国家对此类犯罪都规定了较轻的法定刑，如对于著作权犯罪，日本刑法规定的刑罚为 3 年以下有期徒刑；德国刑法规定的刑罚为 3 年以下有期徒刑；韩国刑法规定的刑罚为 3 年以下有期徒刑；挪威刑法规定的刑罚为 6 个月以下有期徒刑；意大利刑法仅规定处以罚金；等等。具有讽刺意味的是，尽管中国刑法对侵犯知识产权犯罪的处罚力度如此之大，但在中国侵犯知识产权的行为却非常严重。这充分说明对于防范侵犯知识产权之类的行政犯罪，更应当从完善有关管理制度入手，从赋予现有法规更大的可操作性入手，而绝不能一味依赖严刑峻法。①

我们认为，对于行政犯罪，应当取消死刑。从性质上来说，行政犯罪是违反中国行政法规的行为，不具有明显的外显性、反伦理性、残酷性等暴力犯罪的特征。从其发生机理来看，其原因是多方

① 尽管同其他国家相比，中国对于侵犯知识产权犯罪的处罚幅度可谓非常严厉，但中国对于侵犯知识产权案件的刑事打击力度并不理想，中国著名刑法学家王作富教授认为，除了执法人员保护知识产权的法律意识相对薄弱、地方保护主义阻碍打击知识产权犯罪、公检法等执法部门在司法实践中受多方面条件限制难以形成执法合力外，知识产权犯罪立案的门槛过高、相关法律规定过于原则是其中很重要的两个原因。最高人民法院和最高人民检察院于 2004 年 12 月 21 日联合公布的《关于办理侵犯知识产权刑事案件具体应用法律若干问题的解释》，就针对这种状况作出了具体的规定，增加了刑法的可操作性。参见正义网，http：//www. jcrb. com/zyw/n462/ca329349. htm。

面的，既有个体原因，也有社会原因、制度原因。其中，在很大程度上是制度原因，如经济管理上的混乱、政策上的漏洞、法律法规的不健全等。而这与许多严重的传统犯罪，如故意杀人罪、强奸罪、抢劫罪、爆炸罪等，有着很大的不同。因此，对于行政犯罪的遏制，应重在加强管理、堵塞漏洞和完善法制上，而不应寄希望于适用死刑。而且，对于行政犯罪适用死刑也有悖于死刑的等价观。目前，不少保留死刑的国家大都把死刑刑罚条文严格限制在剥夺他人生命权利的犯罪之中，尤其是中国已于1998年10月签署了《联合国公民权利和政治权利国际公约》，该公约第6条明确规定，不得任意剥夺人的生命，并强调在未废除死刑的国家里，只能对犯有“最严重罪行”的人判处死刑。而这类犯罪的范围，按照有关联合国文件，应该理解为“不超出有致死或者极其严重后果的故意犯罪”,[①] 行政犯罪显然不在其列。因此，对行政犯罪适用死刑不符合社会的报复观念，那么，其又能否起到预防的作用呢？我们的回答也是否定的。还是以走私罪为例，中国对于走私犯罪规定了死刑，在司法实践中死刑的适用率也很高，但是否遏制住猖獗的走私犯罪态势了呢？我们看到，尽管在广东湛江特大走私案和福建远华特大走私案等案件中，多人被判处死刑，但全国海关查获的走私案件数量却不断攀升：1998年为8381件，1999年为13694件，2000年为11421件，2001年为12439件，2002年为10117件，2003年为12939件。[②] 这充分说明，死刑对于遏制走私行为并没有起到立法者所期望的作用。

近年来，根据中国的死刑实际情况及中国法治改革和人权改善

---

① 参见联合国经济与社会理事会通过的《关于保证面临死刑者权利的保护的保障措施》第1条之（1）。

② 参见谢望原、杨家庆：《走私犯罪死刑问题之实证研究》，发表于2004年12月26日北京“中英限制死刑适用范围合作项目系列专题论坛”第三次论坛。

的进步需要，我们鲜明地主张，中国在今后半个世纪里应分三个阶段逐步废止全部死刑，而现阶段就应废止非暴力犯罪的死刑。① 事实上，行政犯罪都是属于非暴力犯罪之列的。

4. 增加对于法人犯罪的刑罚措施

罚金刑由于其可分性、经济性等特点对于处罚犯罪的法人无疑是非常适宜的，将其作为惩治犯罪法人的主要刑种是合适的。但是同任何其他刑种一样，罚金刑也有其弊端。例如，罚金的标准怎样确定？如果太低则缺乏威慑力，太高又会使无辜的股份持有者、雇员和消费者受到损失。又如，单一的罚金刑可能导致法人将其作为一项机会成本打入预算，在其行为被发觉并受到处罚的情况下，该笔罚款从其风险基金中直接缴纳，之后想方设法将其转嫁给消费者。而且，罚金刑作为一项财产刑，对不同的法人效果差异很大，同样的一笔罚金对财力雄厚的大企业影响甚微，却可能使一个小企业倒闭。因此，为了有效地遏制法人犯罪，罚金刑应当与其他刑种配合使用方能起到最佳的效果。法国刑法对犯有重罪和轻罪的法人除规定罚金外，还规定了解散、禁止从事某些职业或社会活动、司法监督、禁止在一定时期内公开募集资金和签发支票及信用卡等 9 种刑罚措施，配合罚金刑一起使用。② 我们认为，法国刑法的这种做法对于有针对性地惩处和预防法人犯罪非常有力。中国刑法应当借鉴法国的做法，对法人犯罪增加类似的刑罚措施。

5. 废除收容教育制度

正如有学者所言，收容教育制度具有方法手段不当、法律性质缺乏正当性、对象具有随意性、违反“一事不两罚”原则、由于决定权和执行权的合一而缺乏监督、处罚过重、与《立法法》及

---

① 参见赵秉志主编：《中国废止死刑之路探索——以现阶段非暴力犯罪废止死刑为视角》（中英文对照本），中国人民公安大学出版社 2004 年版，第 11～14 页。

② 参见《法国刑法典》第 131～137 条至第 131～139 条。

《行政处罚法》等上位法和宪法精神相悖等弊端，而这些弊端绝大部分都是劳动教养制度得以废止的根据，因此，国家也应当果断将收容教育制度予以废止。[①] 此外，《联合国公民权利和政治权利国际公约》第 9 条第 1 项亦明文规定："人人有权享有人身自由和安全，任何人不得加以任意逮捕或监禁。除非依照法律所规定的根据和程序，任何人不得被剥夺自由。"在我国已签署该公约，且正在努力为批准该公约及其后的履约创造良好条件的情况下，更应该顺应潮流，果断将这一制度予以废止。

（四）小结

尽管中国受特殊历史条件的影响对于行政刑法之探讨尚处于初级阶段，但国际上对其的研究已经十分发达并大致形成了以德国和日本为代表的两大理论体系。德国的行政刑法理论一般认为，行政刑法是为达到行政的目的而规定行政不法及其行政罚的法律，就其实质而言系指秩序违反法；日本的行政刑法理论一般认为，行政刑法就是行政法中有关刑罚方法的法规的总称，将行政刑法作为附属刑法来看待。由于各国法律文化传统、法律体系、刑事政策以及犯罪观的不同，同一种法律或者同一类法律在每个国家都呈现出各不相同的样态，这既是法制的发展规律，亦是各国构筑其自身法律体系的必然。行政刑法尤其如此，这是由各国千差万别的社会情况、管理模式所导致的。然而当今世界又是开放的世界，借鉴吸收他国的成功经验和理论研究成果对于法制相对落后国家来说具有重要的意义。在比较分析德日行政刑法的有关立法及理论研究并立足中国自身立法状况的基础上，本书认为应当建立有中国特色的行政刑法体系，即中国的行政刑法应当对传统刑法与行政法的边缘性问题给予特殊关注，在外延上包括国家为了维护正常的行政管理活动，实

① 郑齐猛：《我国收容教育制度废除论》，载《中共郑州市委党校学报》2014 年第 4 期。

现行政管理目的，规定行政犯罪及其刑事责任的所有法律规范。然而综观中国的行政刑法，由于受到特定的历史条件以及立法经验不足的影响，不可避免地存在诸多的问题。本书针对中国行政刑法存在的缺乏同一般行政刑法条款的衔接、对于行政违法责任与行政犯罪责任的竞合缺乏明确的规定、法定刑设置过高、对于法人犯罪的制裁措施过于单一以及收容教育制度饱受诟病等缺憾，提出了相应的改进措施。然而，正如中国的法治进程一样，中国行政刑法的完善也并非朝夕之功，这将是一个长期的、循序渐进的过程。相信通过法律界、法学界乃至全社会的一致努力，有中国特色的、较为完备的行政刑法制度定会建立起来。

## 二、网络背景下刑事立法的修正

随着互联网在社会的迅速普及，计算机从最初的电子计算设备，成为了现在集电子商务、在线娱乐、资讯新闻、交流沟通为一体的综合性平台。网络已经悄然地改变了现代人的生活和生存方式，并对社会的政治、经济、文化乃至日常生活产生了深远的影响。中国互联网络信息中心（CNNIC）统计：截至 2011 年 12 月底，中国网民规模突破 5 亿人，达到 5.13 亿人，网民平均每周上网时长为 18.7 小时；包括网络购物、网上支付、网上银行、旅行预订在内的电子商务类应用在 2011 年继续保持稳步发展态势，其中网络购物用户规模达到 1.94 亿人，网上支付用户和网上银行全年用户目前的用户规模分别为 1.67 亿人和 1.66 亿人。[①] 网络犯罪也呈现出迅猛增长的态势，表现出与传统犯罪之间的差异。为此，加强对网络犯罪刑事立法的研究，对于我国建立完善的网络犯罪法

① 中国互联网络信息中心：《中国互联网络发展状况统计报告》（2012 年 1 月），载中国互联网络信息中心网，http：//www.cnnic.net.cn/dtygg/dtgg/201201/W020120116337628870651.pdf。

律制度，促进网络环境的进一步发展，具有重大的现实意义。

## （一）网络犯罪的概述

### 1. 网络犯罪内涵的界定

网络是由特定的或者不特定的计算机在物理和逻辑层面构成的整体，这个整体中的任何一台或者一些计算机都不能单独被称为网络。计算机与网络本身就是一种密不可分、相互依存的关系。网络是计算机经过发展而产生的一种新的使用属性，没有必要强行将计算机犯罪与网络犯罪在概念上进行区分。①

一般来说，计算机犯罪包括两大类，即利用计算机实施的犯罪和以计算机及其网络系统为犯罪对象的犯罪。② 然而，随着智能手机、iPad（苹果公司发布的平板电脑）等新型电子产品的出现，网络的终端已出现形式的多样化，网络犯罪并不必然以计算机为犯罪工具。所以，从严格意义上及发展的眼光来说，网络犯罪的称谓更合理。

2001 年 11 月 8 日欧洲委员会通过的《网络犯罪公约》（以下简称《公约》）是打击网络犯罪的第一个国际公约。《公约》明确指出，网络犯罪是指“危害计算机系统、网络和计算机数据的机密性、完整性和可用性，以及对这些系统、网络和数据进行滥用的行为”。以该公约为标准，网络犯罪可分为纯正的网络犯罪和不纯正的网络犯罪。纯正的网络犯罪，是指行为人在互联网络上通过网络编程、网络加密与解码技术实施的对网络信息系统及其存储、传输的数据信息进行的攻击行为；不纯正的网络犯罪，是指利用网络进行传统刑事犯罪的行为。

---

① 卢尧：《计算机与网络犯罪含义的法律视角探析》，载《北京邮电大学学报（社会科学版）》2010 年第 1 期。

② 王松江：《计算机犯罪的概念》，载中国人民大学复印报刊资料《刑事法学》1997 年第 8 期。

2. 我国网络犯罪的现状

（1）侵犯知识产权的网络犯罪。

近年来，随着网络的迅猛发展和经济全球化趋势的发展，网上侵犯知识产权的犯罪案件持续增多。在网络中侵犯知识产权的行为主要有侵犯著作权、商标权、专利权、域名权等，尤以侵犯著作权犯罪最为严重。网络侵犯著作权犯罪主要表现为行为人未经著作权人许可，以擅自上传、下载、在网络间转载或提供网络链接等方式侵犯他人著作权的行为。网络侵犯著作权犯罪的行为人绝大多数以谋取非法利益为目的，少数行为人则不以营利为目的。

（2）从事网络色情犯罪活动。

网络色情犯罪活动主要表现为在互联网上建立淫秽网站、网页，传播淫秽书刊、影片、音像、图片或提供淫秽站点链接服务。随着网络技术的发展，网络色情服务的方式也花样繁多。在网络上不仅可以看到大量的色情音像、图片，而且还能够拨打色情电话乃至进行视频色情活动。

（3）利用网络实施经济犯罪、财产犯罪。

网络在给经济、社会和人们的生活带来极大方便的同时，也为不法分子利用计算机网络进行经济和财产犯罪活动创造了空间。利用计算机网络实施的诈骗、盗窃、贪污、挪用公款等犯罪活动屡屡发生。当前，对于盗窃网络中的虚拟物的行为如何界定争议较大。该行为是指行为人通过电子病毒、解码、修改指令等方法，擅自破译他人接受某项网络服务的密码，侵入系统终端，盗窃他人的电子货币、游戏商品、QQ 号码等。

（4）利用网络进行赌博等黑市交易。

由于网络活动参与的匿名性和公开性，赌博、贩卖武器和毒品、买卖人体器官等行为在网络社会中迅猛发展起来。近些年来，网上贩毒的手段逐渐增多，网络赌场也逐步兴起。

（5）利用网络恐怖活动危害国家安全的犯罪活动。

这类犯罪行为主要包括通过互联网侵入计算机系统，窃取国家经济、军事秘密和情报；煽动民族仇恨和民族分裂，从事分裂国家犯罪和恐怖犯罪活动等。

### （二）网络犯罪对刑法理论的发展

#### 1. 虚拟物对财物外延的扩张

截至2011年12月底，中国网络游戏用户规模达到3.24亿人，较去年同期的3.04亿人增长6.6%，网民使用比例为63.2%。2011年，中国PC网络游戏市场实际销售收入（包括客户端网游、网页游戏、社交游戏及游戏平台的市场销售额）为428.5亿元人民币，比2010年增长了32.4%。预计2016年中国PC网络游戏市场实际销售收入将达到858.0亿元人民币，2012年到2016年的年复合增长率为14.9%。[①]

当前，网络盗窃的对象主要包括游戏装备、电子币、QQ号码等。游戏者通过银行卡进行充值换取相应的电子币，并用于购买游戏中的商品；游戏中的武器装备、宝石等虚拟物品是游戏者通过过关或充值来获取的，等级越高的装备和宝石会使游戏者在竞争中处于优势。游戏运营商往往在游戏社区内开设交易平台提供中介服务。游戏中的武器装备、宝石等虚拟物品被赋予了真实的价值，等级越高的虚拟物品能换取更多的金钱，且价值不菲。

对于游戏商品，有些学者认为，虚拟物与现实中的财物有着本质的区别，它依附网络游戏而存在，仅仅是软件设计的结果。对于现实的财物而言，虚拟物不具有客观性和真实性，不能脱离网络和游戏而独立存在，对现实的生活不能产生任何的影响。虽然，虚拟财产是以数字化的虚拟方式存在的，并被游戏运营商所控制，且不能脱离网络和游戏而存在，同时网络游戏的存续时间决定了游戏商品存在的时间，但是，游戏者通过金钱、时间和劳力的投入，获取

① 《2011年中国游戏产业报告》，载中国游戏产业网，http://www.cgigc.com.cn/201201/120087820889_2.html。

了相应的游戏商品，其通过游戏交易平台能转化为相应的现实货币，因而，网络中的虚拟物虽表现为一段数字符号或者信息代码，但亦为他人劳动所得，且在实际中可以通过交换获取相应的现实货币，具有一定的经济价值。针对盗窃游戏装备、电子币、QQ 号码等虚拟物的行为，有些法院对行为人按照盗窃罪定罪处罚，但有些法院则按破坏计算机信息系统罪、侵犯通信自由罪或无罪认定，在一定程度上反映了人们在对于虚拟物认识上的差异。

2. 对共同犯罪理论的发展

（1）片面共犯和共谋共同犯罪的产生。

一些犯罪分子在 QQ 或 BBS、论坛、微博等公共交流平台上发帖，提出犯罪倡议，他人自愿加入并协同犯罪，进行诸如网络攻击犯罪、网络诽谤、聚众淫乱等活动。此类犯罪不同于传统的集团犯罪，没有明确的组织者和实施者之分，且犯罪成员不具有固定性等特点。在网络“聚众型”共同犯罪中，倡议者有可能参加实施犯罪，亦有可能不参加实施犯罪。如果倡议者参加实施犯罪，其作为共同犯人，追究其刑事责任则毫无问题。但是，如果倡议者仅提出倡议，没有参加到犯罪过程之中，在这种情况下，按照我国刑事立法的规定追究倡议者的刑事责任，则相对较为困难。为此，要解决网络“聚众型”犯罪问题，必须突破我国相关的刑事立法和刑法理论，承认片面帮助犯、片面教唆犯的存在，即共同犯罪的故意不仅包括共同犯罪人双方或多方的意思联络，亦包括单向的意思沟通；将“共同故意犯罪”的含义扩展为共谋共同犯罪，即犯罪人之间的谋议可以是单方面的意思联系，为追究行为人的刑事责任提供理论根据。①

① 皮勇：《论网络“聚众”性犯罪及其刑事立法》，载《人民检察》2004 年第 2 期。

（2）共犯行为的正犯化认定。

2010 年最高人民法院、最高人民检察院颁布的《关于办理利用互联网、移动通讯终端、声讯台制作、复制、出版、贩卖、传播淫秽电子信息刑事案件具体应用法律若干问题的解释（二）》第 5 条规定："网站建立者、直接负责的管理者明知他人制作、复制、出版、贩卖、传播的是淫秽电子信息，允许或者放任他人在自己所有、管理的网站或者网页上发布，具有下列情形之一的，依照刑法第三百六十四条第一款的规定，以传播淫秽物品罪定罪处罚……"第 6 条规定："电信业务经营者、互联网信息服务提供者明知是淫秽网站，为其提供互联网接入、服务器托管、网络存储空间、通讯传输通道、代收费等服务，并收取服务费，具有下列情形之一的，对直接负责的主管人员和其他直接责任人员，依照刑法第三百六十三条第一款的规定，以传播淫秽物品牟利罪定罪处罚……"

上述司法解释对于明知是传播淫秽物品而提供网络链接和网络技术支持的行为，不再作为传播淫秽物品罪的加工行为进行认定，而是直接作为传播淫秽物品罪、传播淫秽物品牟利罪的实行行为加以评价和规制。一方面在司法上减少了对于具体传播淫秽物品行为加以认定和评价的步骤，有利于制裁传播淫秽物品的网络技术帮助行为；另一方面避免了因被帮助者处于境外，无法被追究刑事责任，而导致的对传播淫秽物品提供网络技术帮助者的诉讼程序难以进行的局面。这体现了"共犯行为的正犯化解释"思路的司法确认。[①]

3. 网络犯罪的管辖原则从以属地原则为主向普遍管辖和双边及多边条约倾斜

由于网络具有交互性、开放性和全球性等特点，与传统犯罪相比，网络犯罪呈现出超强的辐射性与全球性特征，如网络诽谤案件，可能涉及诽谤信息的编辑地、诽谤信息上传地、网址所在地、

① 于志刚：《网络犯罪与中国刑法应对》，载《中国社会科学》2010 年第 3 期。

诽谤信息传输地以及被害人所在地等。跨国性的网络犯罪一方面不仅容易引起管辖上的争议，另一方面也会产生法律适用上的冲突。2000 年 5 月，菲律宾的两名犯罪嫌疑人制造了“爱虫”病毒，给诸多国家的网络用户造成了巨大损失，但是，由于菲律宾没有确切的法律依据对其定罪量刑，最终不得不将其无罪释放。[①]

传统的以属地原则为基础，结合属人原则、保护原则和普遍管辖的刑事管辖也很难适应当前的跨国网络犯罪。国际社会应提高和加强对预防、制止网络犯罪的认识和责任感，扩大普遍管辖原则适用对象的范围，签订多边条约来共同打击跨国网络犯罪。

### （三）网络犯罪的刑事立法趋势

基于对网络社会与现实社会的不同认识，各国有关网络犯罪的立法主要有三种观点：第一种观点认为，网络社会为现实社会的延伸，通过解释现有的法律即可解决网络犯罪的法律问题，此为“保守的立法方式”。第二种观点认为，网络社会是一种数字化的社会结构、关系和资源整合的环境，其关系网具有虚拟特征。虽有其自身的特点，但其终究为一种客观现象。为此，我们只要对现行法律进行修正，增加特别条款即可，此为“渐进的立法方式”。第三种观点认为，网络社会是通过网络技术等模拟现实情境所形成的一个沟通信息的虚拟空间或电子空间。我们在立法时应考虑到网络犯罪的特殊性，专门进行单独立法，此为“整体的立法方式”。

现有的网络社会是以互联网为技术基础建立起来的，即网络空间是“利用计算机技术以及多种传感技术生成的一种模拟环境”。[②]但是，网络社会并不代表其是人类的空想，只表明它存在于网络环

---

① 杨正鸣主编：《网络犯罪研究》，上海交通大学出版社 2004 年版，第 107 页。

② 刘国建：《“网络社会”的特性及其哲学思考》，载《学术研究》2002 年第 2 期。

境中，而不是在真实的物理环境中；人们不是面对面的交流，而是在计算技术和通信技术的支持下交流。这种交流的成员都是真的，在交流过程中产生的观点、感情和社会关系都是真的，建立在这种群体交流之上的社区也是真的。[①] 为此，网络社会虽有其自身的特点，但也并非脱离人类社会而独立存在。因此，我们主张我国网络犯罪的刑事立法采取“渐进式的立法方式”。但是，网络社会以互联网技术为基础，具有其独特的公开性、时效性、虚拟性、创造性以及民主性等特点，又不同于现实社会。为此，“现行刑法规定和罪名基本上可以满足惩罚网络犯罪的需要”[②] 的观点有值得商榷之处。

1. 严密刑事法网，规制网络犯罪

（1）增设新型的网络犯罪。

关于惩治网络犯罪的刑事立法，我国主要有 1997 年刑法规定的“非法侵入计算机信息系统罪”、“破坏计算机信息系统罪”，2000 年全国人大常委会颁布的《关于维护互联网安全的决定》以及 2009 年 2 月审议通过的刑法修正案（七）。然而，这些立法措施侧重于保护计算机信息系统的正常运行，我们也应当强化对存储的计算机数据的完整性和正常使用的保护，如对非法拦截计算机数据、非法干扰计算机数据、非法干扰计算机系统功能、滥用信息安全设备等行为进行规制。

（2）完善网络犯罪的构成要件，增设单位犯罪。

我国刑法规定，侵犯著作权罪主观上必须以营利为目的，但是在网络空间却存在不以营利为目的的侵犯著作权行为。由于网络传播的及时性与公开性，非以营利为目的的网上侵犯著作权的行为对社会的危害则更为严重。

---

① 王焕斌：《网络社会：内涵及其特征探析》，载《江西社会科学》2003 年第 2 期。

② 张维炜：《网络犯：虚拟与现实的较量》，载《中国人大》2010 年第 13 期。

（3）加强刑法的解释，以适应惩治网络犯罪的需要。

虚拟财物是游戏者通过自己的劳动或充值电子货币所得，不仅可以给玩家带来精神上的满足，亦具有一定的经济利益，完全符合构成无形财产所具有的特征。《刑法》第265条规定，“以牟利为目的，盗接他人通信线路、复制他人电信号码或者明知是盗接、复制的电信设备、设施而使用的”，依照《刑法》第264条关于盗窃罪的规定定罪处罚。盗窃的对象不是传统意义上的“财物”，而是“服务或劳务”，因为秘密窃用他人的计算机信息服务系统，侵犯了所有人对系统的使用权和收益权，并给所有人造成了经济损失，故可以成为盗窃的犯罪对象。所以，虚拟财物可以归属为一种无形财产，包含在“公私财物”这一概念之中。对财物进行扩大性解释，可以避免在司法实践中处理类似案件的混乱。

（4）增加网络犯罪的单位犯罪主体。

随着网络技术的不断发展，网络已成为一种现代化的交际工具和生活方式，电子商务、网上购物和休闲娱乐亦得以几何式的发展。自然人不仅可以成为网络犯罪的主体，网络犯罪亦可以由单位实施。我国刑法将网络犯罪的主体仅限于自然人，不利于处置单位实施的网络犯罪。

2. 完善共同犯罪理论，承认片面共犯的存在，而非“共犯行为的正犯化解释”

最高人民法院、最高人民检察院《关于办理利用互联网、移动通讯终端、声讯台制作、复制、出版、贩卖、传播淫秽电子信息刑事案件具体应用法律若干问题的解释（二）》规定：网站建立者、直接负责的管理者明知他人制作、复制、出版、贩卖、传播的是淫秽电子信息，允许或者放任他人在自己所有、管理的网站或者网页上发布，以传播淫秽物品罪定罪处罚。此解释并非“共犯行为的正犯化解释”，这是因为，网站建立者、直接负责的管理者构成犯罪的标准必须达到以牟利为目的，利用互联网、移动通讯终端制作、复制、出版、贩卖、传播内容含有不满十四周岁未成年人的淫秽电子信息数量或者数额达到第一条第二款第（一）项至第（六）项规定标准五倍以上。从上述犯罪构成的标准来看，为传播淫秽物品提供帮助的行为显然要比利用互联网、移动通讯终端制作、复制、出版、贩卖、传播淫秽电子信息的行为危害性要轻，这已说明两类行为对法益侵害程度上的差异，两者不具有等同性。

网络社会具有超时空性、虚拟性和便捷性的特点，人与人之间不是面对面的交流，而是在计算技术和通信技术的支持下的交流。为此，在网络社会可能出现下列情形：制造淫秽物品者、提供链接或技术支持者所在国无法追究淫秽物品制造者的刑事责任；制造淫秽物品者仅实施了上传行为，与提供链接或技术支持者不具有共同的犯罪故意，提供链接或技术支持者具有单方面的故意。在这些情况中，由于加工行为亦具有社会危害性，但又比制造淫秽物品行为的社会危害性要轻，所以在定罪的标准上应更为严格，但这并不是说将加工行为解释成实行行为。从定罪的标准上，我们可以看出两者不具有等同性，这是网络犯罪自身的特点所决定的。为此，我们有必要在刑事立法上承认片面共犯的存在。

3. 完善刑罚的种类

《刑法》第 285 条、第 286 条对网络犯罪的规定只设置了自由刑，并没有财产刑和资格刑。由于网络犯罪往往会造成巨大的经济损失，且诸多的行为人以牟利为目的，因此我们有必要对行为人科处罚金，使其在经济上受到处罚。从事网络技术职业的行为人进行网络犯罪的，可以对其判处一定的资格刑，禁止其在一定时间内或终身从事某种与计算机网络相关的职业。

4. 确立网络犯罪的主要管辖地，确保公民的言论自由和监督权

基于网络社会的虚拟性和网络交往以言论为主的特点，人们可以完全不考虑个人的社会地位、经济状况、教育水平等方面的差异，进行一种较为随意的交流和沟通。网络社会中的主体摆脱了社会身份意识的约束，可以自由地发表自己的观点，促进民主进程，

为公民社会的形成提供了精神资源。但在现阶段，我国公民知情权欠缺，在网络上发表针对当地政府和官员的批评言论只要存在一些言过其实之处，就有可能出现被异地抓捕的情形，有损公民的言论自由和监督热情。为此，我们有必要改变多地具有管辖权，由最初受理地管辖的规定，确立网络诽谤犯罪行为地管辖优先的原则。

5. 积极参与双边条约、国际条约和完善国际司法协助制度

面对日益猖獗的跨越国境之网络犯罪，单纯地坚持属性原则必然导致刑事管辖权的冲突，且不利于保护原则和属人原则的适用。遏制网络犯罪的国际化，我们必须积极参与双边条约、国际条约和完善国际司法协助制度，如欧洲理事会颁布的《关于网络犯罪的公约》规定，如果各国出现刑事管辖的冲突，应当通过协商的方式委托公认为最有优先权的国家追诉网络犯罪。

## 三、我国刑法中刑事管辖权规定的完善

《联合国反腐败公约》（下文简称《公约》）在其第42条对腐败犯罪的刑事管辖权问题作出了明确的规定。结合该规定，为顺利解决我国与其他国家、我国领域内区际之间有关腐败犯罪的刑事管辖权冲突问题，我国刑事法律应该根据《公约》的相关规定予以修改完善。

### （一）《公约》与我国刑法关于腐败犯罪刑事管辖权之规定的比较

《公约》第42条第1、2、3、4款要求缔约国在相应情况下确立对腐败犯罪的刑事管辖权。但是，很多国家在其刑法中都没有使用“刑事管辖权”的用语，而是采用“……的，适用本法”或者“本法适用于……的犯罪”。例如，《芬兰刑法典》第1条规定，芬

兰刑法适用于在芬兰实施的犯罪。[1] 我国刑法也是如此，第 6、7、8、9、10、11 条规定了“适用我国刑法”的情形。刑法理论认为，这些条文规定了我国刑法的空间效力范围。

1. 属地管辖原则

在属地管辖原则方面，我国《刑法》第 6 条与《公约》第 42 条第 1 款具有的相同点是：①关于犯罪发生领域的规定。二者都规定，在某一国家领域内犯罪的，适用该国家的刑法。②关于延伸领土的规定。二者都规定，犯罪发生在一国的船只与航空器内的，适用该国的刑法。③对一国驻外使领馆内发生的犯罪的管辖权问题，二者都没有作出规定，但根据 1961 年 4 月 18 日通过的《维也纳外交关系公约》以及 1963 年 4 月 24 日通过的《维也纳领事关系公约》的规定，可以确定一国刑法可以适用于发生在该国驻外使领馆内的腐败犯罪。

我国《刑法》第 6 条与《公约》第 42 条第 1 款在规定内容上的明显不同是：①我国刑法没有指明何为“中华人民共和国的船只与航空器”，而《公约》第 42 条第 1 款则指出，属于缔约国领域范围的船只或者航空器是“犯罪时悬挂该缔约国国旗的船只”或者“已经根据该缔约国法律注册的航空器”。其实，我国刑法此处的规定并无太大问题，因为国际法确定船只和航空器所属国家的标准分别是“船旗国”和“注册地国”原则，即通过其他国际公约完全可以确定船只或者航空器是否为我国船只或者航空器。②我国刑法明确规定了确定犯罪地的标准，即采用犯罪行为地和犯罪结果地择一说。如前所述，这里的犯罪行为不仅包括犯罪实行行为，而且也指犯罪成立范围内的与犯罪实行行为有关的手段行为或者结果行为，还包括构成犯罪的犯罪预备行为、犯罪未遂行为、犯罪中止行为以及足以成立共同犯罪的任何行为。据此，我们认为，尽管《刑法》第 6 条第 2 款的规定有助于全面追究腐败犯罪及其共犯的

① 《芬兰刑法典》，于志刚译，中国方正出版社 2005 年版。

刑事责任，但要比《公约》第42条第2款第3项的内容更为宽泛。

2. 属人管辖原则

我国《刑法》第7条规定了属人管辖原则，但是，与《公约》第42条第2款第2项的规定有较大的不同，主要表现在如下几个方面：

第一，我国刑法明确指出，属人管辖原则适用的条件是犯罪行为发生在我国领域外。可见，属人管辖原则是对属地管辖原则的补充。①

第二，《公约》第42条第1款第2项涉及在缔约国内有惯常居所的无国籍人，而我国《刑法》第7条对此毫无涉及。按照此项规定，在我国领域内有惯常居所的无国籍人在我国领域外实施按照我国刑法可以成立犯罪的行为，我国刑法并无权力实施管辖。

第三，我国《刑法》第10条指出，在我国领域外犯罪，虽然在外国接受过审判或者刑罚处罚，但按照我国刑法应当负刑事责任的，我国仍有权对犯罪行使刑事管辖权，对犯罪人进行审判和定罪量刑。《公约》第42条没有作出这样的规定。可见，我国刑法并不必然地承认外国的判决及刑罚执行。不过，从用语上看，我国《刑法》第10条规定了“仍然可以依照本法追究”和“可以免除或者减轻处罚”。因此，我国刑法并非决然地一概否定外国的判决与刑罚执行，而是要根据实际情况来确定。《公约》第42条第2款在规定中已经指出，确立属人管辖原则不能违背《公约》第4条的规定（保护主权原则），我国刑法只是在自己的主权范围内不承认外国的判决或者刑罚执行，但并不是完全否定外国的判决或者刑罚执行。《公约》第42条第6款也指出，在不影响一般国际法准则的情况下，《公约》不排除缔约国行使其根据本国法律确立的任何刑事管辖权。因此，我国刑法此处的规定是符合该公约之基本精神的。

---

① ［韩］李在祥著：《韩国刑法总论》，韩相敦译，中国人民大学出版社2005年版，第39页。

3. 保护管辖原则

在外国人在一国领域外针对该国国民或国家实施腐败犯罪而该国据此有权实施刑事管辖的规定上，我国《刑法》第 8 条和《公约》第 42 条第 2 款第 1、4 项基本上是相同的。但是，两者的规定其实还有很大的不同，主要表现为：

第一，国民利益在保护管辖原则中的地位不同。《公约》第 42 条第 2 款第 1 项规定，腐败犯罪如果针对缔约国国民，缔约国有权据此确立对犯罪的刑事管辖权。而我国《刑法》第 8 条虽然也规定外国人在我国领域外针对我国国民犯罪的，应适用我国刑法，但“国民”却是排在“国家”之后的。因此，《公约》的规定更强调对国民个人利益的保护。

第二，法律限制不同。对于是否适用保护管辖原则，我国《刑法》第 8 条作出了两点限制：一是外国人所犯罪行按照我国刑法关于具体犯罪的规定，为法定最低刑为 3 年以上有期徒刑的犯罪；二是外国人的行为也成立行为地国家刑法所确立的犯罪（双重犯罪标准）。对于第一项限制，《公约》第 42 条第 2 款第 1、4 项都没有涉及；而对于第二项限制，《公约》第 43 条第 2 款虽有所涉及，但其规定完全要看国际刑事合作双方国家的协议，并指出，双重犯罪条件并非是指双方国家对同一行为规定为相同类别的犯罪或者相同名称的犯罪。笔者认为，我国刑法在保护管辖原则方面作出的两项限制都是不尽合理的。理由如下：

首先，在保护对象上，很多国家不仅保护国家、国民，也同样保护在该国注册的法人单位、有惯常住所的无国籍人。而我国刑法典对此还无规定。

其次，在对外国人实施的国外犯罪的刑事管辖是否作出法定刑的限制上，世界各国的立法例表现为两种情况：其一，少数国家不作任何限制，如《日本刑法典》第 4 条之二；① 其二，很多国家都

① 《日本刑法典》，张明楷译，法律出版社 1998 年版。

对外国人在其国家领域外针对其国民或者国家实施之犯罪的刑事管辖在法定刑方面作出一定的限制，但所限制的法定最低刑都很低，如《芬兰刑法典》第 5 条就将这种犯罪限制为 6 个月以上监禁的犯罪。[①] 按照我国《刑法》第 8 条的规定，外国人在我国领域外针对我国国民或者国家实施的大量法定最低刑为 3 年以下的腐败犯罪很有可能就受不到我国刑法的追究。显然，我国刑法对追究外国人针对我国国家或国民的国外犯罪作出了非常严格的法律限制。就我国刑法典规定的各种腐败犯罪来看，刑法分则第 3 章第 3 节第 163 条公司企事业单位人员受贿罪、第 164 条对公司企业人员行贿罪以及第 8 章规定的贪污贿赂犯罪，法定刑最低都包括了 3 年以下有期徒刑，这就意味着我国刑法主动对较大部分腐败犯罪放弃追究刑事责任。显然，这并不利于推进国家反腐败的法律整治活动，也难以与国际社会的反腐败法律保持协调。

最后，关于我国刑法确立的对外国人追究国外犯刑事责任的双重犯罪原则，如前所述，《公约》第 42 条第 2 款关于确立保护管辖权的规定中也没有涉及，世界各国并非都规定了该原则。确实，我国对外国人在我国领域外针对我国的犯罪追究刑事责任，不管该外国人是否为犯罪地国的国民，都需要该外国人所在国家的刑事司法协助，但我国不能因为犯罪地国家提供刑事司法协助可能较为困难而过于限制自身的刑事管辖权。因此，从有利于维护我国主权、促进反腐败法律活动进展的角度考虑，我国刑法也可删除关于双重犯罪的规定。至于是否按照双重犯罪来处理外国人针对我国国家或者国民的国外犯，则可以由我国与相关国家的刑事司法协助合作条约或者协议来确定，这样就能更为灵活机动地追究相关犯罪的刑事责任。

当然，如前所述，对于外国人针对我国实施的国外犯罪，即便犯罪行为人已在外国接受刑事审判或者刑罚处罚，根据我国《刑

① 《芬兰刑法典》，于志刚译，中国方正出版社 2005 年版。

法》第 10 条的规定，我国仍有权对其予以管辖。

4. 普遍管辖原则

我国《刑法》第 9 条对普遍管辖原则作出了规定，其基本内容有：

第一，确定追究刑事责任的犯罪的范围。我国《刑法》第 9 条明确指出，按照普遍管辖原则追究刑事责任的犯罪是中华人民共和国缔结或者参加的国际条约所确定的罪行。而《公约》第 42 条第 4 款也指出，缔约国在拒绝引渡的情况下应对被请求引渡人的犯罪确立刑事管辖权。由此看来，我国刑法与《公约》的规定基本上是一致的，即国家对其缔结或参加的国际条约确定的犯罪确立刑事管辖权。

第二，对国际条约确定的罪行行使刑事管辖权是国家的义务。我国《刑法》第 9 条指出，“在所承担条约义务的范围内行使刑事管辖权”。这里的“条约义务”究竟何指？我国《刑法》第 9 条没有作出必要的说明。《公约》第 42 条第 4 款规定，在被指控犯罪行为人在其领域内而其不引渡该人时，确立本国对根据本公约确立的犯罪的管辖权。由此可见，所谓的“条约义务”其实是指实际控制与本国毫无关系的犯罪行为人时引渡该犯罪行为人，或者在提供合理理由拒绝引渡后追究其刑事责任。

第三，适用我国刑法追究犯罪行为人的刑事责任。根据《公约》第 42 条第 4 款的规定，缔约国在拒绝引渡的同时对犯罪确立刑事管辖权。而在确定刑事管辖权后对该犯罪追究刑事责任，自然要按照缔约国本国的法律来处理。我国《刑法》第 9 条也是如此作出规定的，即对前述罪行适用我国刑法。

5. 关于外国人刑事责任的外交途径

《公约》第 42 条第 6 款规定，在不影响一般国际法准则的情况下，本公约不排除缔约国行使其根据本国法律确立的任何刑事管辖权。从表面上看，《公约》对本条的规定是为了保护缔约国的司法主权。但是，关于保护国家主权的问题，《公约》第 4 条实际上早已作出明确的规定，不必在别的条文作出重复规定。这样一来，我们就可以推断，《公约》第42条第6款的规定并非像某些学者所说是重申对保护国家司法主权原则的强调，[①] 而是另有所指。那么，该条款究竟是何指呢？笔者认为，反过来看《公约》第42条第6款可以发现，缔约国行使其根据本国法律确立的任何刑事管辖权，实际上要受到一定的限制，即不得影响一般国际法准则，这样就对国家追究腐败犯罪的刑事活动作出了限制。在刑事法律的范围内，某国家同意限制自己主权的情况只有基于外交关系的原因。因此，《公约》第42条第6款中的“一般国际法准则”，主要是指基于外交关系而放弃对外交人员在本国领域内犯罪之刑事管辖权的情形。这就意味着，对于发生在本国领域内的享有外交豁免权、外交特权的犯罪，该国家并不能直接行使刑事管辖权，而是要通过外交途径予以解决。对此，我国《刑法》第11条也作出了规定，即享有外交特权和豁免权的外国人的刑事责任，通过外交途径解决。

### （二）完善我国刑法中关于刑事管辖权的规定

如前所述，我国刑法中关于刑事管辖（空间效力）的规定，基本上与《公约》关于管辖权的规定相一致。不过，结合其他国家关于刑事管辖的规定，宜对如下问题作出修正：

1. 对属人管辖原则予以修正

适应惩治预防腐败犯罪的实际需要，对属人管辖原则作出如下修正：第一，属人原则中的人不仅是指中华人民共和国公民，还包括在中华人民共和国境内有惯常居所的无国籍人。第二，改变追究本国人在外国之犯罪的立法模式及具体标准，即本国人在中华人民共和国领域外所犯罪行的法定最低刑为6个月以上的有期徒刑。这样可有效扩张我国刑法对腐败犯罪（特别是很多行贿罪）的管辖

① 杨宇冠、吴高庆主编：《〈联合国反腐败公约〉解读》，中国人民公安大学出版社2004年版，第223~224页。

效力。第三，附加规定该条自然应用于在中华人民共和国境内依照中华人民共和国法律注册或经依法核准的企事业单位、社会组织。

2. 对保护管辖原则予以修正

为完善惩治外国人对我国官员或者企事业单位行贿犯罪的需要，对《刑法》第 8 条中追究外国人刑事责任的法定刑标准予以修正，即将 3 年以上有期徒刑的法定最低刑改为 6 个月以上的有期徒刑。之所以这样规定，原因有二：一是我国刑法规定的很多腐败犯罪最低法定刑为 6 个月以上的有期徒刑或拘役，如果追诉标准将法定最低刑确定得过低，就意味着对很多发生在境外的针对我国的腐败犯罪不予追究；二是和我国刑法相比较，很多国家的刑罚较轻，可能会针对我国的腐败犯罪实施管辖，而我国却因自身法定刑的规定而无法予以管辖，这不利于维护我国国家、国民的利益。

另外，也可参考《公约》第 42 条第 2 款的规定，将对国民的保护置于对国家的保护之前，即将我国《刑法》第 8 条的“对中华人民共和国国家或者公民犯罪”改为“对中华人民共和国公民或者国家犯罪”。

3. 在我国刑法中规定解决刑事管辖权冲突的委托条款

因为前述不太妥当的规定，可能会导致在腐败犯罪的管辖方面出现我国与其他国家的刑事管辖权冲突。而我国对于国际管辖权冲突问题并没有在立法中作出统一的规定，只是在各种具体的管辖权冲突解决协议、刑事司法协助协议、犯罪人移交协议、个案协助协议等法律文件中有所涉及，在一定程度上改变了刑法的基本规定。那么，这种改变是否与我国刑法的规定相一致呢？笔者认为，根据我国《宪法》第 67 条的规定，各种国际条约是由全国人大常委会批准生效的。而根据《立法法》第 7 条之规定，全国人大常委会在全国人大闭会期间，可对全国人大制定的法律进行部分补充和修改，但是不得同该法律的基本原则相抵触。因而在全国人大或者刑法没有作出授权的情况下，以全国人大常委会批准的国际条约或者制定颁布的法律改变刑法的基本规定，显然是违反罪刑法定原则的。其实，世界上其他很多国家的立法机关都考虑到了涉外司法协助条约或者协议可能改变刑法规定这一问题，从而在相关条文中作出委托或者授权的规定，允许这些国际条约、协议变通刑法的规定，如《芬兰刑法典》第14条“委托条款”规定，基于犯罪的引渡、国际司法协助以及在特定情形下免予接受审判或者刑事调查的方面，适用单独的规定。[①] 所以，为在国内刑法中构建解决国际刑事管辖权冲突的法律依据，遵循刑法关于罪刑法定原则的规定，我国刑法宜明确规定，关于刑事犯罪引渡等刑事司法协助的相关立法，可以对刑法、刑事诉讼法的规定进行变通或者补充，从而便于对犯罪追究刑事责任。

## 四、黑社会性质组织犯罪的立法完善[②]

作为我国的基本刑事政策，宽严相济刑事政策贯穿于我国刑事立法、刑事司法和刑罚执行的全过程，体现出党和国家对持续20余年的“严打”刑事政策的理性反思，对过去的“惩办与宽大相结合”刑事政策的内涵也合理地予以吸收；同时，其还表明了我国刑事法学界对国际上“轻轻重重”刑事政策的密切关注与积极回应。[③] 2005年12月，时任中共中央政法委书记的罗干同志在全国政法工作会议上指出，在实践中坚持宽严相济的刑事政策，就是要对刑事犯罪进行区别对待，“一方面要对严重刑事犯罪依法严厉打击，什么犯罪突出就重点打击什么犯罪，在‘稳准狠’上和及

---

① 《芬兰刑法典》，于志刚译，中国方正出版社2005年版。

② 本部分系本人与赵秉志教授合作研究和撰写，曾发表于《甘肃政法学院学报》2010年第6期，后本人根据我国刑事法律的立法进展和理论界的最新研究状况作了修改和补充，对有关内容进行了一定的调整。

③ 高铭暄：《宽严相济刑事政策与酌定量刑情节的适用》，载《法学杂志》2007年第1期。

时性上全面体现这一方针；另一方面要充分重视依法从宽一面，对轻微违法犯罪人员，对失足青少年要进行教育感化方针，有条件的要适当多判一些缓刑，积极稳妥的推进刑事矫正”。[①] 我国刑法学界的主流观点认为，宽严相济刑事政策就是对刑事犯罪分清轻重，区别对待，做到该严则严、该宽则宽、宽中有严、严中有宽，处罚轻重适宜，符合罪责刑相适应的原则。[②] 目前，黑社会性质的犯罪仍然较为猖獗，还在严重影响着我国的社会生活和经济生活。与此同时，由于黑社会性质组织本身界定的模糊性，加上打击黑社会易于与政治挂钩，因此，以宽严相济的刑事政策为指导，对我国黑社会性质组织犯罪所涉刑法问题进行探讨，既有重要的理论价值，又有迫切的现实意义。

### （一）以严为主打击黑社会性质组织犯罪

1. 黑社会性质组织对我国经济和社会管理秩序有根本的危害，总体上应当从严打击

经济腾飞以及体制上的漏洞，使黑社会性质组织在我国获得了巨大的生存和发展空间。近年来，我国各种类型的黑社会性质组织更是不断发展，呈现出普及化、规范化、隐蔽化、低龄化、手段多样化、表面的正义化和“黑白”结合等特征。与此同时，境外黑社会势力也不断向内地渗透，加速了内地有组织犯罪向黑社会性质组织犯罪演变的趋势。黑社会性质组织肆无忌惮地进行各种违法犯罪活动，给社会治安甚至基层政权的稳定造成了极大威胁。概括起来，黑社会性质组织实施的犯罪活动主要包括以下情形：敲诈勒索、欺行霸市、强行索取“保护费”；聚众斗殴、寻衅滋事或者抢劫、绑架、伤害、杀人；放高利贷、替人讨债或者插手民间纠纷，

---

① 2005 年 12 月罗干同志在全国政法工作会议上的讲话。

② 参见马克昌：《“宽严相济”刑事政策与刑罚立法的完善》，载《法商研究》2007 年第 1 期。

充当“地下法庭”；走私贩毒，经营地下赌场和色情场所；操纵选举，篡夺基层政权，公然对抗社会；以暴力、贿赂等手段，非法垄断经营，疯狂聚敛财富。随着黑社会性质组织的不断发展壮大，以贿赂、威胁等方法，引诱、逼迫国家工作人员参与其违法犯罪活动或者为其提供非法保护，加紧向国家机关渗透，借助权力实施违法犯罪活动的趋势更加明显和严重。可以说，黑社会性质组织和恶势力的猖獗活动已经成为严重威胁人民群众生命财产安全，破坏经济、社会生活秩序的突出问题。如果不采取果断措施严厉打击黑社会性质组织犯罪，整肃市场秩序和社会管理秩序，我国就可能出现黑金政治，甚至踏上拉美国家黑金政治横行、社会动荡不安的老路。①

由于黑恶势力犯罪严重破坏社会治安秩序，危害人民群众的生命财产安全，影响群众的安全感，人民群众对此深恶痛绝，于是要求严打黑恶势力的呼声十分强烈。在 2010 年“两会”期间，通过网络对重庆打黑的调查数据显示，近九成受访者对重庆打黑持肯定态度，② 对黑社会性质组织犯罪依法进行严厉打击是符合民意的。如果说刑法就是使刑罚权最大限度地维护最大多数人的权利而最小限度地剥夺限制最少数人的权利，那么，严厉打击黑社会性质组织犯罪无疑体现了最大多数人的最大利益，得到了最大多数人的拥护，从而最大限度地实现了刑法的目的和任务。鉴于黑社会性质组织对我国经济和社会管理秩序的严重危害以及民众打黑意愿强烈，对这类犯罪总体上应当从严打击。

---

① 拉美国家普遍奉行市场经济，并借此一度取得经济的腾飞，与我国目前的情况较为相似。但随后却出现贪污腐败盛行、治安状况恶化、贫富分化与社会动荡等现象，其中黑社会势力猖獗、黑金政治盛行，愈发加重了社会的动荡。因此，这种经济快速发展，在人均 GDP 越过 1000 美元后，就出现经济与社会严重失衡、经济不前、贫富分化、社会动荡、人与自然不和谐等问题的现象，被称为拉美现象。

② 具体数据参见《2010 打黑调查》，载酷 6 网，http://news.ku6.com/c2010/6295/s200118329/。

2. 我国惩治黑社会性质组织犯罪的法律规定与司法实践反思

正是由于黑社会性质组织对我国经济社会造成了广泛危害，国家政法机关一直对“打黑除恶”工作非常重视，尤其是近年来，分别于2000年12月至2003年4月和2006年2月至2009年9月开展了两次“打黑除恶”专项行动。据统计，第一次全国“打黑除恶”专项行动期间，全国公安机关查获公安部督办的黑社会性质组织631个，其中以《刑法》第294条为依据移送检察机关起诉的案件592起，法院以该罪名判决的234起。第二次全国“打黑除恶”专项行动期间，全国公安机关共侦办涉黑案件1267起，检察机关以《刑法》第294条为依据提起公诉的案件1053件，法院审结宣判的黑社会性质组织案件1171件，判决生效60件。[①] 然而，尽管“打黑除恶”取得了显著的成绩，黑社会性质组织犯罪活动却没有从根本上得到遏制，黑恶势力借助各种掩护，继续存在并掀起阵阵腥风恶浪。

在立法与司法层面，继1997年刑法于第294条规定组织、领导、参加黑社会性质组织等三个具体罪名后，最高人民法院于2000年12月出台了《关于审理黑社会性质组织犯罪的案件具体应用法律若干问题的解释》，明确规定了黑社会性质组织一般应具备的四个特征。针对司法解释将保护伞作为认定黑社会性质组织的要件从而导致在实践中因难以查获保护伞而致使打击不力的情况，2002年4月，第九届全国人大常委会第二十七次会议作出了《全国人民代表大会常务委员会关于〈中华人民共和国刑法〉第二百九十四条第一款的解释（草案）》的说明，将对黑社会性质组织的认定特征进行了一定程度的修改，不再将保护伞作为认定要件。2011年2月25日全国人大常委会通过的刑法修正案（八）明确列举了黑社会性质的组织的特征。

---

① 参见周心捷：《解读“黑社会组织”》，载《政法学刊》2009年第6期。

上述司法解释、立法解释和刑法修正案的出台，一方面为在实践中有力打击黑社会性质组织犯罪提供了具有可操作性的法律依据，从而在制度上越发完善；另一方面也可以看出，“保护伞”特征不再作为必备条件，实际上等于降低了认定黑社会性质组织犯罪的门槛，客观上加大了打击的力度。然而，这种调整是否抓住了黑社会性质组织犯罪的本质，是否有助于精确打击从而有效遏制黑社会性质组织犯罪，却也不无疑问。

3. 今后应当从刑法规范上继续加大对黑社会性质组织犯罪的惩治力度

(1) 对黑社会性质组织犯罪增设罚金刑。

我们认为，今后应当进一步加大对黑社会性质组织犯罪的惩治力度，不仅在行动上常抓不懈，更要进一步完善“反黑”的法律体系。从黑社会性质组织犯罪自身的特征及发展趋势来看，它不仅侵犯了社会治安管理秩序，而且严重破坏了社会经济秩序。经济性是黑社会性质组织犯罪的一个鲜明特征，他们往往利用其自身的经济实力笼络、招募社会闲散人员为其卖命，或通过行贿等手段拉拢、腐蚀党政干部，寻求保护伞，然后通过一系列的犯罪活动充实、壮大组织的经济实力，扩大自己的势力范围。通过这一不断循环往复的过程，黑社会性质组织得以发展壮大。因此，惩治黑社会性质组织犯罪，更应当从其组织体本身出发，通过剥夺其组织体或者个人的财产，从根源上剥夺其再犯罪的能力。否则，就只能导致该犯罪组织的领导人与组织者在人选上的更新换代，而很难从根本上将其铲除。有鉴于此，我国不断有学者呼吁对黑社会性质组织犯罪增设财产刑。

针对黑社会性质组织犯罪的特点，对其增设罚金刑无疑具有内在的合理性。首先，这符合我国刑法对财产型犯罪判处罚金的一般规定。鉴于黑社会性质组织犯罪的经济性特征，可以将其作为一种特殊的财产型犯罪。在我国刑法对一般的财产型犯罪普遍规定了罚金、没收财产等财产刑的情况下，对黑社会性质组织犯罪却没有这方面的规定，不能不说这是一种制度上的缺位。其次，可以从根本上杜绝黑社会性质组织犯罪的再生基础。如前所述，获得经济利益不仅是黑社会性质组织的犯罪目的，更是其不断发展壮大的方法和手段。因此，根据其罪行判处其一定数量的罚金，从经济上剥夺其财产，就从根本上剥夺了其再犯罪的能力，符合直接打击涉黑犯罪的犯罪目的，也使刑法的规定更具有针对性。最后，增设黑社会性质组织犯罪的罚金刑，也符合其他国家和地区的“反黑”立法经验。例如，德国刑法规定，凡建立犯罪组织罪的，可选处罚金。法国刑法规定，凡参加坏人结社罪的，并科100万法郎罚金。我国台湾地区“组织犯罪防治条例”规定，犯发起、主持、操纵、指挥犯罪组织罪的，一般情况下得并科新台币1亿元以下罚金，特别情况下得并科新台币2亿元以下罚金；犯参与犯罪组织罪的，一般情况下得并科新台币1千万元以下罚金，特别情形下得并科新台币2千万元以下罚金；犯资助犯罪组织罪的，得并科新台币1千万元以下罚金。①

需要指出的是，现阶段并不宜对黑社会性质组织犯罪增设没收财产刑。如前所述，我国对黑社会性质组织犯罪的立法规制与司法实践目前都仍处于探索阶段，认识仍较为模糊，甚至对黑社会性质组织的认定标准都存在较大争议。在黑社会性质组织犯罪案件中，被告人的财产往往较多，资产过亿者屡见不鲜。在这种情况下，如果贸然增设没收财产刑，则难免会出现罚不当其罪的情形。此外，在巨额财产的刺激下，是否会在客观上鼓励将本不够定罪条件者认定为黑社会性质组织犯罪，也是值得我们思考的。有鉴于此，我们建议正在酝酿中的立法修改对黑社会性质组织犯罪仅增设罚金刑。

（2）继续加大对黑社会性质组织之保护伞的打击力度。

在打击黑社会性质组织犯罪的同时，应当双管齐下，加大对包

---

① 参见卢建平主编：《有组织犯罪比较研究》，法律出版社2004年版，第226页。

庇、纵容涉黑犯罪的国家工作人员的惩治力度。[①] 我国1997年《刑法》第294条规定包庇、纵容黑社会性质组织犯罪的法定刑为3年以下有期徒刑、拘役或者剥夺政治权利，情节严重的处3年以上10年以下有期徒刑。可以看出，这一规定与包庇罪的法定刑大体相同。但从实质上分析，国家机关工作人员包庇黑社会性质组织的行为在对社会的危害上要显著地严重于普通的包庇行为，将国家机关工作人员包庇黑社会性质组织的行为从包庇罪中分离出来的目的就在于体现对前者的从严惩处。对此，刑法修正案（八）作出了回应，规定包庇、纵容黑社会性质组织犯罪的法定刑为5年以下有期徒刑，情节严重的处5年以上有期徒刑。这充分说明立法机关已认识到严厉打击保护伞的必要性。今后，应当继续加大对保护伞的打击力度，为从根源上铲除黑社会性质组织扫清障碍。

### （二）遵循法治的原则打击黑社会性质组织犯罪

打击黑社会性质组织犯罪要在法治的轨道上进行，做到行为人的罪行与其刑事责任相适应，这既是法治原则的要求，更是宽严相济刑事政策的应有之义。毋庸讳言，两次“打黑除恶”专项斗争在取得巨大成绩的同时，也存在“打黑”盲目扩大化的倾向，发展下去有可能会造成像流氓罪一样新的口袋罪也绝非危言耸听。这就要求应严格按照法律与司法解释对黑社会性质组织进行认定，将黑社会性质组织与其他类型犯罪组织进行区分。在实践中，尤其要将黑社会性质组织与恶势力区分开来。此外，贯彻宽严相济的刑事政策，还应注意对于参加黑社会性质组织的分子予以从宽处理。

---

① 尽管立法解释取消了构成黑社会性质组织犯罪的保护伞特征，但事实上，黑社会性质组织没有保护伞是难以想象的，这也是我们一直赞成司法解释对于保护伞之立场的原因。我们认为，立法解释取消保护伞特征，是黑社会性质组织应有特征与查处保护伞的实际困难之间不得已的妥协。当然，这一妥协的确具有一定的现实意义。

1. 区分黑社会性质组织与恶势力

（1）我国公安机关对恶势力的界定。

恶势力并非刑法学概念，但在公安机关的有关文件和媒体报道中却频繁出现，有时更与黑社会性质组织一起，被统称为黑恶势力，就连两次全国打黑行动，也被冠以“打黑除恶”专项行动之名。这种称谓上的交叉混合，也折射出我国目前打黑的实际情况。

最早使用恶势力概念，是由公安部主导的全国“打黑办”于2000年进行的第一次全国“打黑除恶”专项行动期间。其后，全国“打黑办”又两次对恶势力进行界定，其概念与特征均与黑社会性质组织相似。例如，2008年10月，全国“打黑办”制定《全国打黑除恶专项斗争考核暂行办法》，明文规定恶势力是指经常纠集在一起，以暴力、威胁或者其他手段，在一定区域或行业内多次实施违法犯罪活动，为非作恶，扰乱经济、社会生活秩序，造成较为恶劣的社会影响，尚未形成黑社会性质组织的犯罪团伙。恶势力应当同时具备以下特征：①人数较多（一般为3人或3人以上），且纠集者、骨干成员相对固定，具有一定的组织形式；②违法犯罪活动一般表现为敲诈勒索、强迫交易、欺行霸市、聚众斗殴、寻衅滋事、非法拘禁、故意伤害、抢劫抢夺或涉黄、赌、毒等，具有一定的多样性；③多次（其中至少有3起构成刑事案件）采取暴力威胁滋扰等手段实施违法犯罪行为，具有一定的公开性；④在一定区域或行业内形成威慑势力，扰乱经济、社会生活秩序，造成较为恶劣的社会影响。

可以看出，公安机关将恶势力犯罪作为黑社会性质组织犯罪的初级形态，是一般团伙犯罪向黑社会性质组织犯罪动态发展过程中的过渡阶段。那么，是否应当将组织、领导、参加恶势力的行为作为犯罪处理？答案显然是否定的。在公安机关明文将恶势力规定为“尚未形成黑社会性质组织的犯罪团伙”而现行刑法仅处罚黑社会性质组织犯罪的情况下，再将参与恶势力之行为作为犯罪处理，就显然违背了罪刑法定原则。况且，我国刑法所惩罚的仅仅是领导、组织和参加黑社会性质组织而非黑社会性质组织的行为，本身就已将本属预备性质的行为作为既遂来处理，通过提前干预的方式来对此类犯罪从严惩处，此时再将属于黑社会性质组织雏形的恶势力犯罪化，显然是不合理的。而且，将两者等同也不符合宽严相济刑事政策与罪责刑相适应的原则。因此，最高人民法院在2010年2月8日印发的《关于贯彻宽严相济刑事政策的若干意见》第7条之中，也明确将黑社会性质组织犯罪与恶势力犯罪进行了区分。

（2）黑社会性质组织与恶势力的区分。

我国学者一般通过结合黑社会性质组织的几个特性对两种类型的组织加以区分，认为恶势力与黑社会性质组织的区别主要在于：①从组织结构与成员上看，前者成员不固定，一般都是临时纠合在一起，成员素质低下，既没有比较严格的组织纪律，也没有明确的分工，组织者、领导者也参与作案；而后者则有较严密的组织结构。②从违法犯罪目的上看，前者违法犯罪的目的具有多样性，既可能为经济利益，也可能为非经济利益；而后者违法犯罪的目的主要是为了获取经济利益，其违法犯罪活动多种多样，行为方式也有多种，可以说走私、贩毒、抢劫、盗窃、敲诈勒索、强行收取"保护费"、残害群众等无恶不作，但这些违法犯罪活动主要都是围绕着攫取经济利益而进行的，在获取大量钱财后，又用"黑钱"开办企业、开设娱乐场所等经济实体，以赚取更大的经济利益，都有一定的经济实力。③从保护伞、关系网层面上看。前者一般没有国家工作人员提供非法保护，即便有也只是个别国家工作人员，故其对抗社会的力量较弱，势力范围也较小；而后者通常都有一些国家工作人员为其提供非法保护，其犯罪活动往往具有半公开性，对抗社会的力量较大。[①]

我们始终认为，保护伞应当成为认定黑社会性质组织以及将其

① 参见江礼华：《黑社会性质组织犯罪的特征及其界定》，载《检察实践》2001年第6期。

与恶势力进行区分的重要标准,[①] 但在立法解释取消该特征的情况下，仍然应当确立尽可能明确的标准对两者进行区分。确立这一标准的原则，一是应当具有现实可操作性，二是能够将各种类型的恶势力与黑社会性质组织区别开来。以这样的原则审视上述几个标准，显然违法犯罪目的即经济目的是不符合要求的。在市场经济高度发达的今天，可以说社会成员的绝大多数活动都与经济利益相关，为了获取非法利益，恶势力也经常实施盗窃、敲诈勒索等行为，可以说两种类型的组织在行为方式上具有很大的一致性，抛开客观行为方式而去探寻背后的主观目的，其随意性是显而易见的。我们认为，在现有条件下应当将组织性与非法控制性作为区分两种类型组织的标准。

首先，组织性标准。黑社会性质组织既然被冠以“组织”，显然组织性应当成为其与恶势力进行区分的标志。也正是由于其较为严密的组织系统和规章制度，以及内部的明确分工与层级划分，使得其社会危害性要远远大于松散的恶势力，刑法也才认为其成立本身就已经造成了严重的社会危害性，并因此将领导、组织、参加的黑社会性质组织行为规定为独立的犯罪。以组织性作为判断标准，就是要看是否已经形成了较为稳定的犯罪组织，即组织者、领导者、骨干成员均较为明确和稳定，而且有稳定的内部制度，即使有些组织没有把制度行文，其成员实际上也都明知并共同遵循。至于每次犯罪行为的实施者，可以随具体行为的不同而有所变化。对于一般的恶势力而言，显然没有如此严密的结构而呈现出较为松散的状态，尽管某些领导者也可能固定，但缺乏明确的分工与层级结构，犯罪行为较为随意。

其次，非法控制性标准。可以说，对社会进行非法控制是黑社会性质组织犯罪的本质所在，是黑社会性质组织区别于包括恶势力

① 参见赵秉志著:《现代刑法问题新思考》(第3卷)，北京大学出版社2010年版，第527~529页。

在内的其他犯罪组织的最显著的特征。根据《联合国打击有组织犯罪公约》的相关规定，有组织犯罪“系指三人或多人所组成的，在一定时期内存在的，为了实施一项或多项犯罪或根据本公约确立的犯罪以直接或间接获得金钱或其他物质利益而一致行动的有组织结构的集团”，这表明有组织犯罪的直接目标是金钱等物质利益。黑社会性质组织追逐经济利益的本性决定其不断地以武力为后盾，采取多种手段进行扩张，以取得一定地域、一定行业的控制权。事物的性质总是质和量的统一，有组织犯罪作为一个动态的演进过程，也只有当一个组织取得一定地域、一定行业控制权的时候，才能称其为黑社会性质组织，否则只能是一般的恶势力。对此，我国有学者一针见血地指出：“当恶势力逐步做大，取得这个区域和行业内的控制权时，一个黑社会性质组织的产生，就水到渠成了。”①

2. 对黑社会性质组织犯罪的一般参加者从轻处罚

宽严相济刑事政策本身就包含刑罚个别化之内容，即对实施严重危害行为、主观恶性深的犯罪分子进行严厉打击，但对于罪行轻微之犯罪分子予以从轻处罚，做到“该严则严，该宽则宽，宽中有严，严中有宽”。黑社会性质组织犯罪作为一种具有严重社会危害性的犯罪，对其实施严厉打击具有内在的正当性与合理性。但这并不意味着对这类犯罪应当一味严厉打击而不考虑任何从宽的策略。对于仅仅参与组织而没有其他严重罪行的犯罪分子进行一定程度的从宽处理，不但可以做到罪责刑相适应，更可以有效分化、瓦解黑社会势力，以收事半功倍之效。因此，对于一般性参加者固然应当从轻处罚或者不按照犯罪处理，对于虽积极参加组织但并无其他严重罪行者，也应当注重从轻处罚。

此外，我国刑法对黑社会性质组织成员自愿退出组织的情形没有规定相应的鼓励和奖励措施，也是值得反思的，这方面可以借鉴

① 参见周良沱：《黑社会性质组织：一种另类权力的解读》，载《江西公安专科学校学报》2006 年第 4 期。

其他国家和地区的经验。例如，为协助那些被迫加入或有意离开“黑手党”这个全意大利最大的有组织犯罪组织的成员，意大利于1991年颁布了《黑手党悔过法》，规定向有意悔过及寻求脱离“黑手党”的人员及其家属，给予终身供养的待遇，并对其之前所犯罪行不予追究；又如，香港于1988年12月28日创立了“自愿洗脱三合会会籍计划”，设立了一个由香港总督委任名为“三合会会籍审裁处”的组织，并授权该“三合会会籍审裁处”可于指定程序下通过申请人的宣誓合法地为申请人洗脱他在某“三合会”非法社团之成员身份，免除申请人对“三合会会籍审裁处”所披露曾牵涉香港“社团条例”第19条至第23条所规定的三合会社团犯罪的罪名；等等。[①]

（三）小结

黑社会性质组织犯罪是一种性质恶劣、危害严重、影响广泛的严重犯罪活动，是我国刑事政策和刑事法治严厉惩治的重点犯罪之一，这就决定了在打击黑社会性质组织犯罪时，宽严相济刑事政策必须坚持以严为主的原则。但“打黑”运动亦应在法治的轨道上进行，不能盲目地扩大化，要确立明确的标准，区分黑社会性质组织与恶势力两类不同性质的组织。在黑社会性质组织内部，要施行区别化对待的原则，对一般参与者从轻处罚或者进行非罪化处理，对自愿退出组织者给予鼓励性措施，从而取得打击黑社会性质组织犯罪的最佳社会效果与最佳法律效果。

---

① 仅4个月之后的1989年3月28日，就有1103名三合会成员申请洗脱三合会会籍，其中成功洗脱人员共641人。参见陈沛林：《香港黑社会有组织犯罪的刑事法惩治研究》，中国人民大学2008年博士学位论文，第63页。

# 第五章　刑罚的适用与变革

## 一、量刑反制定罪之批判

在定罪与量刑的关系上，通说一般认为定罪决定量刑，定罪是量刑的起点和前提，量刑则是定罪的目的和归宿。量刑虽然在一定程度上也会反作用于定罪，但仅限于想象竞合犯、牵连犯等犯罪形态，只有这时量刑所选择的法定刑对于某些犯罪罪名的确定，才具有决定性作用。① 近些年来，随着一些非典型案件的出现，这一通说观点遭到了质疑。一些学者开始提出“以量刑反制定罪理论”，如有学者认为，“刑从（已然的）罪生、刑须制（未然的）罪”的罪刑正向制约关系并不是罪刑关系的全部与排他的内涵，在罪刑正向制约关系的基本内涵之外，在某些疑难案件中也存在逆向考虑，即立足于量刑的妥当性考虑而在教义学允许的多种可能选择之间选择一个对应的妥当的法条与构成要件予以解释与适用，从而形成量刑反制定罪的逆向路径。② 也有学者认为，现行刑法理论中定罪与量刑的关系被人为地扭曲了，刑法理论把准确定罪置于至高无

① 参见胡学相著：《量刑的基本理论研究》，武汉大学出版社 1998 年版，第 7~8 页。

② 参见梁根林：《许霆案的规范与法理分析》，载《中外法学》2009 年第 1 期，第 5 页。

上的地位，司法机关把大量精力耗费于准确判断罪名上，但判断罪名意义上的定罪并非刑法的目的。对被告人和社会而言最有意义的是量刑，判断罪名只是为公正量刑服务的。因此，如果常规判断的罪名会使量刑失当，就可以为了公正量刑而适度变换罪名。[①] 我们认为，以量刑反制定罪理论存在问题，除想象竞合犯与牵连犯外，量刑并不能反制定罪。

### （一）非典型个案罪刑失当并不能否认定罪对量刑的制约关系

量刑反制定罪理论，是以许霆案的讨论为契机提出的。当时刑法学界的主流观点主张将许霆的行为认定为盗窃罪，且属于盗窃金融机构资金的行为。问题在于：许霆的盗窃金额为 17.5 万元，仿照司法解释明显属于盗窃金融机构且数额特别巨大的行为。依据当时刑法条文的规定，盗窃金融机构数额特别巨大的法定刑为无期徒刑或者死刑。广州中院据此作出一审判决，认定许霆的行为成立盗窃罪，并依法判处其无期徒刑。该案件经媒体报道后，舆论一时大哗。后许霆上诉，广州高院以“事实不清，证据不足”为由将该案发回重审。最终，广州中院仍然认定许霆的行为成立盗窃罪，但根据《刑法》第 63 条第 2 款的规定，以案件情况特殊需在法定刑以下判处刑罚为由，层报最高人民法院，以盗窃罪判处其有期徒刑 5 年。在明了了“量刑的制定罪理论”产生的这一特殊背景后，我们再对罪刑关系从理论到实践逐一进行分析。

1. 理论上：只有定性准确才能量刑适当

在罪刑关系上大陆法系的刑法理论认为，“每一种犯罪都具有特定的不法蕴含，并在刑法学上作了不同的法律评价；因此，在定

① 参见高艳东：《量刑与定罪互动论：为了量刑公正可变换罪名》，载《现代法学》2009 年第 5 期，第 164 页。

罪的时候，应当严格区分此罪与彼罪的界限，以便正确适用刑法”。① 不难看出，大陆法系刑法理论认为准确定罪是公正量刑的基础。这样一来，在司法认定上大陆法系刑法理论容易给人一种“以定罪为主、重视罪名正确的形式公正”② 的感觉，事实并非如此。理论上，准确定罪确实是量刑公正的前提和基础，只有定性准确才能量刑适当，这是罪刑法定原则逻辑推演的必然结果。

罪刑法定原则源于启蒙时代思想家们的学说。当时，为了反对中世纪的罪刑擅断，避免国民随时遭受不可预测的刑罚惩罚，更好地保障人权，启蒙时代的思想家们提出了罪刑法定原则。罪刑法定原则内容的经典表述即法无明文规定不为罪，法无明文规定不处罚。早期的启蒙思想家们奉行的是绝对的罪刑法定主义原则，如依照贝卡里亚的观点，罪刑法定原则一旦在刑法中确立之后，就不应当再为法官保留刑罚裁量权。罪刑法定主义倡导成文法主义，只有依据社会契约而组建的立法机关才有权力在法律中为犯罪规定刑罚。行政机关的行政规章、司法机关的判例都不得作为刑法的渊源。在此意义上，任何超越法律限度的刑罚都是非正义的，因此，任何一名法官都不能自命公正地对社会的某一成员科处刑罚，或者以热忱或者公共福利作为借口，增加对公民的既定刑罚。“当一部法律业已厘定，就应逐字遵守，法官惟一的使命就是判定公民的行为是否符合成文法律。”③

此后，罪刑法定原则经历了从绝对的罪刑法定向相对的罪刑法定的变迁。上述贝卡里亚的主张即绝对罪刑法定原则的观点，这一观点奉行的是严格规则主义，希图借一部包罗万象的刑法来反对法

---

① 陈兴良著：《本体刑法学》，商务印书馆 2001 年版，第 382~383 页。

② 高艳东：《量刑与定罪互动论：为了量刑公正可变换罪名》，载《现代法学》2009 年第 5 期。

③ [意] 贝卡里亚著：《论犯罪与刑罚》，黄风译，中国法制出版社 2002 年版，第 12~15 页。

官刑罚裁量权从而保障公民的人权。这种观点盛行于19世纪的欧洲，持此论者试图把所有的个体化因素从法律适用中切割掉，信奉一种按照刚性的逻辑机械地建立并实施的封闭的规则体系。在严格规则主义者设计的司法模式下，法官的作用有点类似于一种专门的工匠。在一般情况下，法官出席法庭不过是为了解决各种争讼事实，从现存的法律规定中寻找出那些早已规定于其中的法律后果。亦即，法官出席法庭的意义不过在于从既存的法律中找到这个正确的条文，把事实和条文联系起来，找到解决办法，并赋予这种解决办法以一定的法律意义。①

目的的正当性并不代表手段的合理性。严格规则主义的目的是美好的，但其构建的依法审判模型却过于理想。依据严格规则主义建构起来的是韦伯所谓的理想型依法审判模型。要想实现这样的理想型依法审判模型，必须具备几个前提条件：首先，立法者必须像上帝那样全知全能，具备超人的预见能力，能够预见到未来社会中即将发生的一切情形，唯此方能制定出来逻辑严密、完美无缺的法律；其次，法律可能涉及的正义性问题在立法过程中能够全部、即时地解决掉，以至于法官在司法过程中无须为正义问题操心；最后，社会生活相对静止，立法者制定出来的法律能够伴随前进的社会生活与时俱进。② 但立法者并非全知全能的上帝，其理性认识能力是有限的，不可能对未来可能出现的社会生活作出准确、完美的预见性规定，缺陷在所难免。

在绝对的罪刑法定主义思想指导之下，法国曾于1791年制定了一部刑法草案，理论上多将其称之为1791年刑法典。在该部法典中，立法者对每种犯罪都规定了非常具体的犯罪构成，并辅之以

① 参见［美］约翰·亨利·梅里曼著：《大陆法系》，顾培东、禄正平译，知识出版社1984年版，第40页。

② 参见徐国栋著：《民法基本原则解释——成文法局限性之克服》，中国政法大学出版社1992年版，第163页。

绝对确定的法定刑。由于这种立法模式要求法官在量刑时必须严格依法进行，禁止酌情科刑的裁量，考虑到绝对的罪刑法定主义根本不具有可行性，故该部刑法典并未正式颁行。1799年，拿破仑专政建立。此后不久，拿破仑就又重新制定了一部刑法典（史称1810年《法国刑法典》），并正式公布施行。在这部新的刑法典中只有少数犯罪被立法者规定了绝对确定的法定刑，其余绝大部分犯罪的法定刑都被规定为一定的幅度，并准许法官在法律规定的幅度以内根据案件情节酌情自由裁量刑罚。理论上将其称之为“相对的罪刑法定主义”。

“从表面上看，刑法规定绝对确定的法定刑，有利于保障人权。但事实上，任何一种具体的犯罪都可能具有不同的情节、不同的罪行程度以及不同的特殊预防必要性，而绝对确定的法定刑只能以该种犯罪的平均罪行程度为根据予以确定，故反而侵害那些情节轻微、特殊预防必要性小的部分犯罪人的自由。所以，现代各国的刑法都规定了相对确定的法定刑。”① 具体来说，即在刑法分则中以不同条文对具体犯罪构成要件的内容加以规定，并为绝大部分的刑法分则条文配上轻重不同的法定刑幅度，允许法官根据个案情形对犯罪分子自由裁量刑罚。立法者之所以如此，其目的在于搭建一个类似于贝卡里亚所谓的罪刑阶梯，在严格规则之治下，赋予法官自由裁量权，以更好地实现公正量刑。因此，法官在案件审理过程中，首先要将刑法分则条文规定的构成要件内容与犯罪事实相对应，准确选定行为人应当适用的刑法分则规范，之后才能在立法者为之规定的法定刑幅度间裁量刑罚。只有理论上定性准确，才能做到量刑适当。具体来说，定罪对于量刑具有两个决定性的影响：首先，提供相应的法定刑。刑法为各种具体犯罪配置了轻重不等的法定刑模式，只有正确定罪，才能找准相应的法定刑，才能在它的范围内或基础上根据量刑情节求解最佳适度的宣告刑。其次，提供相

① 张明楷著：《刑法学》，法律出版社2011年版，第58页。

应的量刑情节。每个具体犯罪的量刑情节都不同于另一个具体犯罪，不同的量刑情节决定了宣告刑最终选择的不同。由此看来，定罪不但制约着法定刑的轻重，而且还制约着具体犯罪的宣告刑结果。

2. 现实中：非典型案件可能会定性准确但量刑失当

如上所言，考虑到主客观各种条件的限制，刑法理论认可了相对的罪刑法定原则，允许立法者依据不同犯罪行为类型社会危害性的不同，在刑法分则条文中设置不同的罪状条款，并为之配上轻重不同的法定刑幅度。在定性准确的前提下，允许法官享有一定的刑罚裁量权，从而更好地依据个案具体情形的不同对犯罪分子判处公正的刑罚。理论上，如果立法者在立法过程中为刑法分则中具体个罪配置的法定刑轻重合理，社会生活静止不动，法官在司法过程中定性准确，并公正地行使了自己的刑罚裁量权的话，所有具体个案都可得到圆满的解决，不会出现罪刑失当的情形。问题在于：前述已及，立法者并非上帝，成文法的缺陷在所难免，即使采取相对的罪刑法定原则同样如此。关于成文法的缺陷问题，徐国栋教授曾经有过详尽的论述：首先，成文法具有不合目的性。法律具有普遍适用性，这使得成文法只注意其适用对象上的共性，忽视了其个性。这就会导致在一般情况下适用能产生公正的法律，在适用于特殊情况时其结果可能是不公正的。其次，成文法具有不周延性。由于立法者认识能力有非至上性的限制，立法者制定出来的法律必然会出现漏洞和误区。再次，成文法具有模糊性。成文法借助语言来传递法律规范的内容，但是作为法律载体的语言本身存在模糊性，需要进行解释，所以会导致不确定性。最后，成文法具有滞后性。法律一经制定出来必须保持稳定，但是社会一直在发生变化，所以法律的内容相对于社会现实，总是具有滞后性。[①] 我们国家与德国、日

① 参见徐国栋著：《民法基本原则解释——成文法局限性之克服》，中国政法大学出版社 1992 年版，第 137~143 页。

本等国家一样，同属成文法系，成文法存在的上述缺陷在刑法中同样存在。因此，在刑事司法过程中，定性准确但量刑失当的现象也是可能存在的。立法者的语言越精确越是如此，许霆案即是例证。具体来说：

首先，这是成文刑法的不合目的性造成的。彼时，立法者在刑法条文中规定，盗窃金融机构，数额特别巨大的，处无期徒刑或者死刑，并处没收财产。或许针对一般的盗窃金融机构的案件，数额特别巨大的情形，适用这一条文是体现罪刑相适应原则的。“金融机构涉及的不是某个人的财产，而是大量公民、法人以及国家的财产。金融机构的或存留金融机构的‘财产’数量巨大、集中，一旦失窃，损失巨大。对影响如此广泛且重大的利益，法律以更严厉的刑罚予以保护，可以推定有强大的民意基础。”① 但对许霆这种特殊案件，立法者可能始料未及：首先，被害人自身存在过错——取款机出错。其次，人性存在弱点——面对如此诱惑，行为人将巨额现金取走，似乎至少存在责任减轻事由。普遍应对不了特殊，罪刑失当在所难免。

其次，这是成文刑法的模糊性造成的。为了使刑法条文适应变动不居的社会现实，立法者不得不挖空心思尽可能地让刑法条文具有包容性。模糊语言的使用不失为一种可行的办法。但我国是一个幅员辽阔的大国，为了防止制定法过于具体，不能有效适应各地情况，或者防止法律滞后现象的发生，当代中国实际形成了一种被朱苏力教授称之为“两极立法”的特殊制度安排，即立法机关仅制定粗放的相对概略的法律，具体实施细则则留待司法机关或者执法机关针对各地的不同情况及实践需要制定，即所谓的“司法法”。②

① 朱苏力：《法条主义、民意与难办案件》，载《中外法学》2009年第1期，第95页。

② 参见朱苏力：《法条主义、民意与难办案件》，载《中外法学》2009年第1期，第96页。

《最高人民法院、最高人民检察院、公安部关于盗窃罪数额认定标准问题的规定》（1998 年）将《刑法》第 264 条中盗窃公私财物数额特别巨大的标准界定为 3 万元至 10 万元。许霆案发生在 2006 年，审理则发生在 2007 年，将近 10 年过去了，我们国家经济高速发展，但这一数额认定标准却始终未变。立法的模糊性与滞后性使得许霆被判处无期徒刑已经为最低刑期。但即便如此，也仍让国民觉得量刑不公。

行文至此，我们已经找到了问题的症结：如果说许霆案被认定为盗窃罪没有问题的话，一审法官据此判处许霆无期徒刑也是没有任何问题的。许霆案一审量刑不公是刑法条文法定刑设置的不合理直接造成的。亦即，这种不公是立法造成的，而非司法使然。或许有人会问：既然如此，我们为何不在刑法条文中规定一个比较宽泛的刑罚幅度，如规定盗窃金融机构，数额特别巨大的，处 3 年以上有期徒刑、无期徒刑或死刑呢？现实是不是立法者不想如此规定，而是在中国行不通。正如朱苏力教授所言，之所以行不通的原因首先在于它与当代中国的法治主流意识形态不兼容，违反了罪刑法定的刑法教义。其次，这会赋予法官更大的刑罚裁量权，从而给法官和刑辩律师留下受贿和行贿的可能与激励。[①] 要知道，权力天然地具有扩张的属性，没有制约的权力必然走向腐败，立法者在立法时必须考虑到宽泛的刑罚幅度带给中国当代社会的冲击，百般权衡之下，立法者不得不出此下策：将盗窃金融机构，数额特别巨大的法定刑设置为无期徒刑与死刑，从而压缩法官的刑罚裁量权。但法官刑罚裁量权的压缩是一把“双刃剑”，这一做法固然有助于减少权钱交易等现象的发生，也同时可能会出现非典型案件中定性准确但量刑失当的现象。考虑至此，立法者不得不又设置了《刑法》第 63 条特别减轻处罚的规定。

---

① 参见朱苏力：《法条主义、民意与难办案件》，载《中外法学》2009 年第 1 期，第 95 页。

综上所述，对非典型个案定性准确、量刑失当这种现象的发生，立法者还是有所预见的，《刑法》第63条第2款的规定即是此种现象发生时的一个紧急通道，但这基本上只是一个特例而非常态，我们并不能因此否认定罪对量刑的制约关系。为了实现罪刑法定，立法者必须在刑法分则条文中依据行为类型及社会危害性的不同设置不同的罪状并为之配上相应轻重的法定刑。在司法过程中，法官首先要做的是将刑法的罪状规范与犯罪事实之间相对应，即所谓的定罪。在此基础之上，再将法定刑与量刑事实相对应，从而实现定性准确、量刑适当。一旦出现所谓定性准确、量刑失当的个案不公时，法官即可求助于《刑法》第63条特别减轻处罚的规定，借助法官的刑罚裁量权来实现个案公正。

### （二）量刑反制定罪理论不具有正当性

前述已及，一旦出现所谓定性准确、量刑失当的特殊案件，我们可以借助于《刑法》第63条的规定实现量刑公正。问题在于：依照《刑法》第63条第2款减轻处罚的规定，如果法官想在法定刑以下判处刑罚，必须得层报最高人民法院批准。但已有资料显示，截至许霆案，这一规定自新刑法颁行以来，还无人使用。[①] 至此，许霆案似乎到了山穷水尽的地步，于是有学者开始呼吁以量刑制约定罪，试图通过变换罪名的方式，在所谓的刑法教义学允许的范围内选择一个较轻的罪名，以此来对许霆案量刑过重的结果予以纠偏。本书认为，这一结论存在问题。

1. 非典型案件量刑失当完全可以经由《刑法》第63条的规定予以纠正

如前所述，对个案定性准确但量刑可能会失衡的现象，立法者并非没有预见到，《刑法》第63条特别减轻处罚的规定即是明证。

① 参见《许霆案因援引刑法第63条由无期改为5年》，载《中国经济周刊》2008年4月7日。

一旦出现这种现象，法官直接适用《刑法》第 63 条赋予的刑罚裁量权在法定刑以下判处刑罚即可。持量刑反制定罪论的学者认为，欲纠正此种情况下的量刑不公，路径有二：一为变换罪名；二为适用《刑法》第 63 条第 2 款的特别规定。但在解决量刑过重的过程中，两种路径的价值、次序不同。在此种情况下，法官首先考虑的是变换罪名，而非启动《刑法》第 63 条第 2 款。理由是：《刑法》第 63 条第 2 款是特殊的、偶尔才能适用的措施，通过《刑法》第 63 条第 2 款完全解决量刑过重的问题，不仅不现实，而且会产生诸多副作用。具体说来：

首先，由地方法院层报最高人民法院批准，会使该款规定成为一个“应用而不愿用”的条文。中国地域辽阔，类似量刑不公的现象不在少数，在级别意识强烈的当代司法体制下，一般只有各省高级人民法院才会向最高人民法院请求，地方法院不大可能经常行使此项裁量权。即使地方法院有“惊动中央司法机关”的意愿，最高人民法院也没有精力处理这么多的案件。当立法规定由最高司法机关处理具体个案时，会给下级司法机关带来强烈的暗示性和倾向性，从而减少具体个案的上报数量，限制了该法条的适用范围。正如死刑复核权收归最高人民法院后死刑案件总量得以下降一样，如此一来，《刑法》第 63 条第 2 款的规定必然会被虚置。其次，《刑法》第 63 条第 2 款没有赋予被告人救济途径，这会使该款规定成为一个“应用而无力用”的条款。相较于地方法院而言，对于量刑过重的案件，被害人才是最具有救济动力的一方，但《刑法》第 63 条第 2 款并未赋予被告人申请最高人民法院核准的权利，如此一来，相对于被告人而言，势必使该款规定成为一个“应用而无力用”的条款。最后，如果将《刑法》第 63 条第 2 款的规定作为解决量刑的常态措施，可能会破坏司法与立法之间的关系。《刑法》第 63 条第 2 款允许司法机关突破法定刑下限量刑的做法，会让司法机关在刑量上成为立法者，从而与罪刑法定原则限制司法权侵犯立法权的主旨相违背。而且，若该款规定反复适用实际上是以“法条自杀”的方式解决个案问题，有损刑法的稳定性和权威性。反之，通过变换罪名解决量刑失当的做法是通过解释论“柔和”克服立法缺陷，“量刑过重不是立法之错，而是解释之拙”，如此一来，可充分发挥法官的能动性，有利于理顺下级法院与最高人民法院之间的关系。[①]

对此论述，本书认为有待商榷。首先，诚如朱苏力教授所言，将《刑法》第63条第2款规定使用过少解释为中国司法或法官的懈怠，有以偏概全之嫌。退一步讲，即使地方法院法官对该款的使用有所懈怠，但如果放在中国司法特别是刑事司法的制度性要求中来看，这也是可以理解的。从积极意义上看，法官不主动援用这一条款，反映了法律的驯顺，这是一种法治的美德。反之，如果法官一遇到特殊案件就援用此项例外，不仅会颠覆罪刑法定原则，而且最高人民法院（及各高院或中院）会不堪重负，势必会引发司法腐败，或者引发公众“司法腐败”的疑惑，从而危及司法的权威性。“紧急出口不可常用，能不用一定不用，后门走惯了大门势必门庭冷落。”[②] 其次，诚如论者所言，相较于地方法院，个案刑事被告人才是最关心自己案件量刑是否失当的人，《刑法》第63条第2款未赋予被告人申请最高人民法院复核的权利。但能否决定在法定刑以下判处刑罚是法官刑罚裁量权的内容，刑事被告人的此项意愿完全可以通过刑事上诉制度予以解决。事实上，刑事诉讼法也赋予了被告人以量刑失衡为由提起上诉的权利。如果允许刑事被告人以量刑过重为由直接向最高人民法院申请复核，相信所有的刑事被告人只要其心智还是正常的，都会认为自己的案件虽未具有法定的减轻处罚情节，但根据案件的特殊情况应当在法定刑以下判处刑

① 参见高艳东：《量刑与定罪互动论：为了量刑公正可变换罪名》，载《现代法学》2009年第5期，第173~174页。

② 朱苏力：《法条主义、民意与难办案件》，载《中外法学》2009年第1期，第96~97页。

罚。这不仅会使最高人民法院疲于应付，而且必将使刑事上诉制度虚置。理由很简单：既然仅凭一己之力即可上达“天听”，又何必去走上诉程序多此一举呢？最后，如前所述，理论上立法者为分则具体个罪配置的法定刑罪刑是均衡的，因此，在司法实践中类似许霆案这样的定性准确但量刑失衡的现象并不多见。正因为如此，与1979年刑法相比，对特别减轻处罚的批准程序新刑法的规定要严格得多。在1979年刑法中，立法者只是规定一旦出现个案量刑不公的现象，法官只需报同级法院审委会批准即可决定对犯罪分子减轻处罚；而在新刑法中，立法者则规定，一旦出现个案量刑不公的现象，法官必须层报最高人民法院批准。如果个案量刑不公的现象反复出现，那只能说明该罪法定刑配置严重失衡。这就会使得该问题成为一个立法问题而非司法问题，只能留待立法解决，一概通过所谓的“量刑反制定罪”理论予以解决不仅不能彻底解决该问题，反而会因该罪名适用上的反复回避，损害刑法的权威。

必须指出的是，本书的上述观点事实上也得到了一系列立法实践的支持。首先，许霆案发生后，立法机关认识到了盗窃罪法定刑设置存在的问题，全国人大常委会于2011年2月25日通过了刑法修正案（八），删除了原有的关于盗窃金融机构，数额特别巨大处无期徒刑、死刑的规定，将《刑法》第264条修订为：“盗窃公私财物，数额较大的，或者多次盗窃、入户盗窃、携带凶器盗窃、扒窃的，处三年以下有期徒刑、拘役或者管制，并处或者单处罚金；数额巨大或者有其他严重情节的，处三年以上十年以下有期徒刑，并处罚金；数额特别巨大或者有其他特别严重情节的，处十年以上有期徒刑或者无期徒刑，并处罚金或者没收财产。”同时，有鉴于《刑法》第63条第2款赋予法官刑罚裁量权过大的事实，将《刑法》第63条第1款修订为：“犯罪分子具有本法规定的减轻处罚情节的，应当在法定刑以下判处刑罚；本法规定有数个量刑幅度的，应当在法定量刑幅度的下一个量刑幅度内判处刑罚。”此后，最高人民法院又于2013年4月3日以司法解释的形式，在《关于办理盗窃刑事案件具体应用法律若干问题的解释》中对盗窃罪的数额规定在原有基础上进行了提升，规定“数额特别巨大的”标准为“30 万元至 50 万元”以上。

2. 量刑反制定罪理论的提出会带来一系列问题

首先，量刑反制定罪理论的提出违背了罪刑法定原则。诚如论者所言，判断罪名的目的在于以恰当的方式和形式评价犯罪的社会危害性，服务于量刑。刑法是解决行为人刑事责任有无和程度的法律，类似于定罪之类所有的中间过程，都是服务于这一终极目的的。立法者在刑法分则条文中详细设计犯罪构成，扩充犯罪构成的个数，同时，司法解释把犯罪构成不断细化、分解，立法者和司法者所做的这一切努力，都是为了一个目的：在一个司法公信力不高的国情中更好地评价犯罪危害性，进而决定犯罪分子的刑事责任，防止法官量刑的恣意。① 必须看到，尽管定罪的最终目的是服务于公正量刑，但这并不意味着为了达到所谓的量刑公正可以不择手段。刑法理论之所以创设犯罪构成这一理论，强调定罪的重要性，正是因为不同的犯罪构成其社会危害性不同，为了防止法官刑罚裁量权的扩张，而出此“下策”。之所以说这是“下策”，原因在于假如法官是一个全能的上帝，完全可以不凭借犯罪构成的区分即可做到量刑公正的话，那么，立法者完全可以在刑法中只规定一句话，“犯罪的，处刑罚”。何必费尽心思，一定要在刑法条文中区分不同的犯罪构成，设计不同的罪状，并为之配上轻重不同的法定刑呢？

目的的正当性并不能代表手段的正当性。诚如朱苏力教授所言，以刑制罪理论的提出不过是主张，当严格依法作出判决有悖公正时，法官首先应从总体上判定一下应否对犯罪分子判处刑罚及应判处多重的刑罚，之后在刑法条文中寻找与这一刑罚最相适应的罪

① 参见高艳东：《量刑与定罪互动论：为了量刑公正可变换罪名》，载《现代法学》2009 年第 5 期，第 170 页。

名，在此基础上，再为这一选择展开详尽的教义分析和论证。从本质上而言，这根本不是什么刑法教义学的分析，而是一个实用主义态度指导下的强行证成。这使得论者所谓的许霆行为成立侵占罪的分析，不过是对“量刑”的一种装饰或正当化。从研究进路上来看，这种论证过程不仅摆脱了教义分析对司法权力的制约，使得司法权力想证成什么样的量刑结果均可实现，而这已经走到以“社会危害性”来量刑定罪的老路上来，法官篡夺了立法者的权力。尽管论者口口声声声称，这种做法仅仅适用于类似许霆这样的特殊案件，但一旦脱离了规则的指导，以刑制罪理论的思路实际上诉诸更多的要么是法官个人的直觉，要么是民众不太稳定的情绪，或者两者兼而有之，这就使得即使具体个案的处理取决于法官的个人直觉或者由民粹主义左右，即使具体个案获得了妥当处理，我们也很难保证此后在个案中能获得前后一致的一种总体的系统良好后果。①

其次，精细的犯罪构成理论的提出并非如论者所论证的那样不堪。论者认为，以德日为代表的大陆法系刑法理论之所以认为每个具体的犯罪构成都具有客观而独立的特征、过于强调犯罪构成之间的差异、法官在定罪时应当严格区分此罪与彼罪的界限，是形式罪刑法定与专业垄断的需要。罪名标准具有随意性，所谓罪名认定的技巧不过是法律精英话语权的靠山。因此，在随意的罪名标准前，追求精确不过是作茧自缚，故对定罪问题无须虔诚对待。② 对此观点，本书认为有待商榷。

前述已及，为了更好地保障公民的权利，防止法官的量刑恣意，启蒙时代的思想家天才般地提出了罪刑法定原则。而要实现罪

① 参见朱苏力：《法条主义、民意与难办案件》，载《中外法学》2009年第1期，第100~101页。

② 参见高艳东：《量刑与定罪互动论：为了量刑公正可变换罪名》，载《现代法学》2009年第5期，第165~169页。

刑法定，就必须在刑法分则条文中依据行为类型及社会危害性轻重程度的不同，设计不同的罪状并为之配置轻重不同的法定刑。罪刑法定原则的实现首先是刑事法治的实现，如前所述，借口所谓定性准确不过是量刑公正的手段，从而将犯罪构成理论及定性准确等要求抛置一边的做法从实质上而言是对罪刑法定原则的反动与颠覆，重走依据“社会危害性”理论定罪的老路。依此思路，欠缺了犯罪构成要件理论指导的以刑制罪理论的思路，将使得具体个案的公正取决于法官个人直觉及民粹主义的情绪，依法治国的实现将彻底沦为一个永远不能实现的梦想。关于犯罪之间是否存在明确的界限，张明楷教授曾进行了详细的考证，并得出结论：只有当两个犯罪之间具有排他性关系时，才存在所谓明确的界限问题。刑法理论为区分此罪与彼罪的界限所提出的观点往往缺乏法律根据，曲解构成要件，没有现实意义，增加认定难度。对此，妥当的做法应是：不必讨论犯罪之间的界限，正确解释各种犯罪的构成要件，对案件事实由重罪到轻罪作出判断（有时也可能由轻罪到重罪作出判断），并善于运用想象竞合犯的原理，准确适用刑法条文。[①] 即使如此，也能证明：第一，在两个犯罪之间具有排他关系时，是需要明确所谓的界限问题的。事实上，以刑制罪理论的提出者在论证许霆成立侵占罪的过程中，因侵占罪与盗窃罪之间存在相互的排斥关系，故不得不首先证明许霆的行为不成立盗窃罪，在此基础之上再证成许霆的行为成立侵占罪。这说明论者对犯罪构成之间界限的区分还是心怀敬畏，对其予以认可的。否则，论者完全不必大费周折，直接以一句盗窃金融机构量刑过重，认定为量刑较轻的侵占罪即可。第二，退一步讲，即使如张明楷教授所言，刑法条文规定的犯罪构成之间更多的是竞合现象，需要合理运用想象竞合犯的理论，但这一理论适用的前提也首先需要认定犯罪人的行为符合哪几

① 参见张明楷：《犯罪之间的界限与竞合》，载《中国法学》2008 年第 4 期。

个犯罪构成，其法定刑何者为轻、何者为重，唯此方谈得上想象竞合犯理论的适用。这同样能够说明犯罪构成之间还是存在界限的，只不过存在竞合情形而已。

至于此罪与彼罪的区分，更非如论者所言：是专业垄断的需要，罪名认定的技巧不过是法律精英话语权的靠山。众所周知，随着人类社会的进化，知识分工越来越细，所谓的隔行如隔山并非虚言。举一个日常生活中的简单例子，人们到医院就诊时需要选择不同的科室，诸如胆结石患者需选择到肝胆外科就诊，牙疾患者需选择到口腔科就诊，怀孕的产妇临产前需选择到产科进行检查，这是否就说明医生是在进行专业垄断，疾病的排查是医生精英话语的靠山呢？相信没有人会这么说。反倒让一个临产的产妇到口腔科进行产前检查，人们才会觉得荒唐。罪名的认定同样如此，与人类其他专业活动领域相比，定罪的过程是正义理念、刑法规范与生活事实相互对应的一个过程。将案件事实归入刑法规范之下的能力，并不是天生即可具备的。“每一个个案的解决都从找到可能适合这一案例的法律规范开始，也即从被认真的认为适合当前案件的法律规范开始；或者，从另一个角度来看，这一开始阶段也是一个确定该具体案件归属于某一法律规范适用范围（尽管还需要进一步审查）的过程，这一归入能力即正确地联想并准确无误地找到‘恰当的’规范的禀赋，就是一种判断力。这种判断力，如康德曾经说过的，是无法通过教导获得的，而只能通过练习得到发展。这一观点正是这样一个认识的哲学基础，如果人们愿意这么说的话，即一个好的法律人不是通过单纯的教导，而是只能通过另外的实践，也即通过判断力的训练才能造就的。”① 不管在世界上哪一个国家，法律职业都是一项精英职业，不具备一定的专业知识储备显然无法进入这一行业。

---

① ［德］齐佩利乌斯著：《法学方法论》，金振豹译，法律出版社 2009 年版，第 129~130 页。

### （三）小结

综上，唯有定性准确，方能实现量刑适当。在司法实践中，当个案定性准确但量刑失当的现象出现时，只需援引《刑法》第63条第2款减轻处罚的特别规定即可。如果量刑失当现象反复出现，这就说明该条文确实罪刑失衡，必须由立法者对该条文加以及时修订。量刑反制定罪理论的提出貌似解决了个案量刑不公，其实质则是社会危害性理论司法的重现，是对罪刑法定原则的反动与颠覆，对刑事司法有百害而无一利，必须予以抛弃。

## 二、对未成年犯罪人能否判处无期徒刑的思考[①]

### （一）问题的提出

对未成年犯罪人能否判处无期徒刑？这在我国的司法实践中似乎并不是一个问题，在新旧刑法实施期间，实际上每年都有不少未成年犯罪人最终被判处无期徒刑并剥夺政治权利终身，实务界对此少有质疑之声。然而，学界却多有争论。有论者提出，根据现有的法条——主要是我国现行《刑法》第49条和第17条第3款，不能对未成年犯罪人判处无期徒刑。其理由是，《刑法》第49条明确规定对未成年犯罪人不适用死刑，即表明对未成年犯罪人可适用的最高刑就是无期徒刑，如果未成年人所犯罪行不甚严重，不涉及可否判处无期徒刑的问题，则仅按第17条第3款的规定，即“已满十四周岁不满十八周岁的人犯罪应当从轻或减轻处罚”加以处理即可。但是，当未成年人所犯罪行极其严重，涉及能否判处无期徒

① 本部分内容系本人与邹兵副教授合作研究和撰写，曾发表于《昆明理工大学学报》2009年第5期，后本人根据我国刑事法律的立法进展和理论界的最新研究状况作了修改和补充，对有关内容进行了一定的调整。

刑的时候便成了问题，因为，一方面刑法只是规定对未成年犯罪人不得适用死刑，而未明确规定不得适用无期徒刑，那么就表明立法原意是对未成年人可以适用无期徒刑的；另一方面，《刑法》第 17 条第 3 款又明确规定对未成年人犯罪应当一律从轻或减轻处罚，则只能在无期徒刑以下判处较轻的刑种，而使无期徒刑在事实上根本不能适用于未成年犯罪人，这便使得对未成年犯罪人从宽处罚的原则与对未成年犯罪人可适用无期徒刑的立法精神形成一对逻辑上的矛盾，这一矛盾当然应由立法者在今后修改刑法时予以解决。到此，似乎问题又到了无法厘清就希求立法者来解决的路子上去了。不过，论者最终还是给出了理论上的出路：解决这一问题的关键在于，目前在我国有无必要、应不应该对未成年人犯罪保留适用无期徒刑的可能性？①

姑且不论应不应该对未成年犯罪人保留无期徒刑（这是另外一个问题），在既有的法律规定和刑罚体系下，我们认为，上述观点是值得商榷的。

首先，就无期徒刑而言，对未成年犯罪人应当从轻（注意：不是减轻）是否意味着一定要在无期徒刑以下处刑？我们知道，所谓“从轻”是法定刑幅度内的从轻，因此在无期徒刑内从轻最终也只能是无期徒刑，而只有“减轻”才意味着在法定刑以下处刑，也就是说应在比无期徒刑低一个档次的有期徒刑中选择刑种并决定最终的刑罚。尽管从轻因无期徒刑的不可分割性而使得其在最终结果上与“不从轻”无异，但也不能因此便曲解“从轻”的法定含义。

其次，该观点实际上并没有真正明确“从宽”的另一层最为关键的含义。对未成年犯罪人从宽处罚是相对于成年人犯罪而言的，而且是相对于在理想状态下犯罪的其他情节一致，仅因年龄所

① 林山田著：《刑法总论》，台湾大学法学院图书部 2002 年版，第384～385 页。

决定的“未成年”与“成年”这一特性差异而从宽处罚。显然，这不仅仅是在刑种的纵向比较上，纵向比较只是结果而非决定性原因。

最后，结合我国台湾地区立法例的有益启示进行分析。如果立法真欲排除无期徒刑对未成年犯罪人的适用，就该如我国台湾地区“刑法”一样，在规定对未成年人犯罪“减轻处罚”的同时，又明确规定对未成年犯罪人不适用死刑和无期徒刑。如果认为我国现有规定即已排除了无期徒刑对未成年犯罪人的适用，那么台湾地区“刑法”再另行特别规定对未成年犯罪人不适用无期徒刑的做法岂非画蛇添足？

申言之，对未成年犯罪人能否判处无期徒刑这一问题的实质在于，如何理解现行《刑法》第 49 条与第 17 条第 3 款的关系及其适用问题。现行《刑法》第 49 条规定：犯罪的时候不满 18 周岁的人和审判的时候怀孕的妇女，不适用死刑。同时，《刑法》第 17 条第 3 款又规定：已满 14 周岁不满 18 周岁的人犯罪，应当从轻或减轻处罚。很明显，前述观点认为应当同时适用这两个条款，即首先引用第 49 条将死刑排除后，便只剩下无期徒刑及其以下的刑种了，然后，在此基础上再援用第 17 条第 3 款来决定最终的刑罚，这样就得出“无期徒刑事实上不可能适用于未成年犯罪人”的结论，从而认为这又与根据《刑法》第 49 条所推导出的原则上可以对未成年犯罪人适用无期徒刑相矛盾。这一说法貌似合理，但实质不然，它不符合立法原意和量刑的实际过程，所以我们并不打算接受。

### （二）具体分析

对于根据现行刑法能否判处未成年人无期徒刑的问题，我们的观点是：第一，在现有刑法体系下，根据有关规定可以推导出对未成年犯罪人判处无期徒刑是完全可行的，也是逻辑上的合理结果，因此无期徒刑在事实上可以适用于未成年犯罪人；第二，适用

《刑法》第49条的规定对未成年犯罪人不判处死刑本身就是对未成年犯罪人从宽处罚精神的体现，与《刑法》第17条第3款的立法精神并不矛盾，如果在适用第49条的基础上再根据第17条第3款来处罚的话，就会违反“禁止重复评价”的原则。下面进行具体分析：

首先，在立法层面，《刑法》第49条与第17条第3款既有联系又有区别，不可相互替代。刑事立法发展至今日，现代文明国家基于刑法应有的谦抑性、人道性以及预防犯罪之需，在报应刑和教育刑二元理论下，对未成年犯罪人采取倾向性保护原则，在刑事立法上都无一例外地体现了从宽处罚的精神。我国新刑法为顺应这一形势，在继承1979年刑法规定的对未成年人犯罪从轻或减轻处罚的基础上，取消了该法第44条关于对已满16岁不满18周岁的未成年犯罪人可判处死刑缓期2年执行的规定。由此观之，尽管可能在当时的立法者看来，死缓是一种轻于死刑的刑罚而不仅仅是一种执行方式，[①] 但是，无论如何，现在的观点认为死刑包括死缓，所以就必须将其修改为现在的第49条：犯罪的时候，不满18周岁的

① 我国《刑法》第50条第1款规定：“判处死刑缓期执行的，在死刑缓期执行期间，如果没有故意犯罪，二年期满以后，减为无期徒刑；如果确有重大立功表现，二年期满以后，减为二十五年有期徒刑；如果故意犯罪，查证属实的，由最高人民法院核准，执行死刑。”虽然没有相关的正式统计数据可供参考，但就一般情况而言，被判处死刑缓期执行的犯罪人在两年的缓刑考验期届满后，绝大多数都会因在考验期间没有故意犯罪或没有发现足以被判处死刑立即执行的“漏罪”而减为无期徒刑。如此一来，死刑立即执行和死刑缓期执行的巨大差异就立刻凸显出来了，毕竟“脑袋掉与不掉”还是有很大区别的。正因为如此，在刑事辩护实践中，面对罪行非常严重的极有可能被判处死刑立即执行的案件，辩护律师只要通过努力使其当事人最后被判处死刑缓期执行，保住了当事人的“脑袋”，一般就可以认为其辩护获得成功了。因此，如果抛开对于刑法立法字面规定的规范性和理念性的过于执着不谈，事实上，在很多人眼中，死刑立即执行和死刑缓期执行的差异已经远远超过了执行方式的不同所能容纳的内容了。

人不适用死刑。以上确是真实的理由，不过这并不足以证明《刑法》第 49 条与第 17 条第 3 款这两条规定便是自在地合理的。“存在即合理”固然重要，但明了存在为什么是合理的却更有价值。我们认为，除了前述原因外，两个条款同时规定于刑法中也是技术和逻辑要求的结果，理由如下：

在第 17 条第 3 款对未成年人犯罪的刑事责任作出一般性规定的前提下，不难看出，第 49 条仅仅是以一种限制性和强调性的方式对未成年犯罪人的刑事责任作了部分或全部（禁止是覆盖全部的）的规定，但这并不能从正面解决所有未成年犯罪人具体的、相互区别的刑事责任问题，此时，第 17 条第 3 款成为必要；换一个角度，如果刑法只规定对未成年人犯罪应当减轻处罚，依据“减轻”的法定含义，这样便足以排除死刑对未成年犯罪人的适用，从而也就没有规定“对未成年人犯罪不适用死刑”之必要了。但是，一律减轻并不符合犯罪多样化的特质，并非所有未成年犯罪人都适合减轻而不是从轻处罚。为了达到罪刑具体的均衡，作为一般性规定，“从轻或减轻”获得了其存在的根据。反过来讲，由于死刑是无法从轻的，倘若只有第 17 条第 3 款就不能彻底排除死刑的适用，所以，立法必须特别规定对未成年犯罪人不得适用死刑。可见，这两个条款相互限制、区别且不可互相代替。

进一步分析，从二者各自在刑法结构中所属的位置来看，第 17 条第 3 款规定于“犯罪和刑事责任”一节，而第 49 条则位于“刑罚”一章的第 5 节“死刑”。刑罚仅仅是刑事责任的承担方式之一，却是主要方式。认为刑罚的规定是刑事责任的表现并不为过，二者在立法精神上应该是一致的。刑法以禁止性方式规定对未成年犯罪人不得适用死刑，其出发点或精神实质无疑是要排除死刑对未成年犯罪人的适用，从而体现对未成年人的特殊保护。这与第 17 条第 3 款的精神实质是一致的，因此不妨认为第 49 条是第 17 条第 3 款在刑罚上的体现。刑法规定第 49 条绝不是为了表明可以对未成年犯罪人判处无期徒刑，尽管我们可以从逻辑上推出这一结论。由此看来，实务界所持而为理论界批评的“不适用死刑本身就是从宽处罚”的观点并非没有道理。理由很简单，如果不是未成年人而是具有完全刑事责任能力的成年人犯相同情节且足以判处死刑之罪的话，那么死刑则不可避免。但现在的立法规定，当行为人是且仅仅是未成年人时便不能判死刑，这难道还不是“从宽”吗？而且这也恰恰正确揭示了“从宽”的真谛：相对于成年人的从宽。

其次，在适用第 17 条第 3 款和第 49 条的问题上，我们主张择一适用原则，即面对个案时，最终适用的只能是其中一个条款。根本原因在于与成年人犯罪相比，未成年犯罪人只有在年龄所决定的“未成年”这一特性上是绝对的，也是唯一不可能与成年人相同的因素，所以才使得对未成年犯罪人适用死刑被绝对禁止或从宽处罚成为“应当”。不仅如此，年龄的因素有且只能有一次机会作为从宽处罚的法定情节来影响（在实际案件中这种影响不是决定性的）量刑，否则对被告人有利的同一因素就有被重复评价之嫌。[①] 下面分不同情形具体讨论之。

第一，若被触犯之罪所设置的法定刑根本就没有死刑，自然不存在是否适用第 49 条的问题。此时，“未成年”这一特质仅通过适用第 17 条第 3 款来起作用，至于究竟是“从轻”还是“减轻”，还得结合其他情节来认定。在实践中，“未成年”并不足以单独决定最终判处的刑罚或刑事责任的其他实现形式——即使当中存在年龄差距的问题。具体而言，如果最高刑种是无期徒刑，由于只是相对于成年犯罪人从轻或减轻，故而仍可能判处无期徒刑；如果最高刑种是有期徒刑，在适用上也仅适用第 17 条第 3 款。

---

① 禁止重复评价，不能仅仅是指禁止对被告人不利的因素的重复评价，它理应同样包括禁止对被告人有利的因素的重复评价，否则，前者导致过分处罚，后者致使“不当得利”；前者使被告人遭受不公，后者则令国家和社会利益受损。二者共通的恶果更多地体现为让国家刑罚权应有的公正性蒙羞。

第二，若被触犯之罪所设置的法定最高刑是死刑，那么就有适用第49条的可能，因为所谓不适用死刑只能以可能被判处死刑为前提。在司法实践中对未成年犯罪人的量刑过程一般暂不考虑“未成年”这一因素，而先考察成年人在犯有相同——完全“相同”是不可能的，但这并不影响它作为一种技术性考量方法而具有的特殊价值——罪行的情况下应处的刑罚，然后再加入“未成年”这一法定从宽情节来决定最终判处的刑罚或其他刑事责任的承担方式。其间，“从宽”所具有的“相对于成年人而从宽”的精神实质得以体现。对此，下面将分两种情况加以说明：

其一，如果成年人所犯罪行应当或可以判处死刑，那么此时“未成年”就通过适用第49条来排除死刑的适用从而享受从宽的“特殊待遇”。这样一来，“未成年”这一对被告人有利的因素便已被刑法所承认，且发挥了作用。此时，倘若再另外适用第17条第3款进而必须对未成年犯罪人从轻或减轻处罚的话，则无异于“未成年”这一特性再次被评价，再次对被告人起了有利作用。我们有理由相信我国《刑法》第17条第3款之所以规定“应当”，仅仅是就年龄特性而言的，它只能有一次被适用，如果是两次或两次以上，那这种情况就与对一个犯罪行为或对不利于犯罪人的情节进行重复评价在本质上并无区别，都是一种不公正的裁量。当然，由于一个犯罪所包含的因素远不止年龄，还可能有很多可以影响量刑的其他归责要素和情节，如法定、酌定的从重、加重、从轻或减轻处罚的情节（自首、立功、结果、目的、手段等）。因此，在未成年人仅根据其年龄而不被判处死刑的情况下，这些年龄以外的归责要素仍会且必须要影响量刑及最终的判罚，也就可能使得对未成年犯罪人再次从轻、减轻，从而可能判处有期徒刑及其以下的刑罚或其他责任负担方式；当然，也可能根据综合情况不予从轻或减轻，也就是说在此情况下对未成年犯罪人可能也可以判处无期徒刑。

另外，必须说明的是，如果未成年犯罪人最终被判处有期徒刑，也绝不能将其看作同时再适用第17条第3款的结果。这是因为，这一结果是在这一因素所决定的前提即不适用死刑之下产生的，未成年人犯罪的其他因素（如自首、立功等有利情节）综合决定了可能出现所谓“再次”减轻，从而最终判处有期徒刑。这一过程显然与根据我们所反对的那种观点而推导出相似结论的机理不一样。在后者的推断过程中，“未成年”再次被评价，其他因素仅仅是在它所决定的必须再次从宽的前提下起着辅助性作用。

由上可见，在第一种情形下并未适用第 17 条第 3 款，而且这也与之没有逻辑矛盾。“应当从宽”的逻辑反面并非“不从宽”，而是不应当从宽，[①] 言下之意就是说并不是绝对的必须从宽，而是可以从宽。既然是“可以”，那么当然也就存在可以不从宽的情况，所以才有了判处无期徒刑之可能。

其二，据立法预先的大致判断，如果成年犯罪人犯相同罪行不会被判处死刑，而最多处无期徒刑，由于未成年犯罪人还要相对于成年犯罪人从宽处罚，所以，即使该罪的法定刑有死刑，它对未成年犯罪人也毫无意义，从而也不存在适用第 49 条的问题。相应地，就只能适用第 17 条第 3 款，综合其他情节决定是从轻还是减轻处罚。

### （三）小结

综上，我们的观点是：对未成年犯罪人可以判处无期徒刑。在现有刑法体系下，根据有关规定可以推导出对未成年犯罪人判处无期徒刑是完全可行的，也是逻辑上的合理结果。因而，无期徒刑在事实上可以适用于未成年犯罪人。适用《刑法》第 49 条的规定对未成年犯罪人不判处死刑本身就是对未成年犯罪人从宽处罚精神的体现，与《刑法》第 17 条第 3 款的立法精神并不矛盾。如果在适

① “应当从宽”中的“应当”表现的更多是一种价值应然性判断，这不同于“（是）从宽”所表现出来的一种事实判断。二者在逻辑上的对立面也是不一致的，即“不应当从宽”和“没从宽”。

用第49条的基础上再根据第17条第3款来处罚的话，就会违反“禁止重复评价”的原则。现行《刑法》第49条和第17条第3款相互限制、联系、区别，从最终结果看，二者中只会有一条被适用，不会也不应出现同时被适用的情形。因此，没有必要讨论对未成年人应否保留无期徒刑，所谓“对未成年犯罪人从宽处罚的原则与对未成年犯罪人可适用无期徒刑的立法精神形成一对逻辑上的矛盾”的问题也不存在，更无必要将其诉诸立法修改，解决问题的关键在于如何在既有刑法规定的体系内合理阐述和论证有关精神和原理。

## 三、跨国犯罪的死刑适用

有些犯罪是国际性的，[①] 这些犯罪因行为、结果、所侵犯之法益以及犯罪人超越了一个国家或者地区而具有跨国的因素，显著地区别于国际犯罪，但其涉及领域非常广泛，蔓延的速度非常迅猛，对社会的危害非常严重。[②] 处于当前文明状态和社会发展状况的任何一个国家或者地区，都无法有效地避免跨国犯罪的影响，我国自然也不能例外。理论界注意到了这种情况，在近10年来对跨国犯罪进行了广泛的研究，所发表的论文数量不断上升，在很多方面也取得了有益的成果。[③] 但是，对于我国处理跨国犯罪案件的死刑适用问题却鲜有论及，留下很多的空白而有待填补。下文即在此方面予以尝试，期待方家读者惠正。

---

① ［法］安德鲁·博萨著：《跨国犯罪与刑法》，陈正云译，中国检察出版社1997年版，第1页。

② 赵秉志、钱毅、赫兴旺著：《跨国跨地区犯罪的惩治与防范》，中国方正出版社1996年版，第5页。

③ 高娟、王超、兰月新：《我国跨国犯罪研究文献计量分析》，载《情报杂志》2011年第2期。

### （一）跨国犯罪死刑适用的基本状况

国家立法机关、最高司法机关以及国务院有关主管部门就涉外刑事案件的处理作出了各自的规定，这些规定虽然较为分散，但从内容上看还是比较全面的。近年来，最高人民法院有关人员结合新修订的刑事诉讼法对涉外刑事案件的审判程序问题作了分析。[①] 不过，很遗憾的是，上述规定或者研究并没有提及跨国（涉外）死刑案件的处理问题。而且，对于我国司法机关每年处理多少起跨国犯罪案件，不管是最高人民法院还是最高人民检察院，在各自的年度工作报告中都鲜有提及。显然，最高司法机关并没有从跨国因素的角度对所处理的跨国刑事案件进行必要的统计。那么，每年有多少跨国犯罪的死刑案件，更是不得而知。所幸的是，有关新闻媒体对跨国死刑案件给予了较多的关注。例如，新疆维吾尔自治区高级人民法院于 2009 年 11 月初对英国公民阿克毛走私毒品案作出判决，判处其死刑立即执行，境内外媒体纷纷报道和评论，香港特别行政区媒体《大公报》载文指出，“严格依法审理涉外刑事案件却彰显了难能可贵的司法理性”,[②] 这使得我们能够窥一斑而知全豹。跨国死刑案件在犯罪类型上主要包括毒品犯罪、走私犯罪、抢劫罪、故意杀人罪以及恐怖犯罪和拐卖妇女、儿童犯罪。[③]

根据媒体的相关报道，我们可以了解到我国司法机关对跨国犯罪适用死刑的问题依法作出不同的处理，但是，毫无例外的是，适用死刑的跨国犯罪案件都达到了《刑法》第 48 条第 1 款所规定的

---

① 裴显鼎：《关于涉外刑事案件审判程序的若干问题》，载《人民法院报》2012 年 5 月 16 日第 6 版。

② 《从涉外刑案看中国司法理性的可贵》，载《大公报》2009 年 11 月 13 日第 A13 版。

③ 张宗亮：《全球化境域下跨国有组织犯罪的发展态势》，载《中国人民公安大学学报》2004 年第 5 期。

死刑适用标准，即犯罪人的罪行达到了极其严重的程度。具体而言，在对跨国犯罪案件适用死刑的过程中，我国司法机关恪守如下三个原则：①严格依照我国的法律，尤其是刑事法律来处理跨国的死刑案件。其中最为鲜明的体现便是跨国犯罪案件刑事管辖的确定；而最为关键的部分则是我国司法机关依照《刑法》第48条第1款的规定来确定对跨国犯罪案件的犯罪人是否适用死刑，不可能参照其他国家或者地区有无死刑之规定的立法例，也不受其他任何国家或者地区的干预。②在对跨国犯罪适用死刑的问题上，我国司法机关还必须严格遵守我国参加和签订的多边或双边条约的有关规定。当国内法以及某些内部规定同我国所承担的条约义务发生冲突时，应适用国际条约的有关规定。根据国际法的一般原则，我国不应以国内法规定为由拒绝履行所承担的国际条约规定的义务。这既有利于维护我国的信誉，也有利于保护我国国民在国外的合法权益。[①] ③对于我国缔结或者参加多边或者双边条约的保留规定，我国司法机关也要予以遵守，对保留规定范围的事项严格按照我国法律的相关规定来处理。这一点在死刑问题上表现得非常鲜明，因为某些联合国公约或者与其他国家所签订的某些条约都对死刑作出了禁止适用的规定，而我国刑法仍规定有死刑，那么，在履行这些公约或者条约涉及死刑适用禁止时，我国往往会对这些禁止适用的规定作出法律保留。[②]

对于我国所处理的跨国死刑案件，根据《刑法》第6条至第9条的规定，具体表现为如下几种情况：①外国人实施犯罪，危害行为与危害结果有一项或者均发生在中国领域内，或者中国公民在中

① 参见外交部、最高人民法院、最高人民检察院、公安部、国家安全部、司法部于1987年8月27日联合发布的《关于处理涉外案件若干问题的规定》。

② 裴显鼎：《关于涉外刑事案件审判程序的若干问题》，载《人民法院报》2012年5月16日第6版。

国领域内针对外国人实施严重犯罪。②中国公民在中国领域外实施犯罪，犯罪侵犯了中国或者其他国家之国家或者公民的法益。③外国人在中国领域外对中国公民或者国家实施犯罪。④外国人在外国针对其他国家或者地区实施犯罪，但逃跑到中国领域内。对于上述情况，尽管通常认为双重犯罪是跨国犯罪的基本特征，[1] 但是，就我国所处理的跨国死刑案件来说，并非都要求犯罪人的行为在其他国家或者地区也要构成犯罪。上述前两种情况就不要求具备双重犯罪的特征，而第三种情况则要求具备双重犯罪的特征，第四种情况对双重犯罪特征则没有强烈要求，只要符合中国缔结或者参加之国际条约的规定，中国即可在条约范围内追究犯罪人刑事责任，自然也可以根据《刑法》第 48 条第 1 款的规定来确定是否对犯罪人适用死刑。不过，在涉及引渡的情况下，问题就表现得不同和复杂：①在第一种情况下，犯罪人逃跑至境外，以及在第二种、第四种情况下，若我国予以刑事管辖，就要求犯罪人的罪行符合中国与犯罪人所在地之刑法的规定，即具备双重犯罪的特征，才能够按照引渡的规定或者有关互惠原则来引渡或者移交犯罪嫌疑人。②我国要求将犯罪嫌疑人引渡或者移交给我国，那么在死刑适用上就会受到限制，即在一般情况下，被要求引渡或者移交的国家或者地区会让我国承诺对犯罪人不适用死刑。换言之，在这种情况下，我国司法机关需要考虑国外刑事法律、我国与相关国家之条约或者协定、我国缔结或者参加的公约或者协定的规定。[2] 不过，在另外一种情况中，上述问题却并不存在，即中国人在其他国家或者地区实施了犯罪，逃回到中国领域内，中国根据“本国民不引渡”原则不将该犯罪人引渡或者移交给其他国家或者地区，而根据属人管辖原则对

---

① 赵秉志、钱毅、赫兴旺著：《跨国跨地区犯罪的惩治与防范》，中国方正出版社 1996 年版，第 5 页。

② 黄风著：《引渡问题研究》，中国政法大学出版社 2006 年版，第 120 页。

该犯罪人的罪行予以追诉，若符合《刑法》第48条第1款的规定，人民法院当然可考虑死刑的适用问题。

### （二）跨国犯罪案件的死刑适用政策

1. 我国死刑政策演进的简要历程

我国对待死刑的政策是“保留死刑，坚持少杀，防止错杀”，在司法适用中特别需要注意两点：一是坚持少杀，更不能乱杀，对于可杀可不杀的罪犯，尽量不杀，而且杀人要准，对象正确；二是必须严格遵循罪责自负的原则，绝不能株连无辜，尤其是犯罪分子的家属。[①] 1979年刑法在分则中规定了较少的死刑罪名，可以说较好地体现了上述政策。但是，随着“严打”的开展，死刑的立法与司法扩张开始出现，刑法和单行刑法所规定的死刑罪名达到71个，在刑法中所占的比例大幅度提高，出现了重刑化和崇尚死刑的倾向。有论者遂认为，我国死刑政策在实质上发生了重大的变化，即由“少杀、慎杀”的政策转为“对严重刑事犯罪分子注重适用死刑”，在一定程度上实际地强化了死刑，在司法中甚至出现了滥用死刑的情况。[②] 论者在1997年刑法是否较好地贯彻“少杀、慎杀”政策的问题上产生了争论，既有肯定论，又有否定论。否定论者认为，1997年刑法对经济犯罪、职务犯罪等规定了较多的死刑；死刑罪名虽有调整，但选择性死刑罪名的增加其实使得死刑罪名数量增加，绝对死刑的存在也将死刑罪名削减的意义几乎抵消殆尽；因而很难乐观地认为1997年刑法在死刑上有很明显的克制或

---

① 赵秉志、吴振兴主编：《刑法学通论》，高等教育出版社1993年版，第357页。

② 胡云腾著：《死刑通论》，中国政法大学出版社1995年版，第170页。

收敛，很难得出其很好地贯彻了“少杀”政策这一结论。①

1997年刑法并未像1979年刑法那样，将“惩办与宽大相结合”刑事政策明确地规定于刑法总则条文中，不过，该政策在最高司法机关关于1997年刑法施行后所发布的数个司法解释中悄然再现。但是，该政策对死刑的立法和司法并没有根本性的影响，无法撼动“严打”政策在刑事法律活动中的地位。不严格按照《刑法》第48条第1款的规定而滥用死刑的情形在个别地方仍然存在。例如，2003年8月，在“严打”活动中，北京市高级人民法院严格适用法律，确保办案质量，使多达35名一审被判处死刑立即执行的犯罪人被改判为死刑缓期执行。综上，“慎杀”政策贯彻得也不是很好。不过，不可否认的是，刑事法理论界却始终头脑冷静，从未放弃以“少杀、慎杀”刑事政策指导死刑立法与司法活动的相关研讨活动。

社会发展的自身要求使得“宽严相济”刑事政策浮出水面并日益强大，逐步取代“惩办与宽大相结合”的刑事政策而成为我国刑事法律中基本的刑事政策。② 但是，在宽严相济刑事政策被提出的初期，对于该政策与死刑政策的关系，不管是刑事法理论界还是实务界，均没有予以阐明。例如，最高人民检察院于2006年12月28日发布的《关于在检察工作中贯彻宽严相济刑事司法政策的若干意见》对死刑适用问题根本就没有明确的规定。在认识上，二者的关系还是比较模糊和晦涩的。最高人民法院于2006年12月28日发布的《关于统一行使死刑案件核准权有关问题的决定》就没有提及宽严相济刑事政策的指导问题。从理论上看，率先立足于宽严相济刑事政策来分析死刑适用问题的学者是赵秉志教授，其明

① 郭理蓉：《我国死刑政策现状评析》，载赵秉志主编：《刑法论丛》(第13卷)，法律出版社2006年版，第232页。

② 赵秉志：《宽严相济的刑事政策与刑法解释关系论》，载《河南政法管理干部学院学报》2008年第2期。

确地指出，应充分地发挥刑事司法限制死刑的功能，特别是应努力挖掘死刑缓期执行制度之限制乃至基本搁置死刑的巨大价值，贯彻宽严相济的刑事政策。[①] 至此，从宽严相济刑事政策的角度理解和适用“少杀、慎杀”的死刑政策，在观念上终于得以明晰。

2. 宽严相济刑事政策与“少杀、慎杀”死刑政策的关系

和宽严相济的刑事政策相比较，“少杀、慎杀”的死刑政策显得比较宏观和抽象。一般来说，理论对该政策作了较为丰富的分析和阐述，强调“少杀”是尽可能少地适用死刑，“慎杀”是严格按照死刑适用标准来把握是否对具体犯罪案件的犯罪人适用死刑，二者都认同在具体案件中尽可能地实现“可杀可不杀的，坚决不杀”这一理念。刑事法理论界也一再强调在“少杀、慎杀”政策的贯彻中要注意实现对死刑适用的控制。不过，不可否认的是，“少杀、慎杀”政策的内容并不包含自身实现的具体途径和措施。因为在司法实践中，面对形形色色的各种严重犯罪情形，很容易产生对犯罪人是否适用死刑的争议和分歧，对如何把握“少杀、慎杀”会产生不同的认识和做法，甚至出现偏离乃至背离“少杀、慎杀”政策的做法。在过去，很多论者在“惩办与宽大相结合”刑事政策的范畴内来认识和落实“少杀、慎杀”政策。[②] 可是，所谓的“惩办与宽大相结合”刑事政策，因为并没有就哪些案件的犯罪人该惩办、哪些案件的犯罪人该宽大提出明确而且有可操作性的标准，使得其自身的实现也存在制度上的漏洞。依赖“惩办与宽大相结合”刑事政策来实现“少杀、慎杀”的政策，因先天地欠缺可操作性而很容易沦落为空谈。因而我们完全能够理解，为什么1979年《刑法》第1条虽然规定了惩办与宽大相结合的刑事政策

① 赵秉志：《宽严相济刑事政策视野中的中国刑事司法》，载《南昌大学学报（人文社会科学版）》2007年第1期。

② 郭理蓉：《我国死刑政策现状评析》，载赵秉志主编：《刑法论丛》（第13卷），法律出版社2006年版，第232页。

但无法阻挡在立法和司法实践中出现"严打"的扩大化和死刑的滥用，从而在司法实践中出现了国家强调保障人权但死刑适用数量居高不下的困境。

只有在宽严相济刑事政策被明确提出并取代惩办与宽大相结合的刑事政策一跃而成为基本刑事政策之时，才有了走出上述困境的途径。率先毋庸置疑地彰显宽严相济刑事政策对死刑适用具有显著限制价值和作用的重要司法文件，莫过于前述最高人民法院所发布的《关于统一行使死刑案件核准权有关问题的决定》。有论者根据该文件明确地指出，死刑核准权收归最高人民法院统一行使这一死刑的司法改革举措，就是对宽严相济刑事政策的具体贯彻。[①] 同时，继前述赵秉志教授在宽严相济刑事政策的范畴中分析死刑限制适用问题之后，对死刑适用如何贯彻宽严相济刑事政策之问题所作的探讨也越来越多，多数论者认同从宽严相济刑事政策的角度对死刑进行司法的严格控制，有论者甚至认为，在当下，就宽严相济政策的实践导向而言，其指向的主要对象之一无疑就是死刑的司法限制适用，能否坚持严格的死刑司法控制，在当前已成为检验宽严相济刑事政策贯彻程度的重要试金石。[②] 但是，刑事法理论界和实务界并没有对宽严相济刑事政策为何能够发挥限制死刑之作用，实现死刑的"少杀、慎杀"这一根本性的问题予以必要的分析。其实，宽严相济刑事政策的核心和关键都在于强调对不同类型的犯罪予以区别对待。最高人民法院于 2007 年 3 月 29 日发布的《关于贯彻宽严相济的刑事政策的报告》以及于 2010 年 2 月 8 日发布的《关于贯彻宽严相济刑事政策的意见》，对此都作了相当明确的强调。因而，宽严相济刑事政策的内容包括当宽则宽、当严则严、轻中有

---

① 《死刑核准权如期收回最高法院要求充分运用死缓》，载《第一财经日报》2006 年 12 月 29 日。

② 李萍：《宽严相济刑事政策下死刑司法控制的困惑与对策》，载《法学论坛》2008 年第 4 期。

严、重中有宽、宽严有度、宽严适时，而核心却是区别对待。① 在区别对待的语境下，“少杀、慎杀”政策的实现便有了可行的途径，即司法者要严格区分不同犯罪的类型和特征，区分不同犯罪人的罪行状况。通过区别对待将死刑适用局限于少数罪行极其严重的犯罪人，从而实现“少杀、慎杀”的目标。

3. 当前死刑政策在跨国犯罪案件中的适用

就跨国犯罪而言，对于犯罪人是否以及如何适用死刑的问题，不管是国家有关机关还是刑事法理论界，都没有给予一定的关注。国家有关机关在跨国犯罪的处理过程中虽发布了较多的规定，但在很大程度上仅限于程序性的内容，主要涉及外国籍犯罪人、被害人相关事宜的通知，如公安部、外交部、最高人民法院、最高人民检察院于 1981 年 6 月 19 日联合发布的《关于处理会见在押外国籍案犯以及外国籍案犯与外界通讯问题的通知》，外交部、最高人民法院、最高人民检察院、公安部、国家安全部、司法部于 1987 年 8 月 27 日联合发布的《关于处理涉外案件若干问题的规定》，均是如此。实际上，关于跨国犯罪案件的死刑适用，从实体法的角度看，判断的标准只能是《刑法》第 48 条的规定，即要看犯罪人的罪行是否极其严重；而具体适用哪一种执行方式，则需要分析并确定犯罪人是否属于“不是必须立即执行”的情况。这样一来，跨国犯罪案件的死刑适用似乎不存在什么特别之处。但是，笔者认为，这样的表面印象是不准确的，从国家有关机关对涉外刑事案件的处理专门发布相关规定的做法可以看出，涉外刑事案件的处理有其特殊性，因为我国当前处于社会主义法治（包括刑事法治在内）进步的重要阶段，对整个世界的和谐发展有着积极的作用，有助于

① 赵秉志：《和谐社会构建与宽严相济刑事政策的贯彻》，载《吉林大学学报（社会科学版）》2008 年第 1 期。

推进“全球治理”与完善“国际法治”。[1] 因此，如何以当前的死刑政策为指导，合理地对跨国犯罪案件适用死刑，是需要予以探讨的一个问题。

对于跨国犯罪案件来说，在死刑适用的问题上贯彻宽严相济刑事政策，对不同犯罪人予以区别对待，显然是必要和可行的。第一，不同的跨国犯罪案件所侵犯的实际法益对我国有着不同的影响。并非所有的跨国犯罪都侵犯了中国国家或者公民的合法权益，因而以我国的刑事法律对犯罪人的罪行进行评价，需要注意从中国的立场上考虑行为的具体危害性及其程度。根据宽严相济刑事政策来考虑如何把握死刑适用的条件，对于跨国犯罪而言，完全可以考虑罪行对中国国家或者公民之法益是否造成侵害以及具体的程度情况。第二，不同的跨国犯罪涉及不同国家或者地区的不同死刑制度和观念。我们不能忽视，截至 2013 年 12 月 31 日，在当今世界的各个国家或者地区中，有 140 个国家在法律或者实践上废止了死刑，但还有 57 个国家保留着死刑。[2] 因而，即便是根据我国《刑法》第 48 条第 1 款的规定，认为某个跨国犯罪的犯罪人罪行极其严重，达到了死刑适用的标准，但若参考其他国家或者地区相应的刑事法规定，可能会得出不适用死刑的结论。那么，我国在对此类跨国犯罪适用死刑时就要注意跨国犯罪所涉及之其他国家或者地区在死刑方面的立法和司法状况，在确定死刑是否适用、具体适用哪一种死刑执行方式时给予适当的考虑。第三，不同的跨国犯罪案件有着不同的国际影响。判断死刑适用的标准主要是犯罪人的罪行以及罪行所表现出来的犯罪人的主观恶性和人身危险性，但是，跨国犯罪本身在国际社会中的影响，也影响到了对犯罪人罪行之危害程

① 邢爱芬：《实现和谐世界的国际法治途径》，载《北京师范大学学报（社会科学版）》2007 年第 1 期。

② 参见国际特赦组织发布的《2013 年死刑处决和判决报告》，载 www. amnesty. org/en/cn/about_ amnesty_ international。

度的认识和判断。例如，薄谷开来勾结张晓军在2011年11月13日用毒药杀死英国商人尼尔·伍德，人民法院经审理认定其构成故意杀人罪，判处死刑，缓期2年执行。[①] 该案件引起国内外的极大关注，英国政府和驻华使馆多次知会中国方面，要求严格依法处理，这对人民法院认定薄谷开来故意杀人行为的社会危害性程度产生了一定的影响。

那么，坚持同样对跨国犯罪按照区别对待的精神贯彻“少杀、慎杀”的政策，落脚点不能离开限制和减少死刑适用这一刑事法治目标。因为在宽严相济刑事政策的范畴中把握“少杀、慎杀”的死刑政策，在本质上就是要切实地限制死刑的适用，这充分地表明了国家死刑权的自我约束和现实克制。只有始终把握和坚持死刑限制适用的观念，才能将“少杀、慎杀”的死刑政策予以现实化，有效地控制和减少死刑适用的数量。因而我们不难理解刑事法理论界为何长期以来坚持认为并不懈呼吁死刑的限制适用——尽管很多学者并没有从宽严相济刑事政策的角度分析，而是从刑罚的理性发展等角度论述。[②] 具体而言，“少杀”是从数量的角度说应当限制死刑适用；“慎杀”则是从质量的角度说应当有节制地适用死刑，确保死刑的适用严格符合刑法的具体规定，即在对“罪行极其严重”以及“不是必须立即执行”进行判断时，人民法院应当具备足够慎重的态度。关于死刑的刑事法律实践在一定程度上证实了上述认识。最高人民法院在2010年2月8日发布的《关于贯彻宽严相济刑事政策的若干意见》中就指出，“对于罪行极其严重的犯罪分子，论罪应当判处死刑的，要坚决依法判处死刑。要依法严格控制死刑的适用，统一死刑案件的裁判标准，确保死刑只适用于极少

① 《薄谷开来、张晓军故意杀人案一审宣判》，载《人民法院报》2012年8月21日第1版。

② 刘晓虎：《死刑控制政策的必然转向：以司法限制为重心》，载《湖南社会科学》2010年第2期。

数罪行极其严重的犯罪分子。拟判处死刑的具体案件定罪或者量刑的证据必须确实、充分，得出唯一结论。对于罪行极其严重，但只要是依法可不立即执行的，就不应当判处死刑立即执行”。无独有偶，全国人大常委会于2011年2月25日通过的刑法修正案（八）大幅度削减死刑罪名，废止了13种非暴力犯罪法定刑中的死刑，也充分地体现出宽严相济刑事政策限制死刑的精神。[①] 因此，我们不能否认，立足于宽严相济刑事政策从立法和司法上限制死刑，已然成为当前处理和解决社会矛盾的重要途径。[②] 就条分缕析地解决跨国犯罪中的社会矛盾而言，这自然也是正确的政策和思路。

### （三）跨国犯罪死刑限制适用的路径

如前所述，对于跨国犯罪涉及死刑的案件，需要根据宽严相济刑事政策的指导，贯彻“少杀、慎杀”的死刑政策，实现对死刑之司法适用的限制。但是，客观而言，明确这一点并不足以切实和有效地实现死刑限制的目标。针对跨国犯罪，我们还需要更为具体地讨论限制死刑适用的路径和相关措施。

当然，对于跨国犯罪案件，限制死刑适用的前提是依法严格地适用死刑，而非不适用死刑。在处理跨国犯罪案件过程中，贯彻宽严相济刑事政策，就要做到当严则严。这样就意味着，对于跨国犯罪案件，如果犯罪人的罪行符合《刑法》第48条第1款的规定，达到了罪行极其严重的程度，那么，就应当适用死刑。不过，根据最高人民法院所发布之《关于贯彻宽严相济刑事政策的若干意见》第29条的规定（即要将死刑适用于极少数罪行极严重的犯罪分子），就要立足于犯罪人的实际罪行，对犯罪的认识必须立足于该

① 高铭暄、黄晓亮：《死刑罪名削减的价值考量》，载《法学杂志》2010年第12期。

② 黄晓亮：《论死刑适用的慎重性问题》，载《法学杂志》2011年第12期。

行为的社会危害性及其程度，死刑的适用必须着重以此为基础，行为的客观危害属性划定了是否适用死刑的基本范围，必须在该范围中考察犯罪人的主观恶性和人身危险性状况对死刑适用的影响。关于跨国犯罪的社会危害性，笔者初步认为，在死刑适用的问题上要注意区别对待：①“内外有别”，即针对中国国家或者公民合法权益所实施的犯罪，注意贯彻有利于维护中国国家或公民合法权益的原则，在危害性及其程度的认识上要宽一些，符合死刑适用条件的，在不需要引渡或者移交犯罪嫌疑人的情况下，就考虑适用死刑，不必过分注意其他国家或者地区不赞同适用死刑的意见；针对其他国家或者地区所实施的犯罪，则可相对考虑该国家或者地区死刑立法和司法状况，不适用或者极为严格地控制适用死刑。②“法益有别”，即针对中国公民侵害其他国家或者地区利益的跨国犯罪，若不是严重地侵犯个人的生命和重大健康权益，则可考虑该国家或者地区关于死刑的立法或者司法状况，尽可能不适用死刑，或者不适用死刑立即执行。

但对于跨国犯罪而言，更重要的是合理地衡量国际影响对跨国犯罪案件死刑适用的刑法意义。跨国犯罪因涉及两个或者两个以上的国家或者地区而容易引发关注。而且在现实中，不少跨国犯罪因对多个国家或者地区都有危害而产生国际影响，当然，因危害程度不同而在国际影响上也有所差别。那么，案件本身的国际影响能否成为司法者对该案件裁量刑罚所考虑的因素呢？我国现行刑法对此没有明确的规定。不过，《刑法》第 63 条第 2 款提到，根据案件的特殊情况，经最高人民法院核准，对不具有法定减轻处罚情节的犯罪人，也可以在法定刑以下判处刑罚（即减轻处罚）。最高司法机关对何谓“特殊情况”并没有作出有关规定或者解释。理论上通常认为，“特殊情况”包括政治、外交、统战、民族、宗教等国家利益的特殊需要,[1] 但并没有将这里的外交需要视为某种酌定的犯罪情节。另外,“外交需要”是否针对跨国犯罪而言,在答案上并非肯定。有些不涉及其他国家或者地区的犯罪案件,司法机关根据外交的需要也可能会依法对犯罪人减轻处罚。就跨国犯罪而言,若因案件的国际影响而根据外交需要对犯罪人减轻处罚,自然指的是对犯罪人不适用死刑,而在作为法定刑的死刑之下选择其他刑罚。在刑法分则中,绝大多数有死刑的犯罪的法定刑都有可选择性,即立法者将 10 年以上有期徒刑、无期徒刑、死刑并列规定为某种犯罪最严重情节下的法定刑;司法者在犯罪情节最为严重的情况下再适情选择相应法定刑,即便是原本要判处死刑,但因考虑到国际影响而根据外交需要不适用死刑,仍可在该范围内选择,谈不上是减轻处罚。因而对于原本要判处死刑的犯罪人的减轻处罚,只能是指对作为绝对法定刑的死刑考虑减轻处罚。况且,此时所考虑的国际影响显然是有利于犯罪人的,即犯罪人本身在国际上具有重大的积极影响,或者危害行为在起始或者客观上有利于促进国际关系进步。此时,根据国际影响考虑外交需要而减轻处罚,对犯罪人不适用死刑,自然有助于针对跨国犯罪案件限制死刑适用,国际的正面影响本身成为酌定从宽的犯罪情节。

就此引申,对于有正面国际影响但不存在特别外交需要的跨国犯罪案件,若犯罪人的罪行极其严重,是否也可将该国际影响作为酌定从宽情节而考虑对犯罪人不适用死刑或者选择轻缓一些的死刑执行方式呢?笔者认为,对此应该给予肯定的回答。因为,将有无国际正面影响作为考量对跨国犯罪案件是否适用死刑的因素之一,本身就是对跨国犯罪案件予以区别对待,即令不全是站在我国的环境中审视行为的危害性,但其国际的视野也能折射对行为危害性及其程度的不同认识,因而符合宽严相济刑事政策中区别对待的核心

---

[1] 赵秉志著:《刑法新教程》(第 3 版),中国人民大学出版社 2009 年版,第 299 页。

特征，有助于实现“少杀、慎杀”的死刑政策，是对跨国犯罪案件死刑适用之考量的必要修正。不过，对于那些造成很大负面国际影响的犯罪来说，就不宜将该国际影响作为对跨国犯罪人适用死刑的考量因素，因为其目的在于扩展死刑适用，不符合限制死刑的目标。

## 四、死刑改革的路径——美国死刑制度演变的启示

随着近代人权观念的深入人心，作为人权最基本内容的生命权尤其被人们所重视，而以剥夺人的生命权为内容的死刑饱受诟病也就成为历史的必然，死刑这一沉重的话题开始引发人们的理性思考。春雷一声惊梦醒，贝卡里亚于 1764 年以其传世名作《论犯罪与刑罚》拉开了向以死刑为代表的封建酷刑宣战的序幕，也同时宣告了世界范围内关于死刑大论战的开始。尤其是近几十年来，西方国家在“人权”、“人道”的大旗下，掀起了世界范围内废止死刑的运动。如今，全面废止或采取措施严格限制死刑成为世界上大多数国家的共同选择。① 在近代人权观念发展较早的欧盟各国，死刑更是被全部废止。

一个有意思的现象是，作为与西欧各国在文化上同宗同源的美国，却一直保留并不断适用死刑，这使得美国与中国一起成为其他西方各国抨击的对象。然而，与我国相比较而言，美国死刑执行人数要少，尤其是近年来更是基本呈逐年减少趋势，如 2002 年为 71 人，2003 年为 65 人，2004 年为 59 人，2005 年为 60 人，2006 年为 53 人，到 2013 年则仅为 39 人。可以说，这都源于美国对死刑

① 根据大赦国际的统计，全世界已有 140 个国家（2/3 以上的国家）在法律上或实质上已经废除死刑。在 2013 年，有 57 个国家作出死刑判决，其中仅有 22 个国家实际执行了死刑。参见大赦国际网站，http//www. amnesty. org。

所采取的审慎的态度与多种限制措施。研究美国死刑的历史，我们发现，美国对于死刑的限制并非一蹴而就，而是经历了一个漫长的过程。下文试对美国死刑发展之路进行研究，以期对中国正在进行的死刑制度改革有所裨益。

研究美国死刑制度，有两点值得我们注意：一是美国独特的中央政府与各州的权力划分。联邦政府只拥有法律所明文列举的有限的主权，其余权力都由各州独立行使，包括是否废止死刑在内的犯罪与刑罚等事项。[①] 除少数侵犯到联邦权力的全国性犯罪，如走私、非法移民、伪造货币等之外，各州的案件都由其自行管辖。目前，美国共有 53 个司法辖区，包括 50 个独立的州、哥伦比亚特区、美国军方和美国联邦，其中有 34 个司法辖区保留死刑——32 个州、美国军方和联邦政府。在 2013 年，仅有得克萨斯、佛罗里达等 9 个州执行了死刑。[②] 在一定意义上，笼统地说美国有无废除死刑是不准确的，说死刑存在于美国的某些州——类似一些国家的独立政治实体——则更为贴切。二是美国的判例法制度。美国是普通法系的代表，实行遵循先例的原则，传统上法律规则不是由制定法而是由判例的方式得以确立。可以说，正是通过一个个标志性判例，美国死刑制度才得以发展。

### （一）20 世纪 70 年代前的美国死刑

1608 年，弗吉尼亚州一位名叫乔治·肯达尔（George Kendall）的上尉军官因被发现是西班牙的间谍而被执行死刑，这是史料记载的美国第一起死刑案件，掀开了长达几百年并绵延至今的美国死刑历史。追根溯源，美国的死刑制度起源于英国。“美国人承认英国

① 当然，美国联邦最高法院仍对这些事项行使监督权，方式为通过具体判例宣布某个事项违宪，这也成为推动美国死刑发展的动力与主要方式。

② 参见美国死刑信息中心网站，http：//www.deathpenaltyinfo.org/。

的普通法是他们的传统和后盾”。[①] 英国普通法规定的死刑罪名泛滥，甚至包括了伪造文书罪和一些普通的侵犯财产罪，以至于当殖民者最初到达北美时，虽然对死刑采取了限制的政策，但仍规定了相当数量的死刑罪名，并且随着殖民地的扩张，死刑越来越被殖民者用作维持秩序的工具；同时，英国也要求一些殖民地运用死刑来控制犯罪。到美国内战爆发之前，各州规定的死刑罪名已扩张到了法律规定的许多罪名，包括叛国、海盗、强奸、鸡奸等，甚至包括许多财产犯罪。值得注意的是，从一开始，各州规定的死刑罪名就不尽相同。例如，马萨诸塞州规定了包括邪教崇拜在内的 12 项死刑罪名，宾夕法尼亚州将死刑仅限于谋杀和叛国 2 个罪名，新泽西州则没有规定死刑。[②]

进入 18 世纪，萌芽于欧洲大陆的废除死刑的思潮也波及了美国。尤其是贝卡里亚的《论犯罪与刑罚》于 1764 年出版之后，其思想得以在北美大陆迅速传播。贝氏认为，刑罚制度的限度是达到安全有序的适当目标，超过限度就是暴政；而且，刑事审判的效力来自刑罚的确定性，而不是残酷性；死刑与以社会契约为基础的个人主义国家观不能相容，个人的生命是一种不能放弃的权益，国家的功能既在于保护人民，就无权夺取人民的生命。因此，死刑应当废止。[③] 受贝卡里亚思想之影响，弗吉尼亚州进行了最早的废除死刑的尝试。当时，美国建国者之一托马斯·杰弗逊在他的家乡弗吉尼亚州议会上提出一个修改死刑法律的提案，就是除了谋杀罪和叛

① 程味秋著：《外国刑事诉讼法概论》，中国政法大学出版社 1996 年版，第 37 页。

② Evan J. Mandery, Capital Punishment In American: A Balanced Examination, Jones and Bartllet Publishers, p xxiii (2002).

③ ［意］切萨雷·贝卡里亚著：《论犯罪与刑罚》，黄风译，北京大学出版 2008 版，第 65~71 页。

国罪之外，都不得判处死刑。然而，这个提案以一票之差而告失败。[①]

宾夕法尼亚州的本杰明·拉什博士（Dr. Benjamin Rush）是当时废止死刑运动最有代表性的人物，被誉为美国废止死刑运动之父。他认为，说死刑是一种"威慑力量"是没有道理的；处死也是杀人，反而给犯罪行为一个坏的榜样。[②] 拉什博士的观点得到了本杰明·富兰克林（Benjamin Franklin）等人的支持。他们提议设立"悔改之家"（House of Reform）收容罪犯，使其知道悔改，重新做人。[③] 由于这些人的努力，在宾夕法尼亚州出现了美国历史上第一次对死刑的大规模限制运动。1794 年，宾夕法尼亚州进行改革，在立法上将谋杀罪区分等级，并只对一级谋杀[④]判处死刑。在随后的 40 年中，大多数州都陆续效仿宾夕法尼亚州的做法进行了改革。[⑤]

一个值得研究的现象是，死刑在美国南方州存在的数量一直远远多于北方州。在北方，有的州从一开始就没有规定死刑。而且，许多北方州都仅对少数最严重的犯罪如谋杀罪适用死刑。究其原因，是因为南方州将死刑作为控制奴隶的工具。例如，在北卡罗来纳州，偷盗农奴、鼓动农奴叛乱和以释放为目的掩藏农奴等行为都构成死罪。与农奴制度相适应，许多南方州的刑法都明显带有种族

① 参见张栋：《美国死刑程序研究》，中国政法大学 2006 年博士学位论文，第 4 页。

② 参见张栋：《美国死刑程序研究》，中国政法大学 2006 年博士学位论文，第 4 页。

③ 参见记欣著：《生死一线间——安乐死与死刑制度之探讨》，台湾商周出版社 2003 年版，第 141 页。

④ 一级谋杀，是指预谋杀人或者在实施纵火、强奸、入室盗窃或者抢劫过程中致人死亡的行为。

⑤ Evan J. Mandery, Capital Punishment In American: A Balanced Examination, Jones and Bartllet Publishers, p xxiii (2002).

色彩。例如，佐治亚州的法律规定，如果一个奴隶或者作为有色人种的自由人强奸白人妇女的话将被判死刑，而如果一个白人男子强奸奴隶或者作为有色人种的自由人的话则仅被判处罚金或者监禁。

因此，美国早期废止死刑运动与废除奴隶运动紧密结合在一起。在19世纪30年代和40年代，当废除奴隶运动风起云涌之际，大规模废止死刑的运动亦呈勃发之势，密歇根州、罗得岛州和威斯康星州在这一时期先后废止了死刑。这种废止死刑的趋势随着美国内战的爆发被中断，但又于战后得到恢复，截至第一次世界大战爆发前，已有13个州废止了死刑。

然而，在第一次世界大战及随后的二三十年中，出于对移民潮和第五纵队队员[①]的担忧，民众又开始广泛地支持死刑。到1920年，5个废止死刑的州又恢复了死刑。在整个20世纪30年代，约有1600人被执行了死刑，超过之前两个世纪死刑执行数字的总和。[②]

研究美国死刑制度史可以看出，在社会安定、经济繁荣的情况下，死刑会得到逐步的限制；而在社会动荡尤其是发生战争的情况下，这一发展趋势则会被中断，民众转而广泛支持死刑。

进入20世纪50年代，随着美国民权运动的萌芽和发展，新一轮的死刑废止运动再度兴起。此次民权运动的重点是提高黑人在包括刑事立法等各领域的待遇，因此也使得对死刑的适用变得更加谨慎。在这项运动中，美国全国有色人种协进会（NAACP）扮演了重要的角色。该组织对美国南部黑人囚犯的待遇进行抨击，并创立了一套制度组织律师为死囚志愿辩护。这些努力使得在60年代末死刑在事实上被停止执行。根据统计资料，从1955年至1959年，

---

① 指工作在一国家内部的一个秘密的旨在颠覆政府的组织人员，其目的是援助入侵敌人的军事和政治，源于西班牙内战。

② Evan J. Mandery, Capital Punishment In American: A Balanced Examination, Jones and Bartllet Publishers, p xxiii (2002).

美国年均死刑执行人数是 61 人，而到 1963 年则减为 21 人，1964 年为 15 人，最后到 1967 年仅为 2 人。[①] 之后几年在事实上已不再执行死刑。在这一背景下，弗曼案呼之欲出了。

### （二）当代美国死刑制度的标志性案件

1. 弗曼诉佐治亚州案（Furman v. Georgia，以下简称弗曼案）——促使死刑制度的重大变革

弗曼案围绕死刑是否属于美国宪法修正案第 8 条禁止“残酷与不寻常之刑罚”而展开。该规定源于英国 1689 年的《权利法案》。为应对当时英国国王詹姆士二世为镇压蒙默思郡叛乱而进行的血腥逮捕（Bloody Assizes），国会通过立法禁止国王对人民施以各种野蛮和残酷的刑罚。之后，英国移民将此条款带到了各殖民地，因此许多曾是英国殖民地的国家的法律都规定有此条款。尽管美国宪法的起草者们也有意避免残酷的刑罚，但当美国宪法于 1789 年生效时，死刑、烙印刑和鞭刑仍很普遍。1791 年通过的美国宪法修正案第 8 条规定了“禁止对人民索取过多的保释金、科以过重的罚金或处以残酷与不寻常之刑罚”，但同一天通过的宪法修正案第 5 条明确规定“任何人都不得被要求就一起杀人罪或其他不名誉的指控做出回答，除非有大陪审团的报告或起诉书为据”，其后又加上了“不经过正当程序，任何人都不得被剥夺生命、自由和财产”。由此看出，当时死刑是不属于“残酷与不寻常之刑罚”的。

然而，随着时代的演进，禁止“残酷与不寻常之刑罚”条款如同美国宪法其他条款一样，渐渐生出新意。在 1910 年的威姆斯诉美国案（Weems v. United States）中，最高法院认为“残酷与不寻常”之意义，“不必固守于过时的定义，而可以从人道正义得到启发的民意中获得新意”，某种与犯行不相称而显得过于残酷的不

---

① 参见 http：//www. deathpenaltyinfo. org/。

合比例的刑罚也应当被禁止。在1958年的特洛普诉杜勒斯案（Trop v. Dulles）中，最高法院更明确宣布残酷的定义应根据代表当代成熟进步社会进化中的正当行为标准。这些判例衍生的新理论引发出解释死刑为过度刑罚的可能性，为弗曼案关于死刑违宪之判决的作出打开了门户。

弗曼案实际上合并了3件单独的死刑案件，3名被告均为黑人，其中1名因犯谋杀罪被佐治亚州判处死刑，1名因犯强奸罪被佐治亚州判处死刑，还有1名因犯强奸罪被得克萨斯州判处死刑。但是3名被告均向美国最高法院提出了相同的辩护理由：用以判处死刑的方法是武断和反复无常的，违反了美国宪法。法院在审理之后，于1972年7月29日发表一段简短的法庭意见（per curiam）：[①]"在几起案件中所适用之法律与判处死刑之方式构成残酷与不寻常之刑罚，违反了宪法修正案第八条和第十四条，原判死刑部分作废，发回重审。"

在该案中，每位法官的判决理由都不相同，其中有5位法官赞同法庭意见，构成多数意见；另外4位法官则持反对意见。值得注意的是，在5位赞同法庭意见的法官中，仅有布伦南（Brennan）与马歇尔（Marshall）2位大法官反对死刑本身，他们认为死刑不符合人类的尊严，其因并非防卫社会所必须从而是过度的刑罚，违反了美国的宪法。而其他3位赞同法庭意见的大法官并不反对死刑本身，他们或者认为在这几起案件中死刑的判决因不公平而具有歧视性，或者认为死刑的适用过于随意和武断。这就意味着，如果能够采取措施使得死刑得以更加公平和谨慎地执行，他们是不反对死刑的。这就为4年后的格雷格案恢复死刑埋下了先机。[②]

---

① 指法庭给出的统一意见，仅代表法庭的意见，不代表每位法官个人的意见。

② 王玉叶：《美国最高法院审理死刑合宪性原则：试看Furman，Gregg与Atkins三案之轨迹》，载《政大法学评论》第28期。

从技术的角度来看，弗曼案仅仅使得佐治亚州和得克萨斯州的死刑法律归于无效；从实际来看，其效力却及于所有州，原因很简单——其他各规定死刑的州之法律都与上述两州类似。因此，可以说，弗曼案使得美国所有州的死刑法律均失效，从而也使得当时全美700多名死囚免予一死。在这种情况下，各州纷纷修改自己的死刑法律，以限制和更加小心地定义适用死刑的犯罪种类，以免重蹈两州之覆辙。

作为美国死刑制度史上最著名的判例，弗曼案在几个方面改变了美国死刑制度的面貌：首先，作为弗曼案的直接后果，死刑案件的审理被分为两个独立的阶段——定罪阶段和量刑阶段，这就使得被告能够在定罪阶段无罪辩护的努力失败后再于量刑阶段寻求宽赦，而在此之前死刑案件之被告很难在寻求宽赦的同时还进行无罪辩护；其次，弗曼案使得死刑罪名仅限于包含有谋杀的犯罪，而之前对诸如抢劫、入室盗窃和强奸等犯罪判处死刑都是合宪的；最后，弗曼案使得美国死刑实际执行数量大为降低，如在19世纪30年代执行了1667起死刑，而在19世纪90年代仅执行了467起死刑。①

2. 格雷格诉佐治亚州案（Gregg v. Georgia，以下简称格雷格案）——规划美国死刑制度蓝图

弗曼案的出现适逢欧洲及世界范围内限制与废止死刑运动方兴未艾之时，在此之前，联邦德国、奥地利、梵蒂冈等国都在立法上明确废止了所有犯罪的死刑；卢森堡和瑞典也于同一年废止所有犯罪的死刑；英国虽于1973年才废止死刑，但自1964年起即不曾适用死刑。从历史上来看，世界上许多国家都是在这一时期先后废止死刑的。因此，当弗曼案宣判后，许多人乐观地认为美国的死刑制度也会就此寿终正寝。

---

① Louis J. Palmer, JR, Encyclopedia of Capital Punishment in the United States, McFarland & Company, p212 (2001).

然而，历史似乎与人们开了个玩笑，弗曼案之判决竟在美国产生了意想不到的震动。原来，死刑问题尽管一直比较敏感，但普通民众距之毕竟尚远，弗曼案将美国的死刑及其存废一下子推到了风口浪尖上，在社会上引起了广泛而热烈的争论。出于对暴力犯罪之恐惧等诸因素的影响，民意出现了大幅度反弹，支持死刑的比例升到了 66%。也许是造化弄人，此时恰逢以对犯罪的态度严厉而著称的尼克松总统当政，其将恢复法律与秩序作为执政的重心，积极采取措施恢复死刑的执行。受民意及政治精英的影响，这一时期共有 35 个州及联邦先后修订其死刑法律以符合最高法院的标准。

在格雷格案审理前，各州根据新修订的法律已经判处了几百名罪犯的死刑，最高法院于 1976 年 3 月 31 日同一天选取了其中有代表性的 5 宗谋杀案件进行审理，审理的结果是 3 宗案件的死刑判决被维持，其余 2 宗的判决被推翻。在被维持的 3 宗案件中，第一宗最具有代表性，即格雷格案。在本案中，被告格雷格被控于 1973 年 11 月 21 日犯下了谋杀罪，佐治亚州最高法院对其判处死刑。现在已经难以想象格雷格在案件被美国最高法院受理之后的心情了，因为同弗曼案相比，被告同样来自佐治亚州，同样犯有谋杀罪，况且死刑在美国已经有 4 年没有执行了。相似的案情、同样的州、同样的上诉理由、同样的法官，一切给人以恍如隔世之感。弗曼的好运是否还会降临于格雷格？

桃花依旧笑春风，人面却已不知去向何方。在过去的 4 年中，为了避免重蹈弗曼案覆辙，佐治亚州已像其他规定有死刑的州一样，按照美国最高法院的标准修改了其相关的法律。按照新的法律，死刑案件的审理分为定罪程序和量刑程序；死刑只适用于很窄范围内的罪名，并且列明了加重与减轻的情节，存在至少一项加重情节才可以考虑适用死刑；死刑判决作出后将自动上诉至州最高法院。在格雷格案中，被告在定罪阶段被判罪名成立，在量刑阶段陪审团确认存在两项法定的加重情节。在这种情况下，在弗曼案赞同法庭意见的 5 位法官中，除了布伦南与马歇尔大法官仍坚持反对死刑的立场外，其他 3 位大法官认为现有法律已足够保证死刑得以公平和谨慎地执行了，而 4 位当初反对法庭意见的大法官的意见亦没有大的改变。这样，当初 5 比 4 的投票结果竟然戏剧化地变成了 2 比 7！于是，在 1972 年 7 月 2 日，在死刑被停止执行 4 年后，弗曼案终于被推翻，死刑执行又恢复了！

格雷格案距今已经过去近 33 年，尽管期间略有波折，如纽约州于 1977 年废止死刑后又于 1995 年将其恢复，新泽西州于 2008 年成功将死刑废除，但总体来看，美国死刑制度之整体格局一直未有大的变化。因此，可以说，“格雷格案为美国各州规划了一个蓝图，告诉这些州如何来保留死刑”。[①] 而这一蓝图亦大致勾画出了美国死刑的现状。

3. 其他限制死刑的标志性案件

事实上，引导美国死刑制度发展的每一起案件，无论是弗曼案、格雷格案还是其他标志性死刑案件，都源于对死刑是否违反美国宪法修正案第 8 条“禁止残酷与不寻常刑罚”与第 14 条正当程序条款的质疑。而何谓“残酷与不寻常”，则需根据“演进中的正当标准”来判定。时代的进步与人权观念的发展，使得“演进中的正当标准”不断生出新意，推动着美国死刑制度不断向前发展。

美国最早的死刑法之一《新英格兰死刑法》（Capital Laws of New England）曾规定包括伪证、渎神等在内的重罪都可被判死刑，此后尽管随着时代的进步和“演进中的正当标准”的不断发展，可处以死刑之行为的范围越来越窄，在实践中被判处死刑之行为亦倾向于致人死刑之情形，但对于非致人死亡之罪行是否可判处死刑，在法律上始终处于不确定状态。在 1977 年的科克尔诉佐治亚州案（Coker v. Georgia，以下简称科克尔案）中，美国最高法院判定：“强奸罪毫无疑问应当受到严惩；但是从对被害人和大众造成

① Louis J. Palmer，JR.，Encyclopedia of Capital Punishment in the United States，McFarland & Company，p231（2001）.

的羞辱和伤害来看，强奸罪并不能与谋杀罪相提并论，因为不涉及人命……鉴于死刑的严酷性和不可恢复性，我们有理由确信其对于强奸犯来说构成‘过度的刑罚’。”① 这样，科克尔案就形成了一条原则，即死刑不适用于强奸妇女的犯罪，而绝大多数州也不约而同地认为科克尔案之判决禁止了对所有不造成被害人死亡的犯罪适用死刑。如今，除了有少数州规定对叛国罪适用死刑外，所有死刑罪名都要求包含有杀人行为。②

根据普通法的传统，所有重罪都带有强制性死刑的条款，即只要确认被告犯有某种罪行，就直接判处死刑，不允许法官和陪审团自由裁量刑罚。美国历史上的这些强制性死刑的罪名有谋杀、纵火、强奸、抢劫、入室行窃、鸡奸、海盗和叛国等。尽管随着时代发展这些强制性死刑规定越来越少，但是直到 20 世纪 70 年代，仍有一些州规定强制性死刑条款。③ 1976 年，美国最高法院在伍德森诉北卡罗来纳州（Woodson v. North Carolina）等案中判定：“尽管在宪法第八修正案通过时，所有的州都对某些罪名规定了强制性的死刑条款，但是陪审团和立法者都对此条款的严厉性持否定态度，并以自由裁量替代了强制性死刑规定；对每一种犯罪不考虑犯罪人的个人情况而统一进行量刑的观念已经过时了；对于死刑这样一种不可挽回的独特刑罚来讲，北卡罗来纳州的强制性死刑规定背离了

---

① Coker v. Georgia, 433 U. S. 584（1977）.

② 在美国联邦司法系统中，联邦刑法规定的死刑罪名则相对宽泛，除了谋杀罪和包含杀人行为的其他犯罪之外，还包括间谍罪、叛国罪和贩卖大宗毒品罪等不包含致人死亡的犯罪。另外，1994 年的《暴力犯罪控制法》（Violent Crime Control Act）与 1996 年《反恐怖主义和有效死刑法》（Anti-Terrorism and Effective Death Penalty Act）将死刑范围进一步扩大至未遂的犯罪。但在美国将近 50 年的司法实践中，仅有 1 例实施了与杀人无关的罪行之罪犯被执行了死刑。

③ Louis J. Palmer, JR., Encyclopedia of Capital Punishment in the United States, McFarland & Company, p. 436（2001）.

当代宪法的标准。”[①] 据此，强制性死刑规定被废止，陪审团有权根据案件的具体情况在死刑和终身监禁之间进行选择。

直到 20 世纪 80 年代末，美国都坚持对未成年人执行死刑，为此饱受国际社会的批评。1988 年，在汤普森诉俄克拉何马州案（Thompson v. Oklahoma）中，美国最高法院指出：“对 15 岁之未成年人适用死刑是否违反了美国宪法关于禁止‘残酷与不寻常刑罚’的规定，应当根据演进中的正当行为标准进行判断……判处 15 岁未成年人死刑是不能为社会道德所接受的……未成年人刑事责任应当减轻，对他们适用死刑也达不到适用刑罚的目的，未成年人还有改造的空间，那些处决冷血的谋杀犯以防止其再次危害社会的理由不能适用于未成年人。”[②] 根据该案的判决，对 16 岁以下少年判处死刑是违宪的。2005 年，美国最高法院又在罗珀诉西蒙斯案（Roper v. Simmons）中宣布，根据演进中的正当行为标准，对 18 岁以下未成年人适用死刑违背美国宪法。肯尼迪（Kennedy）大法官执笔撰写多数意见，他认为：当未成年人触犯重罪之后，国家可以剥夺他的一些基本自由，但不能剥夺其生命，应当使其继续成长以充分了解自身的人性，未成年人的刑事责任能力要低于成年罪犯。[③] 美国最高法院对罗珀诉西蒙斯案的裁决具有划时代的意义，使美国彻底摆脱了“唯一一个对未成年适用死刑的西方国家”的恶名。

对因弱智而致责任能力减弱者不适用死刑，是近代各文明国家所奉行的通则。但一向以“人权斗士”自居的美国，在一个相当长的时期内坚持对弱智者判处死刑，招致美国国内与国际社会的猛烈批判，但美国联邦最高法院坚持在 1989 年的彭利案（Penry）中判处智商只有 50~65 的被告人彭利死刑。这种情况在阿特金斯诉

① Woodson v. North Carolina，428 U. S. 280（1976）.

② Thompson v. Oklahoma，487 U. S. 815（1988）.

③ http：//www. deathpenaltyinfo. org/article. php？ scid=38&did=885.

弗吉尼亚州案（Atkins v. Virginia）中出现转机。被告阿特金斯于1996年犯谋杀罪，被弗吉尼亚州判处死刑，但根据审理时的测量，其智商只有59，属于“智力迟钝型”。联邦最高法院审理后指出：“自彭利案以来，情况发生了很大的变化，大量的州开始禁止对弱智者执行死刑，更为重要的是，这是一个连续不变的趋势，情况充分说明社会已经认为弱智者比一般罪犯的责任能力低……考虑到弱智者的这种缺陷，死刑所具有的报复功能和预防功能都不能很好地在他们身上得到体现。”该案最终确立了对弱智者不适用死刑的原则。

### （三）进入21世纪后的美国死刑制度

#### 1. 暂停死刑运动（Moratorium Movement）

进入21世纪，美国死刑执行数逐年下降，更有的州宣布废除死刑。之所以造成这种现象，应当说死刑错案在其中扮演了重要的角色。自20世纪90年代以来，随着DNA技术的推广应用，越来越多的死刑冤案得以昭雪。2009年4月8日，菲尔兹（Fields）被最高法院宣布无罪释放，至此，格雷格案以来全美共有131名死囚被释放。释放原因共分为宣告无罪、因提交无罪证据而得到赦免、检方撤销指控三种。[①] 有如此众多的无罪而被判处死刑的案例，不仅意味着这些人受到了冤屈，而且极容易使人们联想到，还有多少无辜者已被执行了死刑？因此，自20世纪末开始，一些组织就致力于在全国范围内纠正冤假错案，不断奔走呼号，并提出鉴于美国死刑制度难以避免误判的问题，亦存在严重歧视少数族裔与穷人的其他问题，应当先暂停所有死刑的执行，寻找新的方法，使死刑能够得以更加公平与公正地判决与执行。该运动被称为“暂停死刑运动”（Moratorium Movement），旨在全美范围内暂停死刑的执行。

---

① http：//www.deathpenaltyinfo.org/article.php？scid = 45&did = 1149 at 36.

加入该运动的还有一些组织，它们从根本上就反对死刑，但通过吸取以往直接废止死刑努力的失败教训，改“毕其功于一役”为“二次革命”或“多次革命”之战略，希望借助迂回战术最终废止死刑。两类组织尽管最终目标不同，但都能统一于“停止执行”这一大前提下，采取各种措施呼吁暂停执行死刑，[①] 并取得了显著的效果，得到了越来越多人的支持。1999 年，内布拉斯加州议会通过了一项议案，呼吁在该州停止执行死刑 2 年并开展一项有关死刑适用公正性的研究。该项议案遭到州长的否决，但议会通过努力最终维持了决议中关于开展死刑研究的部分。2000 年 1 月，伊利诺伊州州长乔治·瑞安（George Ryan）鉴于该州恢复死刑之后，死囚中被无罪释放者要多于被执行者的现实，[②] 终于签署命令停止执行该州的所有死刑，在全美引起巨大的震动。继伊利诺伊州之后，又有几个州开始重新审视其死刑法律，并采取措施加以修改，或直接废除死刑。

2. 新泽西州废除死刑的经验

格雷格案后，新泽西州于 1982 年正式恢复死刑，到 2007 年，该州先后有 60 人被判处死刑。然而，在随后漫长的上诉与申诉程序中，57 人先后被该州最高法院或某联邦法院推翻或减轻处罚，其余 3 人仍在上诉与申诉过程中。也就是说，自 1963 年之后，新泽西州尚未真正执行过一起死刑。美国死刑研究专家齐姆林（Zimring）教授曾指出，历史上频繁执行死刑的州也就是今天最有可能保留死刑、维持死刑并频繁适用死刑的州。因为对死刑的频繁执行具有“一种先例示范作用，使政治人物确信其对死刑的参与并非不人道或不道德”，可以说，死刑的适用历史造就了支持死刑执行

---

① 这些组织包括美国律师协会、大赦国际、联合国人权委员会和美国公民自由联盟等，可谓声名显赫。

② 该州恢复死刑后，被无罪释放的死囚有 13 人，而被执行的死囚为 12 人，载 http：//archives. cnn. com/2000/US/01/31/illinois. executions. 02/。

的文化与政治传统。反过来，历史上不常执行死刑的州今天也不太可能适用死刑。因为“一个历史上没有明确命令执行死刑的州，会使经选举产生的官员或政治精英对执行死刑的热情衰减。同时，它也在特定的州强化了反对执行死刑的程度”。[①]

齐姆林教授的上述观点恰恰在新泽西州得到了很好的说明。在长达45年没有执行一例死刑之后，2007年12月17日，新泽西州正式废除了死刑并代之以不可假释的终身监禁。应当说，除了长期不执行死刑的历史之外，新泽西州能够将死刑废除，是一系列合力作用的结果。例如，该州拥有一个高度组织化和效率化的非营利倡导组织即新泽西人死刑替代措施组织（NJADP），该组织长年坚持不懈地推动在新泽西州废除死刑；新泽西州差不多近40%的人都信奉天主教，州内外天主教堂反对死刑的观点对该州废除死刑的论战也产生了重大影响；2007年5月，新泽西州被告人拜伦·哈尔西（Byron Halsey）经由DNA鉴定被免除了罪刑，而指控他的控方主要证人才是真正的犯罪，这一错案引起全州的广泛关注；新泽西州长期陷入财政困难，而根据有关研究报告，每一例死刑将会耗费几百万美元；新泽西州犯罪率近年来持续偏低；等等。[②] 正是上述多种因素加在一起，导致新泽西州成为近40年来第一个在立法上废除死刑的州，从而给整个美国死刑制度带来了广泛而深远的影响。

继新泽西州之后，6年来先后又有纽约州、新墨西哥州、伊利诺伊州等5个州基于相似的原因相继废止死刑。至2013年，随着马里兰州正式废止死刑，目前美国仍保留死刑的州下降到32个，

---

① Franklin E. Zimring, The Contradictions of American Capital Punishment, Oxford University Press, p. 87 (2003).

② ［美］杰西卡·S. 亨利：《新泽西州废止死刑治理》，载《“中美刑罚制度比较研究：刑罚的运用”座谈会论文集》，第247页。

而特拉华州和科罗拉多州也已接近废止死刑的边缘。[①] 可以预见，未来还会有一些州步新泽西州的后尘，加入废止死刑的行列。

3. 对注射死刑合宪性的挑战

尽管美国各州共有枪决、电刑、毒气、绞刑和注射五种死刑执行方式，但注射方式为各规定死刑的州所共同采用，其被认为是“迈向最文明的死刑执行方式的最后一步”，一些州甚至认为注射过于人道，不具有绞刑和电椅等传统执行方式的威慑力。[②]

美国各规定死刑的州所采用的注射方式大体相同，共分三步注射三种不同的药物：第一针是催眠药物戊硫代巴比妥钠，使犯人迅速入睡；第二针是能够使肌肉松弛的药物溴化双哌雄双酯，药量是正常剂量的10倍，导致犯人呼吸停止；第三针是致命药物氯化钾，加速犯人死亡。一般情况下，被执行人在第一针过后就陷入深度昏迷，不会感知第二针与第三针，问题出在执行人身上。在美国，法律并没有规定注射须由专业人士进行，而各行业组织，如美国麻醉师协会（American Association of Nurse Anesthetists）等均禁止其成员执行死刑，因为这与医务人员救死扶伤的天职存在冲突。由非专业人士执行死刑，问题是显而易见的：如果第一针注射不到位，则第二针的药物溴化双哌雄双酯会导致被执行人在有意识的状态下窒息，使其极其痛苦却无法诉说，而且第三针氯化钾又会导致被执行人承受巨大的疼痛。[③]

2008年1月6日，美国最高法院审理了巴泽诉里斯案（Baze

① 参见http：//www. deathpenaltyinfo. org/。

② Deborah Denno, The Lethal Injection Quandary: How Medicine Has Dismantled The Death Penalty, 76 Fordham L. Rev. 49, 70-71 (2007) .

③ 例如，在2006年12月13日对一名叫作安吉尔·迪亚兹（Angel Diaz）的犯人执行死刑时，由于第一针仅注射到了其软组织中，导致安吉尔·迪亚兹在拼命呼吸与挣扎了35分钟后才死去。参见The Past, Present, & Future of Lethal Injection: Baze v. Rees´ Effecton The Death Penalty, Jerry Merrill, Umkc Law Review, Fall, 2008。

v. Rees)，上诉人以肯塔基州死刑注射程序过于残忍，使被执行人受到严重痛苦，从而违反了联邦宪法第八修正案关于禁止“残酷与不寻常”之刑罚的规定为由，请求认定肯塔基州注射执行程序无效。该案引起了全美国的广泛关注，正如前述，各规定死刑的州的注射程序都相差无几，如果肯塔基州的注射程序构成违宪，则其他州的注射程序也不能幸免，这是否将成为废止美国死刑的第一张多米诺骨牌也未可知。

经过3个多月的审理，美国最高法院的大法官们于2008年4月16日以7比2的投票比例作出终审判决，驳回原告的上诉请求，宣布肯塔基州的注射程序不构成“残酷与不寻常”之刑罚。法院的多数意见认为，死刑本身不违反美国联邦宪法，故需要采取一定措施来执行死刑，并且没有证据表明肯塔基州的注射程序会使被执行人受到严重的痛苦。[①] 可以预见，美国各州注射程序在一定时期内是不会有太大改变的。

### （四）小结

美国死刑制度从殖民地时期追溯至今，已走过漫长的400年时光，并随着现代文明与人权观念的发展而不断得到限制。站在世纪之初的新起点，我们不禁要问：美国死刑制度将何去何从？是长期存在下去还是会在不远的将来被废除？在遇有战争等大事件发生的情况下，又会不会得以大规模的恢复？

考虑到美国由于其各州的独立权限而不能像欧洲国家一样通过立法在一夜间废除死刑的独特政治体制，以及私刑在南方各州长期而深入的影响、居高不下的犯罪率等种种因素，相信在一个可预见的未来，死刑在美国是不会完全消失的。“青山遮不住，毕竟东流去”。回首美国的死刑发展，尤其是近几十年来的标志性判例，我们能清晰地看到美国死刑的发展轨迹：随着文明的进步与人权观念

---

① See Baze, 128 S. Ct. at 1529-1532.

的更新，联邦最高法院根据发展变化的时代精神，通过对联邦宪法修正案第 8 条与第 14 条进行解释与再解释，不断赋予“残酷与不寻常”和“正当标准”符合时代特质的新意，使得死刑从罪名到适用对象一步步缩小，适用条件越来越苛刻，而执行方式却变得文明与人道。或许，新泽西州废除死刑的道路与方式将成为整个美国模式的缩影，即由于死刑适用得越来越少，人们开始习惯于一个没有死刑的社会，在条件具备时，一个偶然的立法事件或者判例如瓜熟蒂落般导致死刑的终止。因此可以说，对于美国死刑的研究来说，重要的是其步步为营限制死刑的过程，当死刑被严格限制到一定程度而变得无足轻重之日，就是其寿终正寝之时。

美国死刑发展之路为我国的死刑制度改革也提供了宝贵的借鉴。正如日本学者正田满三郎所言：“死刑作为理念是应当废除的。然而抽象地论述死刑是保留还是废除，没有多大意义。关键在于重视历史的社会的现实，根据该社会的现状、文化水平的高下等决定之。”① 我国由于“杀人者死”等源远流长的法律文化观念、严重刑事犯罪率高的客观现实以及“乱世用重典”的统治传统等原因，短期内死刑在我国是难以也不应当被废止的。有学者根据对死刑之残酷性、无效性的理论分析，提出在中国一夜之间废除死刑的伟大梦想，其结果只能是因为得不到绝大多数民众的支持而饱受抨击。②

当然，笔者并非为中国死刑制度进行辩护，事实上，目前我国死刑制度确实存在死刑罪名过多、适用条件缺乏明确性、程序不够完善等问题，这正需要我们对其不断地加以完善。但改革应当是个

---

① 马克昌著：《比较法原理——外国刑法学总论》，武汉大学出版社 2002 年版，第 844 页。

② 陈兴良著：《法治的使命》，法律出版社 2003 年版，第 231 页。

渐进的过程，盲目地采取过激的措施消减死刑，也易引起反弹。[①]回首30多年前，美国联邦最高法院在社会条件未成熟时就借助弗曼案宣布死刑违宪，其结果是带来社会各界的强烈反映，各州迅速修改法律而使死刑恢复。相比来说，新泽西州废除死刑则显得水到渠成，这也是研究美国死刑给我们带来的宝贵启示。

针对我国目前的客观现实，我们认为，应当采取务实的态度，在立法消减死刑罪名的同时，更注重通过司法措施逐步减少死刑的适用。继最高人民法院将死刑复核权成功收回之后，我们主张，应当由最高司法机关制定切实可行的死刑适用标准，进一步严格死刑适用的条件，在客观上减少死刑的适用，并随着社会治安状况的改善和民众人权观念的提高，不断严格死刑适用条件和减少死刑适用数量，在将来——可能是30年、50年之后——再考虑全面废除死刑的问题。

90多年前，实用主义大师胡适先生曾提出“少谈些主义，多研究些问题”的著名论断，从而引起了著名的“问题与主义”之争。在崇尚人权保护、全面建设和谐社会的今天，我们当然可以探讨限制并最终废止死刑之“主义”，但更要多研究些如何限制死刑适用的具体“问题”。我们有理由相信，在全社会的共同努力下，通过采取切实措施与步骤消减死刑的适用，我国一定能够达到逐步限制并最终废止死刑的目的，一个没有死刑的时代终将到来。

---

① 事实上，我国已经在立法上采取措施大幅度消减死刑的罪名。继刑法修正案（八）取消13项死刑罪名之后，即将通过的刑法修正案（九）也将取消9项死刑罪名。当然，这些被取消死刑的罪名都是实践中本身就极少适用死刑的罪名。